Therapie aggressiver und hyperaktiver Kinder

Herausgegeben von Ulrike Franke

Therapie aggressiver und hyperaktiver Kinder

Herausgegeben von Ulrike Franke

Mit Beiträgen von

Anneliese Augustin, Hockenheim
Bernhard Blanz, Jena
Hans G. Eisert, Mannheim
Ulrike Franke
Bernhard Hassenstein, Freiburg
Hildegard Horn, Eppelheim
Ann M. Jernberg

Franz Kemper, Ludwigshafen
Ulrike Lehmkuhl, Berlin
Wolfgang Meyberg, Oldenburg
Gunther H. Moll, Göttingen
Aribert Rothenberger, Göttingen
Adelheid von Schwerin, Randesacker

3., neubearbeitete und erweiterte Auflage

URBAN & FISCHER

Zuschriften und Kritiken an:

Ulrike Franke, Logopädin
Phoniatrisch-Pädaudiologisches Zentrum
des BFW gGmbH
Postfach 10 14 09
D-69123 Heidelberg

Urban & Fischer
Lektorat Fachberufe
Karlstraße 45
D-80333 München

Diejenigen Bezeichnungen, die zugleich eingetragene Warenzeichen sind, wurden nicht immer kenntlich gemacht. Es kann also aus der Bezeichung einer Ware mit dem für diese eingetragenen Warenzeichen nicht in jedem Falle geschlossen werden, daß die Bezeichnung ein freier Warenname ist. Ebensowenig ist zu entnehmen, ob Patente oder Gebrauchsmuster vorliegen.

Wichtiger Hinweis

Die Erkenntnisse in der Medizin unterliegen laufendem Wandel durch Forschung und klinische Erfahrungen. Herausgeber und Autoren dieses Werkes haben große Sorgfalt darauf verwendet, daß die in diesem Werk gemachten therapeutischen Angaben (insbesondere hinsichtlich Indikation, Dosierung und unerwünschten Wirkungen) dem derzeitigen Wissensstand entsprechen. Das entbindet den Nutzer dieses Werkes aber nicht von der Verpflichtung, anhand der Beipackzettel zu verschreibender Präparate zu überprüfen, ob die dort gemachten Angaben von denen in diesem Buch abweichen und seine Verordnung in eigener Verantwortung zu treffen.

Die Deutsche Bibliothek – CIP-Einheitsaufnahme

Therapie aggressiver und hyperaktiver Kinder / hrsg. von Ulrike
Franke. Mit Beitr. von Anneliese Augustin ... – 3., neubearb. und erw.
Aufl. – München ; Jena : Urban und Fischer, 1999
   ISBN 3-437-21460-8

Lektorat: Susanne Henning, Heidelberg
Herstellung: Heinz Högerle, Horb-Rexingen
Satz und Druck: Laupp & Göbel, Nehren
Gesetzt in Times 10,5/12 p, Überschriften in Frutiger; Satzsystem QuarkXPress
Bindung: Nädele, Nehren
Umschlaggestaltung: H. Grambihler, pre|press, Ulm
Titelphotographie: Katrina Franke
Gedruckt auf Dacapo 100 g/m^2

Aktuelle Informationen finden Sie im Internet unter den Adressen:
Urban & Fischer: http:\\www.urbanfischer.de

Mitarbeiterinnen und Mitarbeiter

Anneliese Augustin
Ziegelstraße 34
D-68766 Hockenheim

Dr. phil. Hans G. Eisert
Zentralinstitut
für Seelische Gesundheit
I, 5 Postfach
D-68159 Mannheim

Prof. Dr. Bernhard Hassenstein
Institut für Biologie I
Hauptstraße 1
D-79104 Freiburg

Hildegard Horn
Franz-Liszt-Straße 1
D-69214 Eppelheim

Ann M. Jernberg
(verstorben 1993)

Prof. Dr. Franz Kemper
Eduard-Jost-Straße 18
D-67067 Ludwigshafen

Prof. Dr. Ulrike Lehmkuhl
Abteilung für Psychiatrie,
Neurologie und Psychotherapie
des Kinder- und Jugendalters
Virchow-Klinikum
Humboldt-Universität
Platanenallee 23
D 14050 Berlin

Wolfgang Meyberg
Alfred-Kubin-Straße 12
Freiburgerstraße 44a
D-26133 Oldenburg

Dr. Gunther H. Moll
Zentrum Psychologische Medizin
Abteilung Kinder- und Jugend-
psychiatrie
Von-Siebold-Straße 5
D-37075 Göttingen

Prof. Dr. Aribert Rothenberger
Zentrum Psychologische Medizin
Abteilung Kinder- und Jugend-
psychiatrie
Von-Siebold-Straße 5
D-37075 Göttingen

Adelheid von Schwerin
Würzburger Straße 19
D-97236 Randersacker

Vorwort

Kindliche Aggressivität und Hyperaktivität sind Verhaltensweisen, die nach Aussage von WissenschaftlerInnen zunehmen. Sie verunsichern TherapeutInnen und Betroffene, nämlich Eltern, ErzieherInnen und LehrerInnen unmittelbar. Als Folge werden diese unruhig, fühlen sich hilflos und ziehen sich, vor allem, wenn die aggressiven Kinder Jugendliche sind, zurück oder handeln manchmal auf großen Druck impulsiv heftig, aggressiv, inkonstant. So entsteht der Eindruck, Aggressivität und Hyperaktivität seien ansteckend. Es fehlt unglücklicherweise den InteraktionspartnerInnen dieser Kinder oft genau die Gelassenheit, Überlegenheit und das Verständnis, die möglicherweise die Beziehung auf ein anderes, ein entspannteres „Gleis" bringen könnten.

Früher

Doch im Vergleich zu vergangenen Zeiten ist das heutige Verständnis unserer Gesellschaft und der Umgang mit hyperaktiven und aggressiven Kindern eher als verständnisvoll zu bezeichnen. Denken wir an Schrebers Ratschläge an die Eltern, wie sie auf Ungehorsam oder Nichtangepaßtheit reagieren sollten, erfaßt uns Grauen. Er rät in seinem Buch über die systematische Erziehung, das in 40 Auflagen erschien, man müsse den schreienden Säugling durch „körperlich fühlbare" Ermahnungen zur Ruhe zwingen. Eine solche Prozedur, so versichert er, „ist nur ein- oder zweimal nötig, und man ist Herr des Kindes für immer. Von nun an genügt ein Blick, eine einzige drohende Gebärde, um das Kind zu regieren" (Miller 1998).

Aggressivität heute – Beispiele

„Was soll ich nur mit Johannes machen", stöhnt die Mutter. „Er bekommt einfach ab und zu – wie aus heiterem Himmel – seine Wut und ist unglaublich aggressiv. Er tritt mich, schreit mich an und ich habe keine Ahnung, warum. Wenn er übernächstes Jahr in die Schule kommt, gibt das eine Katastrophe."

„Ines ist aggressiv", berichtet eine andere Mutter. „Wenn im Kindergarten der Platz am Tisch, den sie haben will, besetzt ist, dann drückt sie das Kind, das da steht, mit Ellbogen weg. Will sie nicht freiwillig gehen, so zieht sie sie an den Haaren."

„In der Therapie", erzählt eine Logopädin, „habe ich mit Carlos immer wieder Schwierigkeiten, weil er spuckt, wenn ihm etwas nicht paßt. Verbieten oder etwas dagegen sagen hilft nicht. Er spuckt und lacht dann, droht mir quasi mit dem Spucken, indem er hörbar die Spucke im Mund sammelt. Ich bin sehr wütend, so etwas geht mir nach. Ich finde es ekelig, angespuckt zu werden."

„Meinem 13jährigen Neffen habe ich jetzt Hausverbot erteilt", berichtet empört Frau M., „er hat doch tatsächlich nachts meine Tochter mit einem Messer bedroht, sie müsse mit ihm schlafen, sonst würde er sie massakrieren. Als ich ihn zur Rede stellte, sagte er, das würde man in seiner Gruppe so machen. Alle hätten ein Messer und außerdem seien alle Mädchen Huren."

Zwei Ebenen

Die heutige Auseinandersetzung mit Aggressivität geschieht auf zwei sehr unterschiedlichen Ebenen.

Die eine ist die Metaebene der Medien: Aggressive Verhaltensweisen im Großen (z. B. Krieg) und Kleinen (z. B. Raub auf den Straßen) beherrschen die Schlagzeilen: Man weist darauf hin, beschreibt, interpretiert Aggression und versucht Ursachen zu finden. Dies geht meist mit Schuldzuweisungen Hand in Hand. Schuld haben angeblich vor allem die Eltern („Er hatte so ein schlimmes Elternhaus, ... er wurde nicht geliebt"), etwas seltener die Gesellschaft und heutzutage so gut wie nie das Individuum selbst.

Die andere ist die praktische, reale persönliche Alltagsebene, auf der sich Eltern, ErzieherInnen, LehrerInnen und TherapeutInnen befinden. Sie sind hilflos, verstehen aggressive Kinder nicht, müssen aber auf die oft plötzlich auftretende aggressive Situation reagieren, wie oben in Beispielen beschrieben. Die in den Medien vorherrschenden Schuldzuweisungen macht es ihnen besonders schwer zu agieren und dem aggressiven Geschehen Grenzen zu setzen. Sie sind unsicher: Kann denn das aggressive Kind etwas für seine Handlungen? Kann man es dafür verantwortlich machen? Hat man vielleicht doch was falsch gemacht? Neue Tendenzen in manchen Staaten der USA zeigen hier eine Trendwende: Verbrecher gehören eingesperrt, sie sind gefährlich und haben kein Mitleid verdient. Sie müssen tatsächlich die Strafe verbüßen, die sie bekommen haben. Sie haben keine Begnadigung oder Haftminderung verdient.

In diesem vorliegenden Band kommen AutorInnen zu Wort, die sowohl die eine, wie auch die andere Ebene berücksichtigen, wobei personale Schuldzuweisungen interessanterweise (noch) kaum zu finden sind. Die meisten TherapeutInnen scheinen Aggressivität einfach als Phänomen hinzunehmen und versuchen, nach ihren jeweiligen theoretischen Prämissen damit umzugehen. Ein anderer, bislang noch nicht berücksichtigter Aspekt bei der Betrachtung der Aggressivität kommt in dieser Neuauflage zum Tragen: Die unterschiedlichen Ursachen und Formen der Aggressivität. Zehn verschiedene Ursachen, die auch unterschiedliche Erscheinungsweisen zeigen, beschreibt der Verhaltensbiologe Professor Hassenstein. Diese Sichtweise hat noch kaum Einzug in die Wissenschaft oder gar in die Medien gefunden. Einen Platz in diesem Buch fanden die physiologisch-medizinischen Aspekte der Aggressivität im Beitrag von Professor Blanz. Von dort aus ist es nur noch ein kleiner Schritt zu genetischen Aspekten, die allerdings hier in diesem Band noch nicht berücksichtigt wurden. Aber man weiß, daß bestimmte Syndrome mit einer erhöhten Aggressionsschwelle einhergehen, wie beispielsweise das Cri-du-chat-Syndrom. Bei der rasanten Entwicklung in der Gentechnik wäre denkbar, daß in baldiger Zukunft ein Aggressions- und vielleicht auch ein Hyperaktivitäts-Gen gefunden wird. Dann wird man die Interventionstechniken neu überdenken und einer Wirksamkeitskontrolle unterziehen müssen.

Hyperaktivität heute

Meine Erfahrungen aus der Praxis weisen auch darauf hin, daß es nicht DIE Hyperaktivität schlechthin gibt, sondern unterschiedliche Formen und Ursachen. Sie zeigen sich weniger in der Erscheinungsweise als darin, daß betroffene Kinder auf die gleichen therapeutischen Interventionen unterschiedlich reagieren.

Der Einwand folgt auf dem Fuße: Hyperaktivität wird im ICD-10 (International Classification of Diseases) und im DSM (Diagnostisch statistisches Manual) genau beschrieben und definiert. Es wird nur zwischen Hyperaktivität mit und ohne Aufmerksamkeitsstörung unterschieden. Nach den Beschreibungen dieser Diagnostik-Standardwerke ist Hyperaktivität eine sehr schwere Störung.

Aber wie bezeichnet man die anderen Kinder, die beispielsweise „nur" in bestimmten Situationen, „nur" temporär diese motorische Unruhe zeigen? Sie können nach dem ICD-10 und dem DSM nicht als hyperaktiv bezeichnet werden, aber was sind sie dann? Manche Berufsgruppen wie die Ergotherapeuten (s. den Beitrag von A. Augustin in diesem Buch) erklären hyperaktives Verhalten mit einer meist taktil-propriozeptiven Wahrnehmungsstörung. Diesen Begriff (und die so erklärte Störung) gibt es aber im schulmedizinischen Bereich überhaupt nicht.

Praktiker, die im Normalfall interdisziplinär arbeiten, befinden sich durch die Vielfalt der Terminologie in einer schwierigen Lage. Wollen sich Therapeuten und Ärzte, Praktiker und Wissenschaftler über ein Kind verständigen, kommt es leicht zu Verwirrung. Das gemeinsame Vokabular fehlt. Besonders bei der Indikation für die Behandlung, sei sie therapeutisch oder medikamentös, müßte die Frage der Sprachregelung unbedingt mehr berücksichtigt werden.

Bedenkt man, daß Hyperaktivität sehr unterschiedliche Erscheinungsformen aufweist, ist es nicht verwunderlich, daß so verwirrend viele Ansichten über ihre Ursachen entstanden sind. Angefangen von der Ansicht, daß Hyperaktivität ein „Mythos" sei (Schrag und Divoky 1975), über die Vermutung, daß es sich bei der Hyperaktivität um eine hirnorganische Störung handelt bis hin zu der Annahme, daß sie ein Teil des Störungsbilds der minimalen zerebralen Dysfunktion sei. Mit der gleichen Vehemenz bemühten sich andere Forscher, Hyperaktivität als psychische Störung zu deuten und zu definieren (z. B. Miller 1978; Themenheft der Zeitschrift Kinderanalyse 2/1993).

Eine von Medizinern sehr kontrovers diskutierte Richtung ist die diätetische Beeinflussung der Hyperaktivität (Hafer 1974), um die es in den letzten Jahren stiller wurde. Eher Hochkonjunktur hat momentan die Ansicht, daß Hyperaktivität Ausdruck einer Wahrnehmungsstörung ist (Ayres 1984), die auf den unterschiedlichsten Beeinträchtigungen der Sinne bzw. der Verarbeitung der Sinnesreize beruhen (z. B. Uttenweiler 1998, Wankerl 1997, Esser u. Wurm-Dünse 1997).

Intervention

Bei allen in diesem Buch zu Wort kommenden Vertretern der therapeutischen Intervention herrscht kaum ein Zweifel darüber, daß Bezugspersonen möglichst in die Therapie mit einbezogen werden sollten (auch Kernberg & Chazan 1991). Das ist vor allem wichtig, wenn man bedenkt, daß aggressive Kinder häufig aus einem Elternhaus stammen, in dem Schlagen bzw. das Prinzip der Strafe für ein erzieherisch gerechtfertigtes und sinnvolles Mittel gehalten wird (Newson & Newson 1976). Kindliche Hyperaktivität ist ein Verhalten, das Eltern sehr streßt. Aus diesem Grunde geraten sie leicht in eine Erziehungshaltung hinein, in der sie häufig und rasch streng bestrafen und ihre Beziehung zu dem Kind kaum noch Elemente der Harmonie, der Zuneigung und der Kooperation enthält. Damit verschärft sich die soziale Situation und ein Weg aus der Misere wird immer schwieriger. Die meisten AutorInnen dieses Bandes stimmen darin überein, neben der Berücksichtigung der Bezugspersonen der Beziehung zu dem Therapeuten eine wichtige Stellung einzuräumen. Da die wenigsten Verfasser der Aufsätze dieses Buchs sich auf Ursachen der Aggression und Hyperaktivität festlegen lassen, liegt die deutlichste Unterscheidung der therapeutischen Ansätze im *Umgang* mit

Aggression und/oder Hyperaktivität. Ob nun auf kognitivem Wege, oder über das Ausdrücken der Gefühle, ob in einer direktiven oder nondirektiven Weise vorgegangen wird, erfolgreich sind offenbar alle Ansätze. Offen bleibt nach wie vor die Frage: Was wirkt?

Literatur

Ayres AJ (1984) Bausteine der kindlichen Entwicklung. Springer Heidelberg

Esser G, Wurm-Dinse U (1997) Kinder mit zentraler Fehlhörigkeit, in: L.O.G.O.S. interdisziplinär 1: 28–35

Kernberg PF, Chazan S (1991) Children with Conduct Disorders. Basic Books. A Division of Harper Collins Publishers

Hafer H (1974) Die heimliche Droge – Lebensmittelphosphat. Kriminalistik Verlag Heidelberg

Miller A (1998) Schrebers mörderische Kinder, Süddeutsche Zeitung vom 14./15. März

Miller JS (1978) Hyperactive children. A ten Years Study. PediatrClin 61 (2): 217–223

Schrag P, Divoky D (1975) The myth of the hyperactive child. Pantheon Books, New York

Uttenweiler V (1998) Hören Horchen Verstehen, in L.O.G.O.S. interdisziplinär 1, 6: 4–8

Wankerl E (1997) Angsthase, Zappelphilipp und Co. Vom Umgang mit schwierigen Kindern, in L.O.G.O.S. interdisziplinär 1: 18–27

Inhaltsverzeichnis

1 Die Vielfalt der Ursachen kindlicher Aggression
Aggressionsformen aus verhaltensbiologischer Sicht

Ulrike Franke mit Beiträgen von Prof. Bernhard Hassenstein

1946 geboren. Aphasietherapeutin, danach Ausbildung zur Logopädin und Lehrlogopädin. Seit über 15 Jahren (Lehr-)Logopädin in einer Phoniatrisch-Logopädischen Ambulanz. Die Schwierigkeiten im Umgang mit nicht-kooperativen Kindern führten zu der Ausbildung im Chicagoer Theraplay Institute und zur Übersetzung des Buchs „Theraplay" von A. Jernberg. Berufliche Schwerpunkte sind vor allem die Behandlung schwieriger Kinder, sowie Fortbildungsangebote in Theraplay für Therapeuten.

Prof. Bernhard Hassenstein, geboren 1922 in Potsdam, promovierte bei dem bekannten Verhaltensphysiologen Erich von Holst in Heidelberg. Mitbegründer der Forschungsgruppe Kybernetik am Max-Planck-Institut für Biologie in Tübingen. 1960–1984 ordentlicher Professor für Biologie an der Universität Freiburg/Breisgau. Autor folgender Bücher: Biologische Kybernetik (1965, 5. Auflage 1977); Verhaltensbiologie des Kindes (1973, 5. Auflage in Vorbereitung); Was Kindern zusteht (1978, 3. Auflage 1990); Klugheit. Zur Natur unserer geistigen Fähigkeiten. (1988, 2. Auflage 1992).

Wie die Verhaltensbiologie gezeigt hat, kann aggressives Verhalten, auch die Aggression des Menschen, ganz verschiedene Ursachen haben. Daher sollte nicht von *der* Aggression gesprochen werden, sondern sie sollte spezifiziert werden.

1.1 Das Menschenbild der Verhaltensbiologie

Der Mensch ist kein reines Geisteswesen. Mit seinem Körper gehört er dem Bereich der Natur an. Auch sein Verhalten ist biologisch mitbestimmt, besonders deutlich im Bereich von Angst, Wut, Hunger, Durst, Kinderbetreuung und Sexualität. Diese Feststellung steht im Einklang mit allen anthropologischen Wissenschaften und mit den eigenen Erfahrungen eines jeden Menschen.

Trotzdem gehört es unabdingbar zum Selbstverständnis des Menschen, prinzipiell freien Willens und verantwortlich handeln zu können, in entscheidenden Augenblicken also keinem naturbedingten Antriebsdiktat zu unterliegen. Wären wir in allem, was wir tun, durch die Umstände und die Naturgesetze gezwungen – es gäbe keine Schuld und kein Verdienst, keine Selbstbestimmung und keine Mündigkeit. Nur wenn ich frei etwas will, entscheide und es durchführe, kann ich als Mensch dafür einstehen; nur dann geht es auf mein Konto und nicht auf das der mich zwingenden Umstände.

Aber das Handeln aus freiem Entschluß fällt uns bisweilen nicht in den Schoß, sondern man hat es manchmal gegen Widerstände – Antriebe und Bedürfnisse – durchzusetzen. Ein Autofahrer am Steuer weiß, daß er wach bleiben muß und kämpft gegen die biologische Gewalt der Schläfrigkeit. Ein Junge möchte unbedingt vom Fünfmeterbrett springen, aber die Angst ist stärker. Freier Entschluß und biologisch bedingte Verhaltenstendenzen können beim Menschen um die Führung des Verhaltens ringen.

Je stärker nun irgendwelche biologisch bedingten verhaltensbestimmenden Tendenzen sind, desto eher setzen sie sich beim Einzelmenschen durch, und desto mehr bestimmen sie auch die Verhaltensmuster ganzer Menschengruppen. Dies gilt für gesunde biologische Tendenzen (Hunger, Durst, Schlafbedürfnis, Furcht vor realer Gefahr) ebenso wie für krankhafte (Sucht, Manien). Man kann sagen, daß die biologisch bedingten Verhaltenstendenzen sich um so eher durchsetzen, je stärker sie sind.

1.2 Gibt es nur Aggression durch Frustration?

Der amerikanische Psychologe John Dollard entwickelte die Theorie, alles aggressive Verhalten von Tieren und Menschen sei die Reaktion auf Frustration, das heißt auf die Verhinderung am Erreichen eines angestrebten Ziels. Daher könnte man Aggressionen vermeiden und friedliche Kinder und Jugendliche erziehen, indem man sich ihren Bedürfnissen und Wünschen nicht entgegenstellt, sondern sie im Gegenteil so weit als möglich befriedigt und erfüllt. Weil Kinder und Jugendliche gegen Autoritäten aggressiv aufzubegehren pflegen, folgte daraus konsequenterweise das Ideal der antiautoritären Erziehung.

Erst nach und nach stellte sich dann heraus, daß eine alles gewährende Erziehung keineswegs immer friedliche Kinder hervorbringt. Im Gegenteil: Antiautoritär erzogene Kinder tendieren vielfach zu einem unausgeglichenen, Ansprüche heischenden, ja rücksichtslosen und egozentrischen Verhalten. Sie verlieren leicht ihre Selbstsicherheit, sobald ihnen das Leben etwas versagt oder abfordert. Ihr aggressives Verhalten nimmt insgesamt eher zu als, wie erwartet wurde, abzuebben. Die Begründung ist: Aggressives Verhalten hat beim Tier und erst recht beim Menschen viele Ursachen. Frustration ist nur eine von mehr als *zehn* biologisch zu unterscheidenden Ursachen aggressiven Verhaltens.

1.3   Ursachen der Aggressivität beim Menschen

Die verschiedenen Aggressionsarten unterscheiden sich sowohl in ihren physiologischen, z. B. hormonellen Grundlagen, als auch vielfach in einzelnen Aspekten ihrer Ausführungsweise sowie in ihrer Dynamik. Inzwischen kennt man viele Ursachen der Aggressivität. Die wichtigsten sollen hier genannt und erklärt werden.

Aggressivität aus Angst und Ausweglosigkeit: Beispiele finden sich immer wieder. An der Grenze zum Nachbarland wurden zwei Zöllner von einem Waffenschmuggler niedergeschossen, weil er entdeckt worden war und in Panik geriet. Er war voll Angst, geschnappt und hinter Gitter gebracht zu werden. Er sah sich in einer aussichtslosen Lage und reagierte panisch aggressiv. Auch bei Prügeleien im Schulhof kann man ab und zu beobachten, daß ein körperlich unterlegener Junge, der nicht mehr flüchten kann, zum Angriff übergeht. Zahnärzte wissen zu berichten, daß die Angst vor Schmerzen manches Kind dazu bringt, um sich zu schlagen oder in den nahekommenden Finger zu beißen.

Aggressivität aus Frustration: Hinter diesem Fachausdruck verbirgt sich ein altbekannter Zusammenhang. Ein Lebewesen wird aggressiv gegen Hindernisse, die sich dem Erreichen seiner Ziele in den Weg stellen, seien die Hindernisse nun Gegenstände oder Lebewesen.

Ein Beispiel aus der Krabbelstube: Ein kleines Mädchen, knapp drei Jahre alt, wollte ein Schaukelpferd in ein Spielzeughaus schieben. Als sie merkte, daß es nicht durch die Tür paßte, wurde sie weinerlich und versuchte es immer wieder erneut – ohne Erfolg! Dann fing sie an zu schimpfen und stieß das Schaukelpferd heftig gegen den Türrahmen. Schließlich brach sie ein langanhaltendes Schluchzen aus und rief nach ihrer – nicht anwesenden – Mutter; dann bereitete sie ungerichtet die Arme aus. (Das Verhalten des Mädchens ist ein typisches Beispiel nicht nur für aggressives Verhalten aus Frustration, sondern auch – weil die Intensität der Reaktion in keinem sinnvollen Verhältnis zur Geringfügigkeit des Anlasses steht – für „überhöhte aggressive Grundstimmung". Davon wird später noch die Rede sein.)

Aggressive soziale Exploration: Bei Kindern findet sich diese Form der Aggressivität unter Geschwistern oder in Schulklassen. Anhand von Kämpfen soll geklärt werden, wer das Sagen hat. Der Grund für die spontane Aggression zwischen Kindern ist, *die Kräfte zu messen*. Da es sich in diesem Sinne um ein Erkunden der Eigenschaften des Sozialpartners handelt, spricht man von *aggressiver sozialer Exploration* oder *explorativer Aggression*.
Ein Kleinkind behauptet plötzlich, eine auf dem Tisch liegende Apfelsine sei eine Zitrone – offensichtlich wider besseres Wissen und ohne erkennbaren Grund. Das Kind möchte erfahren, wie der andere auf seinen Angriff reagiert. Dies ist ein Beispiel für „aggressive soziale Exploration". Gemeint ist der Tatbestand, daß Kinder und Jugendliche ohne hinreichenden äußeren Grund immer wieder aus innerem Drang heraus ihre Sozialpartner, seien es Eltern, Geschwister, Spielkameraden, Lehrer, angreifen oder sich ihnen widersetzen. Nicht jedes Kind zeigt diese Trotzphase. Doch kommt sie so häufig vor, daß sie ihren eigenen Namen in unserer Umgangssprache bekommen hat.
Der tiefere biologische Sinn für aggressive soziale Exploration besteht für das Kind und den Jugendlichen darin, durch Attacken gegen den Sozialpartner den Spielraum der eigenen Verhaltensmöglichkeiten auszuloten und womöglich auszuweiten. Diese Art der Aggression verschwindet daher nicht, auch wenn alle Bedürfnisse befriedigt sind. Nur das Setzen einer Grenze läßt die aggressive soziale Exploration abebben. Ohne deren Übertretung kann man Grenzen nicht kennenlernen.
Der Drang zur aggressiven sozialen Exploration ist immer dann denkbar und naheliegend, wenn bei aggressivem Verhalten bei Kindern oder Jugendlichen folgende Kriterien erfüllt sind:

– Kein ursprüngliches primäres Bedürfnis (wie nach Nahrung oder Bewegungsmöglichkeiten), das wirklich frustriert sein könnte.
– Weiterbestehen der aggressiven Tendenz auch nach etwaiger Erfüllung von aggressiv vorgebrachten Wünschen oder Forderungen, also keine Sättigung und kein emotionaler Ausgleich wie bei gestilltem Durst.

- Mehr oder weniger deutlich erkennbares eigentliches Motiv: Der Drang zum Messen der Kräfte mit dem angegriffenen Partner, also zur kämpferischen Auseinandersetzung, auch wenn die Niederlage klar vorgezeichnet erscheint. Häufig verwendete umgangssprachliche Formulierung: Das Kind will sehen, wie weit es gehen kann.
- Nach der Auseinandersetzung, falls sie vom Erwachsenen gerecht und nicht demütigend für das Kind geführt wird, besteht volle Bereitschaft zur ungetrübten Eintracht, zu Liebe und Anhänglichkeit an den erwachsenen Partner, wobei die Erlebnisqualität der Auseinandersetzung, in der sich der Erwachsene durchsetzte, nachträglich sogar die eines „reinigenden Gewitters" sein kann.

Das aggressive Auskundschaften der Wesensart des Partners und der Regeln des Zusammenlebens hat notwendigerweise ein Ziel eigener Art: Es besteht darin, daß der Partner auch wirklich reagiert. Eine Mutter erzählte von ihrem kleinen Sohn: „Je seltener ich zu ihm *nein* sage, desto häufiger sagt *er* nein." Darum darf und kann dem inneren Drang des Kindes und Jugendlichen zur sozialen Exploration keine Grenze innewohnen. Das einzige sinnvolle Ziel ist die klärende Antwort des Partners. Sie kann und muß dem Herausforderer eine eindeutige Grenze setzen – Kinder und Jugendliche sind überfordert, wenn man das von ihnen selbst erwartet oder verlangt.

Selbstverteidigung: Bei Tieren sieht man häufig, wie sie sich gegen ihre natürlichen Feinde wehren, wie beispielsweise eine Giraffe ihre Hufe einsetzt, um der Raubkatze zu zeigen, daß ein Angriff auf ihr Leben gefährlich sein kann.

Reviererwerb und -verteidigung: Diese Begriffe sind gang und gäbe im Tierreich. Auch Menschen und speziell Kinder haben ihre „Reviere". Das sind Orte, die sie ganz ihr eigen nennen und aufpassen, daß niemand in diese Spielecke, in dieses Zelt kommt oder daß ein Bereich im Regal ganz allein ihnen gehört. Sie können es nicht ertragen, daß die Geschwister oder auch Mutter oder Vater hier eindringen oder irgend etwas verändern.

Umgeleitete Aggressivität: Dieser Begriff bedeutet, daß der Aggressor sich ein anderes Ziel sucht als das, was eigentlich angegriffen werden sollte. Der Grund dafür kann sein, daß die Angst vor dem eigentlichen Ziel so groß ist, daß ein Ersatzgegner gesucht wird. So läßt das kleine Mädchen seine Wut nicht an dem großen Jungen aus, der es geärgert hat, sondern an ihrem Teddybären, der nun strengstens „bestraft" wird. Man kann auch Autoaggressivität in manchen Situationen als umgeleitete Aggressivität verstehen, wenn das Kind zum Beispiel sich selbst in die Hand beißt, weil es gehindert wurde, seinen Willen durchzusetzen.

Kampf im Spiel: Der Kampf im Spiel ist in Tierfilmen ein beliebtes Thema, wenn beispielsweise Löwenkinder sich angreifen, ins Fell beißen und umwerfen. Fast alle Väter können ein Lied von diesem Phänomen singen. Vor allem kleine Söhne lieben es zu kämpfen. Mit einem Lachen oder mit einem vorgegebenen „bösen" Gesicht gehen sie auf den großen Vater zu und versuchen ihn umzuwerfen oder sonstwie zu attackieren. Manchem Kind fällt es schwer, auf der spielerischen Ebene zu bleiben, es schwenkt leicht hinüber zum echten Kräftemessen. Dann muß der Vater, selbst möglichst spielerisch bleibend, seine Überlegenheit beweisen.

Aggressivität aus Gehorsam: Diese Form ist spezifisch für den Menschen. Ein berühmtes Beispiel ist das Milgram Experiment, bei dem Versuchspersonen andere, für sie nur hör- und nicht sichtbare Menschen (keine wirklichen), mit Stromschlägen bestrafen sollten, wenn jene auf gestellte Fragen nicht richtig antworteten. Zum Entsetzen vieler Menschen fand man heraus, daß sich die überwiegende Anzahl der Versuchspersonen nicht verweigerte, den zu Bestrafenden auf Befehl des Versuchsleiters immer stärkere und schließlich tödlich wirkende Stromschläge zu versetzen.

Aggressivität aus Nachahmung: Die Frage, ob Aggressivität nachgeahmt wird, wurde schon oft untersucht. Man ließ eine Gruppe von Kindern Fernsehsendungen mit aggressiven Inhalten anschauen und beobachtete danach ihr Verhalten, parallel dazu das einer Kindergruppe, die diese Sendungen nicht gesehen hatten oder das Verhalten solcher Kinder, denen Sendungen mit friedlichem Inhalt gezeigt worden waren. In der Tat reagierten die Kinder, die aggressive Sendungen gesehen hatten, aggressiver und mit weniger Mitgefühl. Konsequenterweise folgt die pädagogische Empfehlung, Kinder solche Sendungen nicht anschauen zu lassen.
Ein weiterer Aspekt ist die Erkenntnis, daß wer als Kind selbst mißhandelt wurde, eher geneigt ist, später als Erwachsener seine eigenen Kinder wieder zu mißhandeln.

Gruppenverteidigung, Angriff auf Außenseiter: Diese aggressive Verhaltensweise zeichnet sich schon dadurch gegenüber den anderen als etwas Besonderes aus, daß sie ansteckend von Mensch zu Mensch wirkt und sich im allgemeinen nur gegen äußere Feinde richtet. Sie wird vielfach mit Waffen ausgetragen und von Kampfrufen begleitet. Nach dem Kampf ist ein Zusammenleben mit dem „Feind" nicht mehr möglich. Wir finden Kämpfe dieser Art zwischen Kinderbanden. (Aber natürlich gibt es auch bei Erwachsenen Bandenkämpfe – und leider auch Kriege.) Oder auch Geschwister, die sich als Gruppe gegen andere Kinder verschwören. Manche Kinder haben kein Mitgefühl mit solchen Menschen, die sich anders verhalten oder anders aussehen als die meisten Menschen ihrer Umgebung. So werden diese angegriffen, verjagt oder – wo das nicht geht (z. B. in der Schule) – beleidigt und sozial isoliert. Ein solches Verhalten der Erwachsenen nennen wir neuerdings „Mobbing".

Aggressivität aus kalter Berechnung: Der Vollständigkeit halber zähle ich auch diese Form mit auf, obgleich sie bei kleinen Kindern kaum eine Rolle spielt. Sie ist aber bedeutsam als eine Ausprägung der Erwachsenenkriminalität.

Sexuelle Rivalität: Hier gilt das gleiche wie für die Aggressivität aus kalter Berechnung. Sexuelle Aggressivität ist eine Form der Aggressivität, die typisch für Erwachsene ist. Sie soll deshalb hier nicht erörtert werden.

Kombination mehrerer Ursachen: Kleinkinder, aber später auch Schulkinder, streiten oft miteinander. Wenn ein jüngeres Kind das konstruktive Spiel eines älteren stört, so braucht das kein Angriff zu sein, sondern ein, wenn auch ungeschicktes Mitspielenwollen. Wenn der ältere seinen Bereich verteidigt, so wird man das wohl meist in die Revierverteidigung oder in die Aggression nach Frustration einordnen können: Angriff gegen das, was die eigene Intention durchkreuzen will. Mitten in der Kleinkindzeit liegt die berühmte kindliche Trotzphase: Das Kind kann schon „nein" sagen. Manche Kinder nutzen das gegenüber den Eltern weidlich aus, oft ohne erkennbaren äußeren Grund. Welche Art von Aggressivität ist das? Das Kind testet immer wieder den Spielraum seiner Möglichkeiten, die Grenzen dessen, was es darf. Die aggressive Exploration in der Trotzphase ist für das kleine Kind ein wichtiges Stadium des „sozialen Lernens". Das fordert von den Eltern Güte, Geduld, innere Festigkeit und eine Konsequenz des Verhaltens, nach der sich das Kind richten kann.

1.4 Überhöhte aggressive Grundstimmung

Fast alle Kinder sind dann und wann einmal „ungezogen", also aggressiv. Wenn aber Kinder immer wieder auf verhältnismäßig geringe Anlässe überstark reagieren – durch Verhalten, das in keinem sinnvollen Verhältnis zur Geringfügigkeit des Anlasses steht – dann läßt das auf eine überhöhte Grundaggressivität schließen. Sie kann auftreten, wenn eine permanent belastende Alltagssituation besteht, z. B. das neue Geschwister über Wochen und Monate die geliebten Eltern zu sehr okkupiert, das Kind ungenügenden Handlungsspielraum hat, Eltern in Trennung begriffen sind, traumatische Erlebnisse immer wiederkehren (Krankenhausaufenthalt), das Kind Außenseiter im Kindergarten ist usw.

Eine Analyse der kindlichen Lebensbedingungen und des Elternverhaltens kann Einblick schaffen, *wo* bei dem betreffenden Kind die seelische Belastung liegt, wo sich also Ansätze bieten, um ihm zu helfen. Seine überhöhte aggressive Grundstimmung ist ein Hilferuf.

1.5 Aggressionshemmung

Das Leitmotiv für das Kindesalter nach Abschluß der Säuglingsphase ist das Gewinnen zunehmender Selbständigkeit. Dabei spielt das Verhalten der Mitmenschen eine wichtige Rolle. Was ist aber zu erwarten, wenn die Erwachsenen hier versagen? Welche Störungen des Verhaltens können entstehen, wenn sich der normalen, vielfältigen Aktivität des Kindes dieser Altersstufe – Bewegungsdrang, Erkunden, Wißbegierde, Spielen, Nachahmen, Sprechen, Fragen, eigenständiges Handeln – Hemmnisse in den Weg stellen? Zunächst ist einzusehen, daß sich aggressives Verhalten vermehren wird. Kinder (und Erwachsene) greifen Hindernisse an, die sich ihnen in den Weg stellen. Diese Art der Aggressivität ist ein unentbehrliches Verhaltensinstrument, um die Befriedigung dieser Bedürfnisse durchzusetzen. Gelingt dies, so ebbt die Aggressivität wieder ab. Merken die Eltern aber nicht, daß es sich hier um kindgemäße Bedürfnisse handelt und bleiben sie bei ihrem einengenden Erziehungsstil, dann befinden sie sich im Widerspruch zu natürlichen Bedürfnissen des Kindes und zu seinen ebenfalls natürlichen aggressiven Reaktionen. Setzen sich die Erzieher dann durch, so bewirken sie damit sowohl eine Hemmung der Aggressivität als auch eine Hemmung der Verhaltensentwicklung in Richtung auf Selbständigkeit. Der Drang zum Erkunden, Spielen, Nachahmen usw. entfaltet sich bevorzugt in der emotionalen Situation innerer Sicherheit und Geborgenheit. Wenn aggressive Auseinandersetzungen begonnen haben, ist die Situation nicht mehr entspannt, und die Spieltendenz bleibt im Hintergrund. Die aggressive Tendenz wird eher noch verstärkt, bleibt aber verdeckt. Damit werden die unmittelbaren Konsequenzen der Aggressionsunterdrückung augenfällig. Aber die Folgen solcher Behinderung der Tendenz, selbständig werden zu wollen, zeigen sich erst im Laufe der Zeit.

An welchem Verhalten kann man Aggressionshemmung erkennen? Die äußeren Anzeichen erscheinen auf den ersten Blick in sich widersprüchlich: Einerseits beobachtet man fehlende Spontaneität, übertriebene Bravheit, allgemeine Gehemmtheit, also ein Fehlen von impulsivem und vitalem Verhalten. Andererseits neigen diese Kinder in vielen Fällen zu Wutausbrüchen, damit also zur stärksten Art aggressiven Verhaltens, in manchen Fällen auch zu „umgeleitetem" aggressiv störendem Verhalten außerhalb des hemmenden Milieus des Elternhauses, z. B. in der Schule, wo die unberechenbare störende Aggressivität dann manchmal auf keine Weise aufzufangen ist. Wie ist ein solcher Widerspruch zu erklären? Durch die Hemmungen staut sich die natürliche jugendliche innere Bereitschaft zum Herangehen an Unbekanntes und zur Bewältigung von Gefahren. Wenn sich diese überstark gewordene Bereitschaft dann doch einmal, vielleicht durch äußere Belastung ausgelöst, Bahn bricht, dann geschieht das ungehemmt und zeigt, wieviel sich an Potential angestaut hatte. Auch wenn hemmende Ängste in einer Therapie Schritt für Schritt abgebaut werden, können sich starke aggressive Impulse wie Sturzbäche entladen, bis es nach Wochen zu einer neuen Regulierung kommt.

1.6 Folgen der Überbehütung

Lassen Eltern ihren Kindern ein Übermaß an Fürsorge angedeihen und beschützen sie sie vor allen möglichen Gefahren, kann auch dies zur Aggressionshemmung führen. Den Kindern sollen die Mühen und Risiken eigener Erfahrungen erspart bleiben. Durch diese Einengung und Einschränkungen behindern die Eltern die eigene Aktivität der Kinder bei der Entfaltung ihrer Selbständigkeit. Diese Behinderungen lösen Aggressivität gegenüber dem Verursacher aus. Aber unter diesen Umständen kann die Aggression mitunter nicht zum Vorschein kommen, sie wird von den überbehütenden Eltern schon im Keim erstickt. Die Folgen sind Unselbständigkeit, übertriebene Gewissenhaftigkeit, Weinerlichkeit. Ist dann ein Elternteil selbst noch ängstlich, übernehmen die Kinder diese Ängstlichkeit und werden noch abhängiger.

1.7 Folgen des Verwöhnens

Verwöhnen heißt unbeschränkte Wunscherfüllung. Während das vorerwähnte überbehütete Kind an einem Mangel an Befriedigung leidet, nämlich der des Bedürfnisses nach eigener Aktivität, werden dem verwöhnten Kind alle Wünsche sogleich erfüllt, ohne daß es eigene Phantasie und Aktivität entfalten, Mühe und Anstrengung aufbringen muß, und ohne daß es zu Triebaufschub und Triebverzicht fähig wird. So lernt es nicht, die Durststrecke zwischen Wunsch und Ziel zu ertragen und bleibt auf sofortige Wunscherfüllung angewiesen. Das führt zu einer Anspruchshaltung des Kindes: Weil es nicht verzichten kann, fordert es seine Wunscherfüllung. Sofern dies zum Erfolg führt, ist dadurch der Weg zur Herrschsucht geöffnet, die auch vor aggressivem Durchsetzen nicht haltmacht.

Verwöhnen schädigt ein Kind nicht nur dadurch, daß es auf den Weg zur Anspruchshaltung und Herrschsucht gedrängt wird; sie gibt seinem Leben auch einen angstgetönten Hintergrund. Man kann ein Kind kaum tiefer ängstigen, als wenn man ihm alles erlaubt. Damit bleibt das Kind in einer engen Abhängigkeit zu den nachgiebigen Bezugspersonen und kann sich nicht autonom entwickeln.

1.8   Umgang mit elterlichen Streitigkeiten

Eltern und Erzieher sollten niemals vor den Ohren der Kinder miteinander streiten; nicht um den Kindern einen Aspekt der Wirklichkeit zu verheimlichen, sondern um sie nicht mit Situationen zu konfrontieren, für deren Verarbeitung ihnen noch die Grundlagen fehlen. Ebensowenig dürfen sich die Eltern bei den Kindern gegenseitig herabsetzen oder lächerlich machen. Jedes Kind liebt und braucht *beide* Eltern, als Leitbild für sich selbst und als Beispiel für die Vorstellung, die es sich im Laufe der Zeit vom anderen Geschlecht bildet. Streit zwischen den Eltern und gegenseitige Mißachtung stürzen das Kind in innere Konflikte und in eine Orientierungslosigkeit, die einer schweren seelischen Verletzung gleichkommen kann. Meistens können die Kinder die Argumente, die im Streit ausgetauscht werden, ja gar nicht verstehen. Aber sie entnehmen dem Tonfall und den Reaktionen, daß einer den anderen – von seinen Emotionen hingerissen – verletzt, herabsetzt oder beschimpft. Die Situation selbst ist für Kinder verstörend und quälend: Was die Eltern einander antun, würde sie selbst zutiefst ängstigen. Die Kinder können weder Partei ergreifen noch helfen, sie fühlen sich ohnmächtig. Dies ist für sie um so unheimlicher, als ja beide Eltern von ihnen als Hort der Sicherheit angesehen werden. Auch wird eine Konfliktlösung im Streit kaum jemals gefunden, höchstens viel später, nachdem Wut, Zorn und Enttäuschung abgeklungen sind, wo aber das Kind dann in der Regel nicht mehr dabei ist. Daher können Kinder aus der Beobachtung streitender Eltern auch kaum etwas über das Lösen von Konflikten lernen; im Gegenteil, Kinder lernen durch Nachahmen und nehmen hier höchstens Verhaltens- und Sprechweisen auf, die ihnen selbst, wenn sie sie gegenüber anderen Kindern oder Erwachsenen anwenden, nichts als Ablehnung eintragen, weil sie weder helfend noch kooperativ sind. Alle beschriebenen Nachteile wiegen als Risiko und Gefahr für Kinder so schwer, daß etwaige Vorteile, die man für denkbar halten könnte (z. B. den Kindern einen wichtigen Aspekt der Wirklichkeit nicht vorzuenthalten) dagegen nicht ins Gewicht fallen. Darum leisten Eltern ihren Kindern einen schlechten Dienst, ja sie setzen sie Ängsten und seelischer Qual aus, wenn sie sich vor ihren Augen und Ohren aggressiv und verletzend streiten. Wenn sie ihren Kindern grundsätzlich nichts verheimlichen wollen, können sie ihnen nach der Beendigung ihres Konflikts darüber berichten, welche Ansichten gegeneinander standen, und wie sie zur Einigkeit zurückgefunden haben.

2 Klassifikation und neurobiologische Grundlagen des Hyperkinetischen Syndroms

Aribert Rothenberger/Gunther H. Moll

Prof. Dr. med. Aribert Rothenberger
Nervenarzt, Arzt für Kinder- und Jugendpsychiatrie und -psychotherapie (Verhaltenstherapie), seit 1994 Direktor der Klinik und Poliklinik für Kinder- und Jugendpsychiatrie der Georg-August-Universität Göttingen. In der alltäglichen Krankenversorgung und im Rahmen seiner wissenschaftlichen Aktivitäten gilt seine besondere Aufmerksamkeit den Kindern mit Tic-Störungen, hyperkinetischem Syndrom und Zwangsstörungen. Forschend geht er dem Zusammenhang von Gehirnfunktionen und Verhalten, u. a. mittels Untersuchungen der elektrischen Hirnaktivität und neuropsychologischer Fähigkeiten nach. Therapeutisch ist es ihm ein Anliegen, daß Psychopharmaka, insbesondere bei Kindern und Jugendlichen, in einem Gesamtbehandlungsplan eingebettet sind.

Dr. med. Gunther H. Moll
Arzt für Kinder- und Jugendpsychiatrie und -psychotherapie, derzeit leitender Oberarzt der Klinik und Poliklinik für Kinder- und Jugendpsychiatrie der Georg-August-Universität Göttingen. Im Mittelpunkt der wissenschaftlichen Tätigkeiten stehen Tic-Störungen, Zwangsstörungen und hyperkinetische Störungen. Dabei geht es um die Erarbeitung, Darstellung und Überprüfung von Modellen zentralnervöser Regulations- und Kompensationsprozesse sowie die daraus ableitbaren therapeutischen Vorgehensweisen. Grundsätze der klinischen Tätigkeit sind, neben der symptomorientierten Behandlung, die Förderung allgemeiner Selbststeuerungs- und Kontrollfähigkeiten von psychisch auffälligen Kindern und Jugendlichen sowie die Schaffung bestmöglicher Umgebungsbedingungen.

Wenn von hyperaktiven Kindern gesprochen wird, so ist aus dieser Bezeichnung alleine nicht eindeutig abzuleiten, was im einzelnen darunter zu verstehen ist. Ist es ein Zuviel und/oder ein Anders-sein der Motorik, wie es der berühmte Zappelphilipp von Heinrich Hoffmann zeigte? Oder gehören noch andere Merkmale dazu? Was hat es z. B. mit der Aggressivität auf sich, die der Hyperaktivität so dicht beigestellt wird?

Nicht nur für die Verständigung der Therapeuten untereinander, sondern auch zur Festlegung zielgerichteten Handelns bei der Betreuung eines hyperaktiven Kindes, ist es darum erforderlich, sich darüber im klaren zu sein, welche Verhaltensweisen „hyperaktiv" und „aggressiv" genannt werden sollen und auf welchem Hintergrund (z. B. innerpsychisch, umweltbedingt, hirnorganisch) diese zu sehen sind.

2.1 Begriffsentwicklung und Klassifikation

Der Klassifikation muß aus vorgenannten Gründen eine hohe Priorität zugestanden werden, da die Geschichte der Publikationen über hyperaktive Kinder voll von diagnostischen Problemen ist. Die Folgen davon sind beachtliche Diskrepanzen in den wissenschaftlichen Aussagen und damit große Schwierigkeiten, die erarbeiteten Ergebnisse in die Alltagspraxis überzuführen. Die Entwicklung des Denkens über diese Störung bewegte sich von der Meinung, daß das Verhalten rein organisch gesteuert werde, über den Begriff der leichten (evtl. frühkindlichen) Hirnschädigung weiter zum Begriff des Hyperkinetischen Syndroms bis hin zu dem heute üblichen Begriff der Störung von Aktivität und Aufmerksamkeit. Diese Benennungen wurden oft austauschbar benutzt, und es kamen weitere verwirrende Begriffe wie Lernschwierigkeiten und allgemeine psychiatrische Schwierigkeiten in Gebrauch, um in gleicher Weise gestörte Kinder zu beschreiben, obgleich es sich hierbei eher um assoziierte Störungen handelt.

2.1.1 Das Konzept der minimalen zerebralen Dysfunktion

Obwohl der Begriff der minimalen zerebralen Dysfunktion (MCD) nie präzise definiert wurde, fand dieses Konzept einer organisch-syndromalen Sicht der Hyperaktivität viele Anhänger. Man versuchte, die MCD direkt mit bestimmten Verhaltensmerkmalen in Verbindung zu bringen, was aber schlußendlich wenig überzeugend war. Die Wahl der Hyperaktivität zum Kernsymptom der minimalen zerebralen Dysfunktion führte dazu, daß der Großteil der klinischen Literatur über Hyperaktivität auf vagen, schlecht definierten Grundlagen basierte und Hyperaktivität verschiedentlich als Symptom, als Drohung, als nichtbestehende Störungs-Entität oder sogar als soziale Intrige angesehen wurde (Reeves u. Werry 1987). Insbesondere anhand der Ergebnisse einer epidemiologischen Studie (die am Zentralinstitut für Seelische Gesundheit in Mannheim durchgeführt wurde), in der 8jährige Kinder mit 13 Jahren nochmals untersucht wurden, konnte klar gezeigt werden, daß eine sog. zerebrale Dysfunktion (definiert als zweifache Standardabweichung vom Mittelwert der Normgruppe, bezogen auf bestimmte Untersuchungsmerkmale) nur in ganz wenigen Fällen mit den Verhaltensauffälligkeiten im Sinne einer Hyperaktivität einhergeht. Zerebrale Dysfunktion ließ sich dabei meistens unabhängig von der Verhaltensebene erfassen. Auch die anderen Ebenen (Neurophysiologie, Neuropsychologie) waren in der Regel unabhängig voneinander und von der Verhaltensebene (Schmidt et al. 1984). Somit ist jede Verbindung zwischen Hirnschädigung und Hyperaktivität schwer zu fassen und die MCD damit am ehesten noch im Sinne eines organischen Risikofaktors für psychopathologische Auffälligkeiten zu interpretieren (Esser u. Schmidt 1990).

2.1.2 Hyperaktivität im Mittelpunkt

Es war daher verständlich, daß nach dem organisch-psychopathologischen Mischkonzept der minimalen zerebralen Dysfunktion der 60er Jahre eine allmähliche Hinwendung zu einer klassifikatorischen Sichtweise stattfand, bei der Merkmale der Verhaltensebene alleine berücksichtigt wurden. Zunächst wurde in den 70er Jahren das allgemeine hypermotorische Verhalten, d. h. die grob-motorische Unruhe und das Nicht-sitzen-bleiben-können, als das wesentliche Merkmal der hyperaktiven Kinder angesehen. Deshalb wurde die Definition der Diagnose primär danach ausgerichtet, obwohl schon frühzeitig Beobachtungen vorlagen, die ein Aufmerksamkeitsdefizit als gleichwertig ansahen. Dies wurde mit der grobmotorischen Unruhe zusammen als Hyperaktivitätssyndrom gebündelt. Grünewald-Zuberbier notierte hierzu 1975: „Bei der Beschreibung kindlicher Verhaltensstörungen der verschiedensten Genese gehört ‚Hyperaktivität' zu den häufigsten Symptomen. Es ist daher notwendig, genauer zu definieren, was hier unter hyperaktiven Kindern verstanden wird. Ausgeschlossen werden Hyperkinesen oder Bewegungsstereotypien im klinischen Sinne, wie sie z. B. im Zusammenhang mit Schwachsinnsformen, Psychosen, hirnorganischen Prozessen, Anfallsleiden oder auch als lokal begrenzte ticartige Bewegungsformen auftreten. Es bleibt eine große Gruppe mehr oder weniger normal intelligenter Kinder mit Zeichen motorischer Unruhe bei sonst ganz verschiedenartigen Verhaltensauffälligkeiten. Auf einen Teil dieser Kinder treffen die Merkmale des sog. Hyperaktivitätssyndroms zu. Kernsymptom der Verhaltensauffälligkeiten ist hier eine im Vergleich zur Altersnorm exzessive und andauernde grobmotorische Unruhe, die für Eltern und Erzieher ein Problem darstellt. Sie ist verbunden mit Unkonzentriertheit und kurzer Aufmerksamkeitsspanne. Als assoziierte Symptome werden am häufigsten Aggressivität, Reizabhängigkeit, Affektlabilität und Impulsivität genannt."

Im diagnostischen und statistischen Manual der Amerikanischen Psychiatrischen Gesellschaft von 1968 (DSM-II) wurden die obligatorischen Symptome unter der Diagnose „Hyperactive Reaction" (308.0) wie folgt beschrieben:

– **Hyperaktivität** – hohe und deutliche Ausprägung grobmotorischer Aktivität (Lokomotion, „Hinterteilhyperaktivität" während des Sitzens, d. h. sich Verwinden, die Position verändern, häufig Aufstehen und Niedersetzen, aber kein Finger-Hand-Verdrehen, keine Tic-Bewegungen oder feinmotorische Muskelaktivitäten). Die Hyperaktivität tritt in Umgebungen und Situationen auf, in denen sitzendes oder ruhiges Verhalten entsprechend dem Alter angebracht ist.
– **Störung der Aufmerksamkeit** – hohe Ablenkbarkeit und kurze Aufmerksamkeitsspanne, verglichen mit dem, was für das Alter angemessen ist.

Zunehmend wurde bei differentiell-psychopathologischen Betrachtungen der Kinder klar, daß die hyperaktiven Kinder nicht nur Auffälligkeiten hinsichtlich Bewegungsaktivität und Aufmerksamkeit zeigten, sondern daß noch andere Merkmale eine Rolle spielten. So ging z. B. die Untersuchung von Frau Grünewald-Zuberbier (1975) im Hinblick auf eine nötige Subgruppenklassifikation durch Verhaltensbeobachtung von einer Sammlung der in der Literatur am häufigsten verwendeten klinisch-psychopathologischen Verhaltensbeschreibungen aus. Diese ließen sich unter den folgenden Kategorien subsumieren:

– Bewegungsaktivität (unruhig, zappelig),
– Aufmerksamkeit (unaufmerksam, unkonzentriert, ablenkbar),
– Verhaltenskontrolle (unkontrolliert, impulsiv, enthemmt),
– Reizorientierung (reizabhängig, überreagibel),
– Affektivität (emotional-labil, Affektausbrüche, unberechenbar),
– Aggressivität (sozial-aggressiv).

Für die Einschätzung des Verhaltens wurden entsprechende bipolare graphische Schätzungsskalen mit indifferentem Ausprägungspunkt in der Mitte der Linie gebildet (Abb. 2.1). Die durchschnittlichen Korrelationen zwischen den Beurteilungsmerkmalen, insbesondere zwischen der Bewegungsaktivität einerseits und den übrigen Merkmalen andererseits, ließen auf einen engen

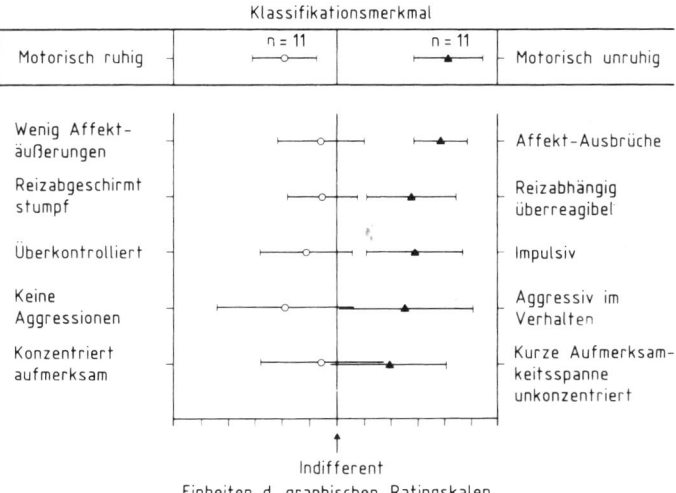

Abb. 2.1 Für die Einschätzung des Verhaltens wurden bipolare graphische Schätzungsskalen mit indifferentem Ausprägungspunkt in der Mitte der Linie gebildet. Die Mittelwerte und die Standardabweichungen der Extremgruppen des Bewegungsratings und der übrigen Rating-Kategorien des Hyperaktivitätssyndroms sind dargestellt. Zugrunde liegen pro Individuum die Mittelwerte von 3 Beurteilern (nach Grünewald-Zuberbier 1975).

Symptomverband im Sinne des Hyperaktivitätssyndroms schließen. Die Bewegungsaktivität erschien dabei als die verhaltensmäßig am konkretesten definierte Schätzdimension. Die Registrierung der grobmotorischen Aktivität mittels eines miniaturisierten Beschleunigungsaufnehmers, dessen Signale über einen Mikrotelemetrie-Sender übertragen wurden, differenzierte die in den Schätzlisten als hyperaktiv bzw. als nicht-hyperaktiv eingestuften Subgruppen von Kindern in spezifischen Verhaltenssituationen in der zu erwartenden Richtung (Grünewald-Zuberbier 1975; vgl. Abb. 2.2). In der Situation, in der die Kinder auf die Durchführung eines Spieles warteten, und sich dabei jeglicher willkürmotorischer Aktivitäten enthalten sollten, war die Bewegungsaktivität zu Anfang und am Ende der Beobachtungszeit bei beiden Gruppen gleich. Die Hyperaktiven steigerten ihre Bewegungsaktivität allerdings schon wesentlich früher als die nicht-hyperaktiven Kinder, d. h. es fällt diesen Kindern sehr schwer abzuwarten und auferlegte zeitliche Verzögerungen bis zur Aktion einzuhalten (siehe auch Untersuchungen zur sog. Delay aversion von Sonuga-Barke 1995). Auch bei nichtaufgabenbezogener motorischer Aktivität (im Klassenraum) zeigten die hyperkinetischen Kinder deutlich mehr Bewegungen als sog. normal aktive Kinder (Cammann u. Miehlke 1989, Hässler 1995).

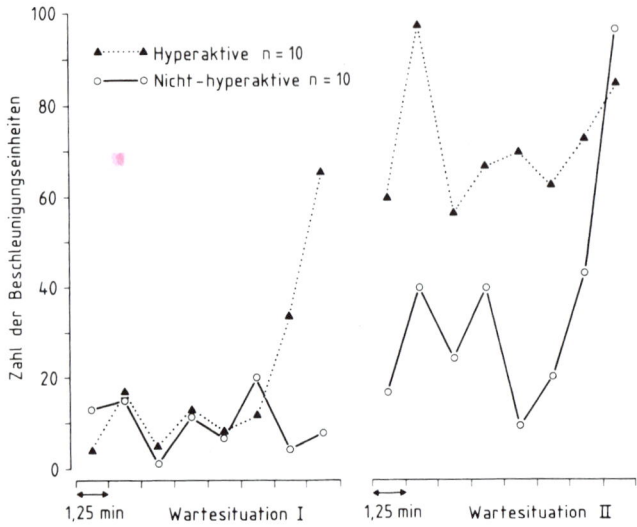

Abb. 2.2 Registrierung der grobmotorischen Aktivität mittels eines miniaturisierten Beschleunigungsaufnehmers, dessen Signale über einen Mikrotelemetrie-Sender übertragen wurden. Dargestellt sind die Gruppenmediane der sequentiellen Aktivitätsraten der grobmotorischen Aktivität von hyperaktiven und nichthyperaktiven Kindern während zweier Situationen, in denen die Kinder stillzusitzen hatten. Beide Gruppen steigerten die motorische Unruhe im Verlauf der Wartesituationen bis auf etwa das gleiche Niveau. Der Anstieg setzte jedoch bei hyperaktiven Kindern sehr viel früher an als bei den nichthyperaktiven Kindern. Zwischen den beiden Wartesituationen lag eine standardisierte Spielphase von etwa 5 min. (nach Grünewald-Zuberbier 1975 sowie Grünewald-Zuberbier u. Grünewald 1982).

2.1.3 Aufmerksamkeitsstörungen als Kernsymptom

Ende der 70er Jahre fokussierte sich die Forschung zunehmend auf die Symptome kurze Aufmerksamkeitsspanne, erhöhte Ablenkbarkeit und Impulsivität als Kernsymptome, mit denen Hyperaktivität als Zusatzsymptom verbunden sein konnte. Dieses schlug sich in den Klassifikationsschemata DSM-III (1980), DSM-III-R (1989) und DSM-IV (1996) nieder (Tab. 2.1). Alltagshilfen, um diesen Klassifikationen auch gerecht zu werden, stehen mittlerweile zur Verfügung. So umfaßt die Kurzform der Conners-Skala (Tab. 2.2) 10 Merkmale, nach denen ein Kind beurteilt werden kann. Liegt der Gesamtwert gleich oder höher als 15 Punkte, so spricht dies für ein Hyperkinetisches Syndrom mit Störung von Aktivität und/oder Aufmerksamkeit. Ein weiterer Punkt bezüglich der diagnostischen Diskussion um die Hyperaktivität (im Grunde gilt das auch für das Aufmerksamkeitsdefizit) muß noch erwähnt werden. Einige Arbeitsgruppen bestanden darauf, daß die Diagnose

Tab. 2.1: DSM-IV

Diagnostische Kriterien für Aufmerksamkeitsdefizit-/Hyperaktivitätsstörung

A. Entweder Punkt (1) oder Punkt (2) müssen zutreffen:

(1) Sechs (oder mehr) der folgenden Symptome von **Unaufmerksamkeit** sind während der letzten sechs Monate beständig in einem mit dem Entwicklungsstand des Kindes nicht zu vereinbarenden und unangemessenen Ausmaß vorhanden gewesen:

Unaufmerksamkeit

   a) beachtet häufig Einzelheiten nicht oder macht Flüchtigkeitsfehler bei den Schularbeiten, bei der Arbeit oder bei anderen Tätigkeiten,

   b) hat oft Schwierigkeiten, längere Zeit die Aufmerksamkeit bei Aufgaben oder beim Spielen aufrechtzuerhalten,

   c) scheint häufig nicht zuzuhören, wenn andere ihn/sie ansprechen,

   d) führt häufig Anweisungen anderer nicht vollständig durch und kann Schularbeiten, andere Arbeiten oder Pflichten am Arbeitsplatz nicht zu Ende bringen (nicht aufgrund oppositionellen Verhaltens oder Verständigungsschwierigkeiten),

   e) hat häufig Schwierigkeiten, Aufgaben und Aktivitäten zu organisieren,

   f) vermeidet häufig, hat eine Abneigung gegen oder beschäftigt sich häufig nur widerwillig mit Aufgaben, die längerandauernde geistige Anstrengungen erfordern (wie Mitarbeit im Unterricht oder Hausaufgaben),

   g) verliert häufig Gegenstände, die er/sie für Aufgaben oder Aktivitäten benötigt (z. B. Spielsachen, Hausaufgabenhefte, Stifte, Bücher oder Werkzeug),

   h) läßt sich öfter durch äußere Reize leicht ablenken,

   i) ist bei Alltagstätigkeiten häufig vergeßlich;

(2) Sechs (oder mehr) der folgenden Symptome der **Hyperaktivität und Impulsivität** sind während der letzten sechs Monate beständig in einem mit dem Entwicklungsstand des Kindes nicht zu vereinbarenden und unangemessenen Ausmaß vorhanden gewesen:

Hyperaktivität

   a) zappelt häufig mit Händen oder Füßen oder rutscht auf dem Stuhl herum,

   b) steht in der Klasse oder in anderen Situationen, in denen Sitzenbleiben erwartet wird, häufig auf,

   c) läuft häufig herum oder klettert exzessiv in Situationen, in denen dies unpassend ist (bei Jugendlichen oder Erwachsenen kann dies auf ein subjektives Unruhegefühl beschränkt bleiben),

   d) hat häufig Schwierigkeiten, ruhig zu spielen oder sich mit Freizeitaktivitäten ruhig zu beschäftigen,

   e) ist häufig „auf Achse" oder handelt oftmals, als wäre er/sie „getrieben",

   f) redet häufig übermäßig viel;

Impulsivität

   g) platzt häufig mit den Antworten heraus, bevor die Frage zu Ende gestellt ist,

   h) kann nur schwer warten, bis er an der Reihe ist,

   i) unterbricht und stört andere häufig (platzt z. B. in Gespräche oder in Spiele anderer hinein).

Tab. 2.1: Fortsetzung

Diagnostische Kriterien für Aufmerksamkeitsdefizit-/Hyperaktivitätsstörung

B. Einige Symptome der Hyperaktivität-Impulsivität oder Unaufmerksamkeit, die Beeinträchtigungen verursachen, treten bereits vor dem Alter von sieben Jahren auf.

C. Beeinträchtigungen durch diese Symptome zeigen sich in zwei oder mehr Bereichen (z.B. in der Schule bzw. am Arbeitsplatz und zu Hause).

D. Es müssen deutliche Hinweise auf klinisch bedeutsame Beeinträchtigungen der sozialen schulischen oder beruflichen Funktionsfähigkeit vorhanden sein.

E. Die Symptome treten nicht ausschließlich im Verlauf einer tiefgreifenden Entwicklungsstörung, Schizophrenie oder einer anderen psychotischen Störung auf und können auch nicht durch eine andere psychische Störung besser aufgeklärt werden (z.B. Affektive Störung, Angststörung, Dissoziative Störung oder eine Persönlichkeitsstörung).

Kodiere ja nach Subtypus:

314.01 (F90.0) Aufmerksamkeitsdefizit-/Hyperaktivitätsstörung, Mischtypus: liegt vor, wenn die Kriterien A1 und A2 während der letzten sechs Monate erfüllt waren.

314.00 (F98.8) Aufmerksamkeitsdefizit-/Hyperaktivitätsstörung, Vorwiegend Unaufmerksamer Typus: liegt vor, wenn Kriterium A1, nicht aber Kriterium A2 während der letzten sechs Monate erfüllt war.

314.01 (F90.1) Aufmerksamkeitsdefizit-/Hyperaktivitätsstörung, Vorwiegend Hyperaktiv-Impulsiver Typus: liegt vor, wenn Kriterium A2, nicht aber Kriterium A1 während der letzten sechs Monate erfüllt war.

Kodierhinweise: Bei Personen (besonders Jugendlichen und Erwachsenen), die zum gegenwärtigen Zeitpunkt Symptome zeigen, aber nicht mehr alle Kriterien erfüllen, wird **teilremittiert** spezifiziert.

---

einer „Attention Deficit Hyperactivity Disorder" (ADHD) nur dann gestellt werden dürfe, wenn diese Kinder Hyperaktivität in den meisten, am besten sogar in allen Umgebungen (zu Hause, Schule, Freizeitgruppen) zeigten. Teilweise deshalb wurde in England die Diagnose eines Hyperkinetischen Syndroms sehr selten gestellt und die Störung als nicht besonders häufig vorkommend angesehen. Zusätzlich war eine derartige Einstellung vermischt mit der Meinung, daß die meisten Fälle von Hyperaktivität in Wirklichkeit Störungen des Sozialverhaltens seien; anders gesagt, Sozialstörungen und auch emotionale Störungen könnten die Diagnose eines Hyperkinetischen Syndroms vortäuschen (Werry et al. 1987, Reeves et al. 1987, Conners 1990, Rapoport 1990). In faktorenanalytischen Auswertungen psychopathologischer Befunde psychisch auffälliger Kinder und Jugendlicher (Döpfner et al. 1994) konnten aber eindeutig getrennte Cluster für die externalen Verhal-

Tab. 2.2: Conners-Skala. (Nach Conners 1969, 1970)

Eltern-Lehrer Fragebogen (Kurzform)				
Bitte beurteilen Sie das Kind hinsichtlich der aufgeführten Verhaltensweisen!				
Datum:				
	über-haupt nicht	ein wenig	ziem-lich	sehr stark
	0	1	2	3
1. Unruhig oder übermäßig aktiv	☐	☐	☐	☐
2. Erregbar, impulsiv	☐	☐	☐	☐
3. Stört andere Kinder	☐	☐	☐	☐
4. Bringt angefangene Dinge nicht zu einem Ende – kurze Aufmerksamkeitsspanne	☐	☐	☐	☐
5. Ständig zappelig	☐	☐	☐	☐
6. Unaufmerksam, leicht abgelenkt	☐	☐	☐	☐
7. Erwartungen müssen umgehend erfüllt werden, leicht frustriert	☐	☐	☐	☐
8. Weint leicht und häufig	☐	☐	☐	☐
9. Schneller und ausgeprägter Stimmungs-wechsel	☐	☐	☐	☐
10. Wutausbrüche, explosives und unvorher-sagbares Verhalten	☐	☐	☐	☐

ausgefüllt von: Mutter/Vater/Lehrer(in)

tensmerkmale „Hyperaktivität", „Aggressivität", „Dissozialität" und „emotional-soziale Impulsivität" neben den internale Auffälligkeiten bezeichnenden Cluster „Depression" und „Angst" aufgezeigt werden. Diese Merkmalsgruppen können allerdings gemeinsam bei einem Kind oder Jugendlichen vorliegen. Dies wird im Klassifikationsschema der ICD-10 (1993) berücksichtigt, in dem die häufigste Zweitstörung bei Vorliegen eines Hyperkinetischen Syndroms, nämlich eine Störung des Sozialverhaltens, neben der einfachen Aktivitäts- und Aufmerksamkeitsstörung (F 90.0) als eigenständige Diagnose – Hyperkinetische Störung des Sozialverhaltens (F 90.1) – geführt wird. Obgleich es keine Diagnose einer kombinierten Hyperkinetischen und

Emotionalen Störung gibt, ist wegen der Häufigkeit und therapeutischen Relevanz aber dennoch bei jedem hyperkinetischen Kind und Jugendlichen sorgfältig nach emotionalen Auffälligkeiten (evtl. unterstützt mittels ergänzender Untersuchungsinventare) zu fahnden.

Abschließend für diesen Teil möchten wir daher empfehlen, die diagnostischen Kriterien nach folgenden Regeln klar zu fassen:

1. **Symptome:** Hyperaktivität muß klar beschrieben werden. Am besten sollte sie operational definiert werden und sich nach DSM-IV (1996) oder ICD-10 (1993) richten. Probleme der Aufmerksamkeit und der Impulskontrolle sollten ebenfalls als primäre Symptome angesehen und getrennt betrachtet werden. Nach Ausprägung dieser Kernsymptome wird in der DSM-IV unterschieden: ein Mischtypus (314.01), ein Typus mit Vorwiegen von Unaufmerksamkeit (314.00) und ein Typus mit Vorwiegen von Hyperaktivität und Impulsivität (314.01).

2. **Inventare:** Berichte von Eltern und Lehrern über allgemeine motorische Unruhe, Hyperaktivität, kurze Aufmerksamkeitsspanne und Impulsivität, formalisiert in standardisierten Eltern- und Lehrerfragebogen, sind zu fordern. Es gibt verschiedene derartige Meßinstrumente mit etablierter Reliabilität und Validität, für die publizierte Normen verfügbar sind und die Skalen besitzen, die hyperaktive Kinder von normalen Kindern unterscheiden lassen (z. B. Conners Eltern- und Lehrerfragebogen [Conners 1969 und 1970], die revidierte „Behaviour Problem Check List" [nach Quay 1983]). Um als hyperaktiv beurteilt zu werden, sollte der Skalenwert eines Kindes wenigstens zwei Standardabweichungen über dem Mittelwert der Altersgruppe liegen.

3. **Dauer:** Die Symptome sollten mindestens 6 Monate vorhanden sein, der Beginn der Störung sollte in der frühen Kindheit liegen.

4. **Pervasivität:** Es sollte klare Hinweise dafür geben, daß die Symptome in mehr als einer Art der Umgebung (z. B. Familie **und** Schule) zu beobachten sind.

5. **Kulturelle Kriterien:** Wenn das Verhalten kulturunabhängig sein soll, dann muß hyperkinetisches Verhalten schon im Vorschulalter erwartet werden, und das beurteilte Kind sollte sich in seiner hyperaktiven Symptomatik von Geschwistern und Freunden unterscheiden.

6. **Ausschlußkriterien:** Es sollten grob-neurologische Abnormitäten fehlen und keine psychotische Symptomatik vorliegen.

Diese nach Reeves und Werry (1987) modifizierten Kriterien können im Alltag zur sorgfältigen diagnostischen Beurteilung eines hyperaktiven Kindes herangezogen werden und müssen nicht nur für wissenschaftliche Untersuchungen aufgespart bleiben.

2.2 Neurobiologische Grundlagen

2.2.1 Genetische Aspekte

Wie schon oben zum Begriff der Komorbidität bzw. der Frage kombinierter Störungen angesprochen, kann es von Bedeutung für die Auswahl der therapeutisch notwendigen Bausteine sein, diagnostisch zu überprüfen, ob bei einem Kind das gesamte Spektrum der möglichen Symptome vorliegt oder ob nur einzelne Teilbereiche eine Rolle spielen. Auch wenn wir hier nur die neurobiologischen Grundlagen bezüglich Aufmerksamkeitsdefizit und Hyperaktivität beleuchten wollen, soll doch nicht unerwähnt bleiben, wie es um die familiäre Häufung von Störungen des Sozialverhaltens und von Depressivität selbst bei Kindern mit einer Aufmerksamkeitsstörung ohne Hyperaktivität (attention deficit disorder, ADD) steht.

Biedermann (1986) untersuchte hierzu 75 erstgradige Verwandte von 22 Kindern mit ADD und verglich sie mit 73 erstgradigen Verwandten von 20 normalen Kindern. Es wurden direkte diagnostische Interviews (DICA-P, DIS) mit den Eltern der Kinder durchgeführt und dann von Beurteilern ausgewertet, die nicht wußten, ob das Interview von Eltern der normalen oder der ADD-Kinder stammte. 64 % (n = 14) der ADD-Kinder wiesen gleichzeitig Störungen des Sozialverhaltens auf. Leider wurde über die Hyperaktivität im Vergleich zur alleinigen Aufmerksamkeitsstörung nicht gesondert berichtet. Für ADD-Kinder mit zusätzlichen Störungen im Sozialverhalten war die Häufigkeit der antisozialen Störungen bei den Verwandten signifikant höher als bei den Verwandten der normalen Kontrollgruppe (42 % versus 5 %, p < 0.001). Anders war es bei den Verwandten der ADD-Kinder, die keine Störungen des Sozialverhaltens hatten. Sie unterschieden sich diesbezüglich nicht von der Normalgruppe. Bei dieser Studie wurde zudem festgestellt, daß die Angehörigen der ADD-Kinder (hier insbesondere eineiige Zwillingsgeschwister) häufiger selbst eine ADD aufwiesen und auch häufiger an depressiven Störungen litten als Verwandte normaler Kinder. Diese Ergebnisse deuten darauf hin, daß ADD u. a. eine familiär gehäuft vorkommende Störung darstellt. Daher sollte das Interesse an weiteren Familienstudien bezüglich ADD geweckt werden, um z. B. mittels molekulargenetischer Forschung unsere Erkenntnisse und unser Verstehen der biologischen Grundlagen dieser psychiatrischen Störung zu verbessern und so evtl. auch neue Therapieansätze zu entwickeln. Offenbar gibt es einen genetischen Einfluß bei der hyperkinetischen Störung. Allerdings bestehen hinsichtlich der übertragenen Merkmale sowie der damit zusammenhängenden Mechanismen noch Unklarheiten. Ähnliches gilt für den Einfluß toxischer und allergischer Faktoren, der bei manchen Kindern geltend gemacht wird (Taylor 1994).

2.2.2 Feinneurologische Zeichen

Aus der Tatsache, daß unser Verhalten durch motorische Aktivitäten der Muskulatur erkennbar wird und diese Bewegungsmuster wiederum von unserem zentralen Nervensystem (ZNS) gesteuert werden, kann man schließen, daß Normabweichungen motorischer Muster – seien sie noch so gering und bedeutungsschwach für den Alltag – allgemein als eine Minderleistung des ZNS angesehen werden dürfen. Die neurobiologische Basis dieser sog. weichen Zeichen ist im einzelnen allerdings noch nicht bekannt.

Wenn wir uns auf dieser Grundlage den feinneurologischen Zeichen (Beispiele s. Tab. 2.3) zuwenden, so muß an die zukünftige Forschung die Forderung gestellt werden, zu klären, inwieweit über eine theoretische konzeptuelle Betrachtungsweise hinaus eine praktisch-klinische Bedeutung zu erwarten ist. Besonders auffallend sind bei den hyperkinetischen Kindern Schwierigkeiten in den Koordinationsbewegungen und sog. überschießende Bewegungen. Auch erwerben sie im Vergleich zu gesunden Kindern verzögert eine flüssige Handschrift, haben häufig Schwierigkeiten beim Malen und sprechen häufiger unflüssig (Denkla et al. 1985).

Tab. 2.3 Beispiele feinneurologischer Zeichen (englisch: „soft neurological signs")

Feinneurologische Zeichen i. S. einer **Entwicklungsverzögerung**, d. h. die beobachtete Verhaltensweise kann einer jüngeren Altersstufe zugeordnet werden

- unwillkürliche seitengleiche Spiegelbewegungen
- verspätetes Erreichen psychomotorischer Meilensteine
  (z. B. Stehen, Gehen, Sprechen)
- motorische Ungeschicklichkeit für die jeweilige Altersstufe
  (z. B. beim Halten eines Stiftes, Ballfangen)
- Verlangsamung in motorischen Bewegungsabläufen
- leichte Artikulationsschwierigkeiten
- vermehrt langsame Wellen im EEG

Feinneurologische Zeichen i. S. einer **Entwicklungsabweichung**, d. h. die beobachtete Verhaltensweise kommt bei normaler Entwicklung eines Kindes in keiner Altersstufe vor

- abnormer Muskeltonus
- unphysiologischer Nystagmus
- Reflexasymmetrien
- pathologische Reflexe
- Störung des Mundschlusses
- auffällige Graphoelemente im EEG

Festzuhalten bleibt, daß feinneurologische Zeichen gehäuft bei ADHD-Kindern im Vergleich zu normalen vorkommen. Dies gilt aber auch für andere kinderpsychiatrische Störungen (Vöhringer 1991) und bedeutet, daß feinneurologische Zeichen diagnostisch unspezifische Merkmale sind, die keine unmittelbare Beziehung zur Verhaltensebene der ADHD-Symptome herzustellen erlauben. Dafür sprechen auch die Befunde von Rutter et al. (1970), die bei 14 % normaler 10 bis 11 Jahre alter Kinder sog. Spiegelbewegungen fanden und von Wolff u. Hurwitz (1966), die bei 11 % normaler Kinder chorea-artige Bewegungen sahen. Insgesamt waren am häufigsten solche Zeichen, die auf Störungen der sensomotorischen Koordination mit mangelnder Hemmung nichterwünschter Bewegungen und auf Probleme beim Sprechen hinweisen. Inwieweit hier mangelnde kognitive Kontrollmechanismen eine Rolle spielen und/oder ob hier eine rein motorische Basisstörung wesentlich ist, bleibt noch zu beantworten. Man kann derzeit lediglich annehmen, daß feinneurologische Zeichen Ausdruck einer leichten zentralnervösen Entwicklungsstörung sind (Reeves u. Werry 1987), sei es im Sinne einer Entwicklungsverzögerung oder einer Entwicklungsabweichung. Welche klinische Bedeutung dem beim einzelnen Kind zukommt, ist unklar und hängt wohl ab von der Kompensationsfähigkeit seines Gehirns und den auf dieses Gehirn wirkenden Umgebungseinflüssen (siehe auch Rothenberger u. Hüther 1997).

2.2.3   Elektroenzephalogramm

Hirnelektrische Aktivitäten der Nervenzellen lassen sich ohne große Belastung des Kindes mittels des Elektroenzephalogramms (EEG) registrieren. Die Beurteilung des EEGs erlaubt somit, auf die Funktionsfähigkeit des zentralen Nervensystems zu schließen. Psychiatrisch auffällige Kinder von Inanspruchnahmepopulationen weisen deutlich häufiger einen auffälligen EEG-Befund auf (Abb. 2.3a und b). Dies ist als Ausdruck dafür zu sehen, daß ihr zentralnervöses informationsverarbeitendes System vielfach anders funktioniert als das normaler Kinder. Um dem genauer nachzugehen und besonders den im Abschnitt für feinneurologische Zeichen angesprochenen pathogenetisch offenbar bedeutsamen Entwicklungsaspekt der ADHD zu beleuchten, soll hier über eigene EEG-Untersuchungen berichtet werden (Rothenberger und Woerner 1986, siehe auch Vöhringer 1991). Wir wissen, daß das Verhältnis von Alpha-Wellen zu Theta-Wellen im kindlichen EEG sich als hervorragendes Kriterium erwiesen hat, um die hirnelektrische Entwicklung eines Kindes zu beurteilen. Dieser Alpha-Theta-Quotient (ATQ) bietet sich damit als ein gut objektivierbares Maß der neuronalen Aktivität an, um bei

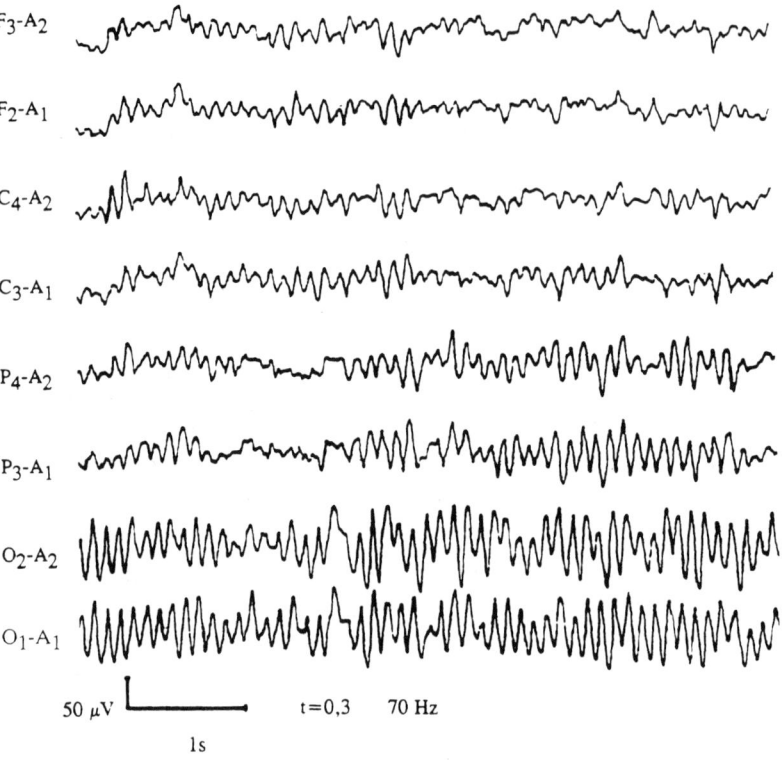

F_3-A_2

F_2-A_1

C_4-A_2

C_3-A_1

P_4-A_2

P_3-A_1

O_2-A_2

O_1-A_1

50 μV   t=0,3   70 Hz

1s

Abb. 2.3a Normales EEG vom Alpha-Typ bei einem 15jährigen Mädchen mit Störung des Sozialverhaltens und Verdacht auf Drogenkonsum. In den Abteilungen O1 und O2 (die unteren beiden Kur-
venverläufe) zeigt das EEG einen relativ gleichmäßigen Verlauf mit Schwingungen um 9 s. In den übrigen Ableitungen ist dieser Ablauf nicht so deutlich ausgeprägt. Eine solche Gliederung ist etwa ab
dem 8. Lebensjahr bei unauffälliger elektrischer Hirnreifung zu erwarten (nach Rothenberger 1987).

kinderpsychiatrischen Störungen zu prüfen, ob dieser neurobiologische Ent-
wicklungsfaktor eine Rolle spielt. Bei unseren EEG-Untersuchungen an
8- und 13jährigen Kindern im Rahmen einer epidemiologischen Studie am
Zentralinstitut in Mannheim stellte sich heraus, daß Kinder mit expansiven
Störungen (gestörtes Sozialverhalten, Hyperkinetisches Syndrom) sowohl
im Alter von 8 Jahren als auch im Alter von 13 Jahren die niedrigsten
Alpha-Theta-Quotienten aufwiesen (Abb. 2.4). Besonders niedrige Alpha-
Theta-Quotienten im Alter von 8 Jahren zeigten die Kinder, die sowohl mit
8 Jahren als auch mit 13 Jahren im Sinne einer expansiven Störung psychiatrisch auffällig waren (ATQ = 1,3), während solche, die anderweitig psychiatrisch auffällig blieben, einen ATQ von 1,6 erreichten und diejenigen,

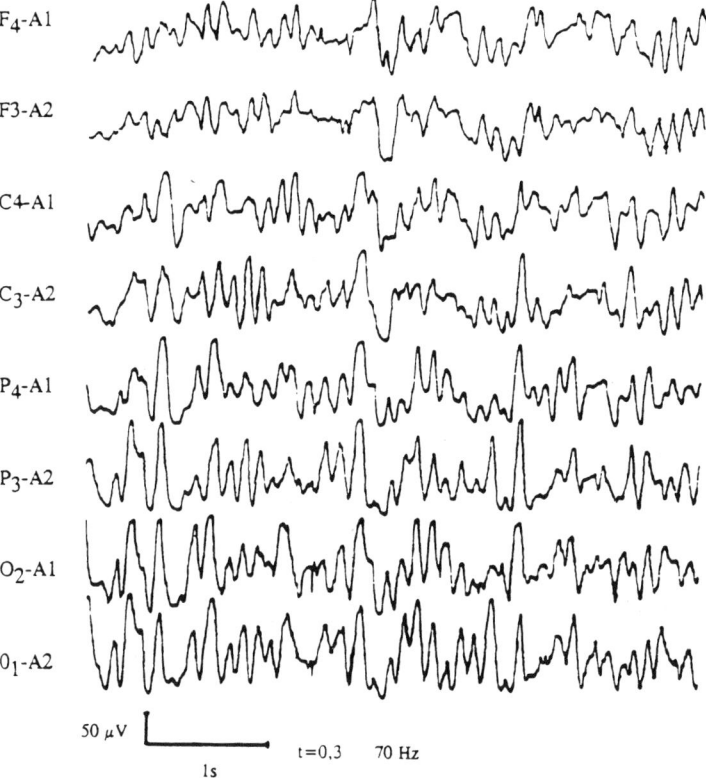

Abb. 2.3b Standard-EEG eines 12jährigen Mädchens mit hyperkinetischem Syndrom. Im Gegensatz zu dem Hirnstrombild in Abb. 2.3a kommen hier vermehrt langsame Wellen (4–5 s) bei arrhythmischer Aktivität und biphasischen steileren Abläufen (hohe steile Amplituden) über den parieto-okzipitalen Ableitpunkten (P4, P3, O2, O1) vor (nach Rothenberger 1987).

die weder mit 8 noch mit 13 Jahren psychiatrisch auffällig waren, sogar einen ATQ von 2,1 hatten. Es läßt sich daraus für unser Thema schließen, daß ADHD-Kinder auch auf neurophysiologischer Ebene Zeichen aufweisen, die bei ihnen das Vorliegen einer zentralnervösen Entwicklungsstörung nahelegen. Über deren Beziehung zu Verhaltensmerkmalen kann nur im Sinne des EEGs als Risikofaktor gesagt werden: Je auffälliger ein EEG eines Kindes im Alter von 8 Jahren ist, desto eher ist eine psychiatrische Auffälligkeit mit 13 Jahren bei diesem Kind zu erwarten. Wir sollten daher jedem Kind mit einem derart auffälligen EEG-Befund unsere besondere Aufmerksamkeit bezüglich Verlaufskontrolle, aktiver Prophylaxe und Therapie schenken.

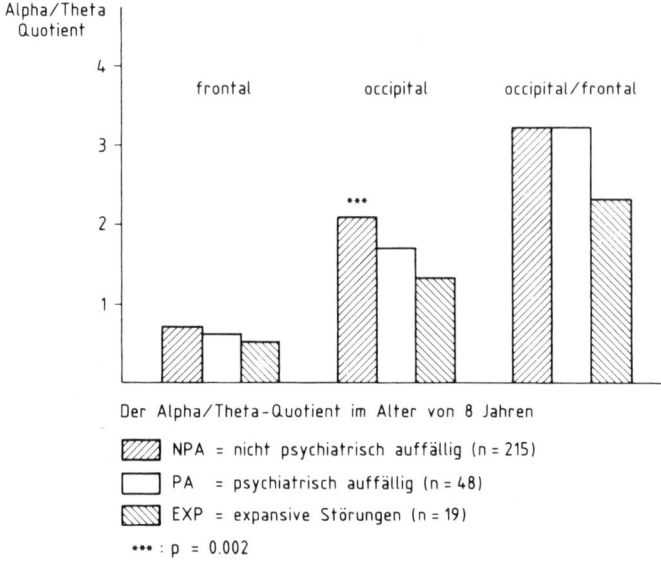

Der Alpha/Theta-Quotient im Alter von 8 Jahren

NPA = nicht psychiatrisch auffällig (n = 215)
PA = psychiatrisch auffällig (n = 48)
EXP = expansive Störungen (n = 19)
••• : p = 0.002

Abb. 2.4 Der Alpha/Theta-Quotient im Alter von 8 Jahren. Es zeigt sich, daß die Kinder mit expansiven Störungen (zu diesen gehören auch solche mit hyperkinetischem Syndrom) stets den niedrigsten Alpha/Theta-Quotient aufweisen. Die Kinder mit expansiven Störungen unterscheiden sich nicht nur von den nicht psychiatrisch auffälligen Kindern, sondern auch von der Gruppe andersartig auffälliger Kinder.

2.2.4 Ereignisbezogene Hirnpotentiale

Registrieren wir während einer Standardableitung des EEGs die elektrische Spontanaktivität unserer Nervenzellen, so ist es mit der Methode der ereignisbezogenen Hirnpotentiale (EPs) möglich, reizbezogene oder antwortbezogene elektrische Hirnaktivitäten zu erfassen. Dabei kann man die Veränderungen des EEGs in Beziehung zu einem Reiz (z. B. Ton, Klick, Lichtblitz, Schachbrettmuster, Fingerbewegungen, elektrischer Reiz) aufnehmen und auswerten und hierdurch einen direkten Einblick in den Ablauf der zentralnervösen Informationsverarbeitung erhalten (Rothenberger 1987, Brandeis 1995).

Bei Kindern mit einem Hyperkinetischen Syndrom interessiert dabei insbesondere, wie die EPs durch Aufmerksamkeitsleistung, motorische Reaktion auf Reizvorgaben und willentlich initiierte Bewegungen beeinflußt werden und wie die in der Therapie von hyperkinetischen Kindern eingesetzten Medikamente (z. B. Methylphenidat, Pemolin) die elektrische Hirnaktivität beeinflussen.

In Untersuchungen zur selektiven Aufmerksamkeit bei hyperaktiven Kindern zeigten diese im Vergleich zu normalen Kindern nicht nur, wie zu erwarten war, längere und variablere Reaktionszeiten; vielmehr ließ sich auch eine niedrigere Amplitude für die sog. N_1-Welle bzw. Nd-Welle finden, was als Ausdruck einer geringeren Aufmerksamkeitsleistung zu sehen ist (Stamm u. Kreder 1979, Jonkman et al. 1997). Noch deutlicher kam dies in den hirntopographischen psychophysiologischen Untersuchungen von Satterfield (1990) zutage. Hyperkinetische Kinder entwickelten bei einer Aufgabe zur selektiven Aufmerksamkeit weit weniger elektrische Hirnaktivität über frontalen Ableiteorten als gesunde Kinder. Weitere Untersuchungen ereignisbezogener Hirnpotentiale zeigten bei Kindern mit Hyperkinetischem Syndrom verkleinerte P300-Amplituden und teilweise auch verzögerte P300-Latenzen. Die Amplitudenverminderungen wurden dabei als „energetisches Defizit" bei der Zielreizverarbeitung, die verlängerten Latenzen als Verzögerung der reizbezogenen Verarbeitung interpretiert (Klorman et al. 1992, Robaey et al. 1992, Jonkman 1997 et al.). Die Ergebnisse von Grünewald-Zuberbier und Grünewald (1982) zeigten ebenfalls, daß konzentrationsgestörte Kinder, im Vergleich zu nicht-konzentrationsgestörten Kindern, Schwierigkeiten haben, ausreichend reizbezogene elektrische Hirnaktivität zu entwickeln. Je schwerer die Aufgabe wurde, desto deutlicher kam dieser Effekt zum Vorschein. In die gleiche Richtung weisen eigene Untersuchungen an hyperkinetischen Kindern (Rothenberger 1984). Die Aufgabe bestand für normale Kinder und hyperkinetische Kinder darin, in Abständen von 15 s den rechten Zeigefinger so rasch wie möglich zu beugen und dabei sonst keine Bewegung zuzulassen.

Es kam uns darauf an, die elektrische Hirnaktivität vor dem Beginn der Bewegung zu erfassen, um zu sehen, wie die Kinder die verlangte Beugebewegung des Fingers mit ihrem Zentralnervensystem vorbereiten. Es stellte sich heraus, daß die hyperkinetischen Kinder, obwohl sie die verlangte Leistung nicht so gut wie die normalen Kinder vollbringen konnten, mehr elektrische Hirnaktivität über dem vorderen Hirnabschnitt entwickeln mußten als diese. Mit anderen Worten: Die Kontrollfunktion des Frontalhirns mußte bei hyperaktiven Kindern vor der geplanten Bewegung stärker aktiviert werden als das bei normalen Kindern der Fall war. Demnach scheint es diesen Kindern nicht so gut möglich, die hirnelektrische Aktivität über bestimmten kortikalen Arealen zu fokussieren, d.h. ihr neuronales Netzwerk arbeitet eher diffus (Rothenberger 1995).

Gingen bei den vorgenannten Untersuchungen Verhalten und elektrische Hirnaktivität parallel, so muß das nicht zwangsläufig immer so sein. Ein Beispiel von Halliday u. Callaway (1982) soll das verdeutlichen. Die Autoren verabreichten hyperkinetischen Kindern Methylphenidat und leiteten die reizbezogene elektrische Hirnaktivität ab, in diesem Falle die sog. P300-Welle der EPs. Gleichzeitig registrierten sie die Reaktionszeiten der Kinder auf den gekennzeichneten seltenen Reiz, der häufige Reiz sollte ignoriert werden. Die Kurve der EPs wurde kaum durch das Medikament beeinflußt, aber die Reaktionszeit war unter dem Medikament deutlich kürzer als ohne das Medikament. Das heißt, Methylphenidat hatte nur einen geringen Einfluß auf die kognitive Verarbeitung des Reizes, aber die Nervenbahnen für die motorische Antwort wurden eindeutig fazilitiert und damit die grundlegenden Defizite beim Mobilisieren von ‚output'-Ressourcen vermindert. Die Annahme derartiger (frontalhirnbezogener) Defizite entspricht auch den Aufmerksamkeitsstudien von Sergeant (1990) und unseren psychophysiologischen Ergebnissen (Rothenberger 1995). Allerdings zeigten eine Reihe neuerer EP-Studien (siehe Jonkman et al. 1997, Winsberg et al. 1997), daß Methylphenidat durchaus auch die hirnelektrische Aktivität von HKS-Kindern günstig beeinflussen kann und zwar im Sinne einer „Normalisierung" von Amplituden und strukturierten topographischen Mustern.

2.2.5 Hirndurchblutung und Hirnstoffwechsel

Neben elektrophysiologischen Methoden stehen uns heute bildgebende Verfahren zur Verfügung, die es erlauben, die neurobiologischen Grundlagen des Hyperkinetischen Syndroms besonders „hirnnahe" zu untersuchen. Mit radioaktiv markierten Substanzen zum Einatmen oder zur intravenösen Verabreichung können sowohl Hirndurchblutung als auch verschiedene Stoffwechselvorgänge an fast allen Orten des Gehirns sichtbar gemacht werden, sei es in Ruhesituationen oder unter vorgegebenen kognitiven Leistungen, sei es mit oder ohne Medikation. Die erste derartige Untersuchung bei hyperkinetischen Kindern (im Vergleich zu gesunden) ist von Lou et al. (1984) bekannt. Sie berichteten von einer im Vergleich zu normalen Kindern geringeren Durchblutung (d. h. einer geringeren Stoffwechselaktivität) der Frontallappen des Gehirns bei allen 11 hyperkinetischen Patienten und gleichzeitig von einer geringeren Durchblutung der Nucleus-caudatus-Region bei 7 hyperkinetischen Patienten. Weitere Hinweise darauf, daß die Frontallappen des Gehirns eine besonders wichtige Rolle in der Pathogenese des Hyperkinetischen Syndroms spielen, ergaben sich aus den Untersuchungen von Zametkin et al. (1990). Sie untersuchten Eltern von ADHD-Kindern. Solche Eltern, die ebenfalls als aufmerksamkeitsgestört und hyperaktiv zu diagnostizieren waren, unterzogen sich einer Positronen-Emissions-Tomographie zur Bestimmung der Aktivität des zerebralen Glukosestoffwechsels. Nachdem den Eltern intravenös radioaktiv markierte Glukose verabreicht wurde, lösten sie während der Glukoseaufnahme durch das Gehirn eine auditorische Aufmerksamkeitsaufgabe. Die Eltern mit ADHD wurden mit normalen Erwachsenen verglichen und wiesen gegenüber diesen insgesamt eine größere Anzahl von Fehlern in der Aufmerksamkeitsaufgabe und einen verminderten Glukosestoffwechsel im gesamten Gehirn auf. Besonders die Frontalhirnbereiche der ADHD-Eltern zeigten eine erniedrigte Glukoseausnutzung. Schließt man in diese lokalisatorisch-funktionellen Betrachtungen noch Tierversuche an F-3-4-4-Ratten ein, die als Tiermodell für ADHD angesehen werden und bei denen eine verminderte Aufnahmefähigkeit des Neurotransmitters Dopamin in den subkortikal gelegenen Corpus-striatum-Bereichen gefunden wurde (Unis et al. 1986), so kann zusammenfassend bei hyperkinetischen Kindern eine Störung in subkortikalen und frontokortikalen Hirnbereichen angenommen werden. Wie diese Auffälligkeiten zusammenhängen und welche Rolle im einzelnen das mesokortikale dopaminerge System sowie frontokortikale Kompensationsmechanismen spielen (Rothenberger 1984), bleibt Aufgabe weiterer Forschung, zumal das posteriore Aufmerksamkeitssystem (hier insbesondere parieto-occipitale Bereiche) mit in die Betrachtung einbezogen werden muß (Brandeis et al. 1998, Sieg et al. 1995).

2.2.6 Medikamentenwirkung wie und wo?

Weitere Erkenntnisse in dieser Richtung können durch intensivere Untersuchungen von Medikamentenwirkungen gewonnen werden.

Angesichts der Tatsache, daß eine Methylphenidatbehandlung in keiner systematischen Art und Weise die frontokortikale Hirnminderdurchblutung der hyperaktiven Kinder verbesserte, obwohl positive Verhaltensänderungen und eine Zunahme der Hirndurchblutung im Basalganglienbereich zu beobachten waren (Lou et al. 1984, Lou 1990), muß die Frage gestellt werden, ob die neurobiologischen Dysfunktionen der Störung überhaupt die Ansatzorte der therapeutischen Wirkungen des Medikaments sind. Es scheint eher unwahrscheinlich, daß eine medikamentöse Therapie lediglich am Ort der neuronalen Störung wieder „normale Verhältnisse" herstellt und somit zu einer Normalisierung des Verhaltens führt. Vielmehr dürfte es so sein, daß von den betroffenen hyperkinetischen Kindern zentrale Kompensationsmechanismen zur Besserung ihrer Störung aktiviert werden können. Die Wirksamkeit solcher Kompensationsmechanismen könnte durch eine medikamentöse und/oder psychologische Behandlung gefördert werden, so daß die Auffälligkeiten auf der Verhaltensebene vermindert bzw. sogar aufgehoben werden könnten, obwohl ihr neurobiologisches Korrelat weiter bestehen bleibt. In diesem Zusammenhang sei an neuronale Kompensationsmechanismen bei Kindern mit einer erworbenen Aphasie erinnert (Rothenberger 1986a). Die

Hirnstruktur, die bei hyperaktiven Kindern im Blickpunkt derartiger Überlegungen steht, ist der Nucleus accumbens, ein subkortikaler Bereich des Vorderhirns, dessen enge Beziehung zu Belohnung und Verhalten (in Verbindung mit dem Dopaminsystem) bekannt ist (Liebmann u. Cooper 1989, Sagvolden 1995). Die nachfolgenden Überlegungen zu den Wirkungen verschiedenster Medikamente sollen dies aufzeigen.

Methylphenidat ist zusammen mit Amphetaminsulfat und Pemolin das Medikament der Wahl in der Behandlung von hyperaktiven Kindern (Rothenberger et al. 1998). Im Vergleich des Effektes von Methylphenidat und den Amphetaminen auf den Energiemetabolismus des Gehirns läßt sich erkennen, daß Methylphenidat und Amphetamine ein ähnliches Muster in der Beeinflussung des Glukosestoffwechsels zeigen. Bei den niedrigen Amphetamindosen, die im Tierversuch getestet wurden (0,2 und 0,5 mg/kg KG, Dosierungen also, wie sie auch bei Kindern angewendet werden), zeigte sich ein Anstieg der Stoffwechselaktivität hautpsächlich in einer Hirnstruktur, nämlich dem o. g. Nucleus accumbens. Die Ähnlichkeit in der Verteilung der Veränderungen der lokalen Glukoseausnutzung bei Methylphenidat und Amphetaminen läßt eine bedeutende Rolle des Nucleus accumbens in der therapeutischen Antwort hyperaktiver Kinder auf die Medikation mit Psychostimulanzien vermuten.

Der Nucleus accumbens erhält glutamaterge neuronale Projektionen von verschiedenen limbischen Strukturen, erfährt bedeutende dopaminerge Einflüsse von der ventralen tegmentalen Area und wird von glutamatergen Afferenzen innerviert, die ihren Ursprung im präfrontalen Assoziationskortex haben. Im Gegenzug projizieren Neurone des Nucleus accumbens zu Kernen der Basalganglien (s. Abb. 2.5). Somit könnte der Nucleus accumbens wegen seiner anatomischen Verbindungen eine Art funktionelles Stellglied zwischen limbischen und motorischen Systemen des Gehirns bilden (Porrino und Lucignani 1987). Dabei könnten die sog. NMDA-Rezeptoren (sie haben L-Glutamat als Neurotransmitter), die zwar im gesamten Gehirn vorkommen, aber im Nucleus accumbens (und Hippocampus) besonders häufig sind, eine wichtige Rolle spielen. Insbesondere scheinen mesolimbische dopaminerge Bahnen zum Nucleus accumbens wichtig zu sein im Hinblick auf ein sog. „zentralnervöses Belohnungssystem", d. h. einen Verstärkermechanismus zur Verhaltensbeeinflussung (Sagvolden 1995). Möglicherweise wirken Neurotransmitter wie Dopamin und Noradrenalin, für deren Systeme Aktivitätsverminderungen bei HKS-Patienten gemessen (Shaywitz et al. 1977, Pliszka et al. 1996) sowie für das dopaminerge System in einem gut validierten Tiermodell beschrieben wurden (Shaywitz et al. 1976, Sagvolden 1995) und deren Transmissionen durch eine Methylphenidat-Medikation erhöht werden, nur modulierend auf glutamaterge Neuronensysteme, die selbst die

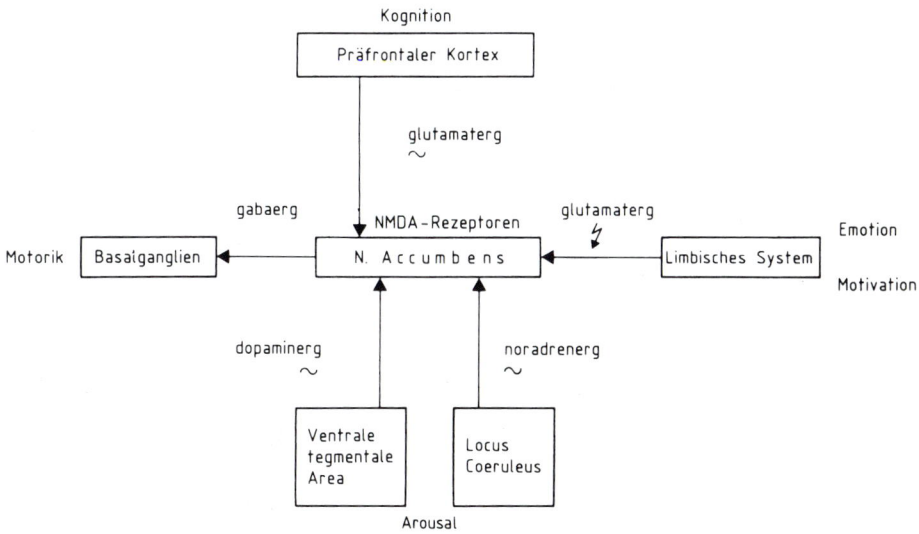

Abb. 2.5 Der Nucleus accumbens als zentraler Wirkort aller Psychopharmaka, die beim hyperkinetischen Syndrom wirksam sind (~: Modulation; ⚡: Erregung).

eigentlich verhaltenswirksamen Faktoren i. S. eines Kompensationsmechanismus darstellen könnten (Cotman u. Iversen 1987; Cotman et al. 1987). So ließe sich am besten erklären, daß dopaminblockierende Substanzen wie die Butyrophenone, der alpha-adrenerge Agonist Clonidin (Unis et al. 1986), ebenso wie Methylphenidat, Pemolin oder trizyklische Antidepressiva wie Imipramin und selektive reversible Monoaminoxidasehemmer wie Moclobemid bedingt zu ähnlichen Effekten auf der Verhaltensebene führen können.

Die Neurone des Nucleus accumbens nehmen demnach eine Stelle ein, an der kognitive und motivational/emotionale Einflüsse von Kortex und limbischen Strukturen auf das motorische System konvergieren. Deswegen kann dieses Neuronengebiet durchaus als potentieller Kandidat betrachtet werden, an dem die therapeutischen Abläufe bei hyperkinetischen Kindern stattfinden.

2.3 Schlußbetrachtung

Die dem hyperkinetischen Syndrom zugrundeliegenden inhibitorischen Defizite bzw. Dysfunktionen können als mangelhafte Fähigkeiten zur zentralnervösen Verhaltenssteuerung, -kontrolle und Selbstregulation beschrieben werden (Barkley 1997). Unzureichende Organisation und sequentielle Planung von Handlungen, Mobilisierung und Aufrechterhaltung „mühevoller" Daueraufmerksamkeit und die mangelnde Hemmung unangemessener kognitiver/motorischer Reaktionen sind Aspekte dieser defizitären Selbstregulationsmechanismen. Auf diesen Nenner läßt sich die Fülle der Einzeluntersuchungen bringen, die Defizite hyperaktiver Kinder bei Verfahren wie verzögerter Belohnung, Monitoring, Wahrnehmungsdifferenzierung, logisches Suchen, Gedächtnis und kognitive/motorische Kontrolle aufdecken. Dabei scheint auf den ersten Blick nicht primär die qualitative Seite der erwünschten Handlung bzw. Informationsverarbeitung gestört, da die Defizite nämlich vor allem dann auftreten, wenn die kognitiven Anforderungen quantitativ gesteigert werden. Anders gesagt, Menge und Komplexität der zu verarbeitenden Information, Geschwindigkeit, Gründlichkeit und Dauer führen – im Vergleich zu gesunden (normalen) Kindern – zu Leistungseinbußen. Hingegen führen geminderte Anforderungen an die Informationsverarbeitung des zentralen Nervensystems, d. h. externe Hilfestellung, Kontrolle und Motivation zu einer Minimierung der Auswirkungen dieser Defizite. Dennoch gibt es neurobiologische Hinweise, die sowohl quantitative als auch qualitative Abweichungen von der Norm (z. B. im EEG sowohl Entwicklungsverzögerung als auch Entwicklungsabweichung) zeigen. Herausgegriffen aus der Fülle der Aufgaben, bei denen Hyperaktive schlechter abschneiden, sei ein Test, bei dem der Proband andere Bewegungen ausführen muß als vom Testleiter vorgegeben. So soll er z. B. auf den Fingerzeig des Testleiters mit einer Faust reagieren. Bei dieser und ähnlichen Aufgaben widerstreitender Intentionen zeigen Hyperaktive Defizite, die denen von Patienten mit Frontalhirnläsionen ähneln. Wie Patienten nach Frontalhirnläsionen haben sie Schwierigkeiten, u. a. motorische Reaktionen zu kontrollieren, kontrolliert gegensätzliche Handlungen auszuführen bzw. imitative Bewegungen zu hemmen. Diese Beobachtung vereint sich gut mit der Hypothese von Stamm und Kreder (1979), daß Kinder mit einem Hyperkinetischen Syndrom eine „Frontalhirnstörung" hätten. Dafür spräche, so die Autoren, daß die Konstellation neuropsychologischer Defizite bzw. Dysfunktionen bei Hyperaktiven, nämlich inadäquate Aufmerksamkeit, inadäquate Impulskontrolle und inadäquate Planung von Antwortsequenzen, analog den Störungen von Patienten mit bekannter Schädigung der anterior dorsolateralen und polaren Segmente des Frontallappens erscheinen. Die postulierte Störung von Neuronensystemen des frontalen Kortex würde dann zur inadäquaten Kontrolle der Hemmfunktion von Neuronen des subkortikal gelegenen Nucleus caudatus führen und folglich zu Störungen der von diesen ausgehenden inhibitorischen Kontolle subkortikaler autonomer Prozesse und motorischer Antworten. Inwiefern hier eventuelle Defizite im Bereich des Corpus callosum (Spleniumbereich, siehe Semrud-Clikeman et al. 1994) beteiligt sind, erfordert weitere Untersuchungen.

Erst die Gabe von Stimulanzien mit ihrer primären Wirkung auf das dopaminerge und noradrenerge System und der dadurch möglicherweise hervorgerufenen modulatorischen Wirkung auf Neurone des Nucleus accumbens kann das gestörte Verhalten der hyperkinetischen Kinder wieder normalisieren. Die tierexperimentellen Befunde von Tassin (1980) und Clowinski et al. (1984) sowie Daten bezüglich der regionalen Hirndurchblutung bei hyperaktiven Kindern von Lou et al. (1984) und Lou (1990) weisen darauf hin, daß das mesokortikale dopaminerge System bei hyperaktiven Kindern Defizite zeigt. So gesehen ist verständlich, daß hyperkinetische Kinder ihre subkortikale (mesenzephale) Störung nicht ausreichend durch eine Aktivierung ihrer frontokortikalen Neuronennetzwerke kompensieren können, d.h. offenbar über weniger gezielt aktivierbare frontokortikale neuronale Ressourcen zur Verhaltenssteuerung verfügen als nicht hyperkinetische Kinder (Rothenberger 1995).

Daß die Effekte von Stimulanzien nicht nur auf hypermotorisches Verhalten, Impulskontrolle und Aufmerksamkeitsdefizite wirken, sondern auch Aggressivität reduzieren sowie die Stimmung und das Abwarten von Belohnung verbessern können, weist zudem darauf hin, daß die komplexe Wirkung dieser Substanzen auf „motivationale Faktoren" (z. B. therapeutischer Einsatz von Verstärkerprogrammen) manchmal wichtiger sein kann als die direkte Beeinflussung von Aufmerksamkeitsprozessen und motorischen Abläufen. In diesem Rahmen ist auch unsere Vorstellung über die neuronalen Kompensationsmechanismen mit wesentlicher Beteiligung des Nucleus accumbens zu sehen. Das kortikale-subkortikale Wechselspiel der Kontrollfunktionen kognitiver, motorischer, emotionaler und schließlich auch sozialer Prozesse muß bei der Erklärung des Hyperkinetischen Syndroms zukünftig näher betrachtet, evaluiert und verbessert werden. Jedwede Therapie sollte daher helfen, die Kontrolldefizite des Kindes zu verbessern, d. h. anfängliche Außenkontrolle und Außenstrukturierung durch Stimulanziengabe und psychologische Hilfen sollten zum Ziele haben, das Kind zunehmend zur Eigenkontrolle auf der Basis erlernter Selbststrukturierung (im Sinne einer Verhaltensprogrammierung durch die Therapie) zu führen.

Ob eine solche Therapie bei dem einen oder anderen Kind zum Erfolg oder nicht zum Erfolg führt, hängt auch mit davon ab, ob – allgemein gesprochen – bei dem einzelnen Kind eine neuronale Entwicklungsverzögerung vorliegt, die über die Jahre aufgeholt werden kann oder persistent ist, ob gar eine Entwicklungsabweichung vorliegt, und ob solcherlei neuronale Defizite durch das Gehirn des Kindes selbst und durch Hilfestellung der Umgebung kompensiert werden können.

Literatur

American Psychiatric Association (1968, 1980, 1989, 1996) Diagnostic and statistical manual of mental disorders (DSM-II, DSM-III, DSM-III-R, DSM IV), Washington DC, USA – Deutsche Bearbeitung und Einführung von DSM-III und DSM-III-R durch Köhler K und Saß H (1984/1989). Beltz, Weinheim

Barkley RA (1997) Behavioral inhibition, sustained attention, and executive functions: constructing a unifying theory of ADHD. Psychol Bulletin 121: 65–94

Biederman J (1986) High rates of attention deficit disorders (ADD) and major depression in relatives of ADD probands: a controlled family study. Scientific proceedings of the annual meeting of the Am Acad Child Adolesc Psychiatry 2: 25

Brandeis D (1995) Psychophysiologie der hyperkinetischen Störungen. In: Steinhausen HC (Hrsg.) Hyperkinetische Störungen im Kindes- und Jugendalter. Kohlhammer, Stuttgart, S. 71–89

Brandeis D, van Leeuwen TH, Rubia K, Vitacco D, Steger J, Pascual-Marqui RD, Steinhausen HC (1998) Neuroelectric mapping reveals precursor of stop failures in children with attention deficits. Behav Brain Res 94: 111–125

Camman R, Miehlke A (1989) Differentiation of Motoractivity of normally active and hyperactive boys in schools: some preliminary results. J Child Psychol Psychiat 30: 899–906

Clowinsky J, Tassin JP, Thierry AM (1984) The mesocortico-prefrontal neurons. TINS 7: 425–430

Conners CK (1969) A teacher rating scale for use in drug studies with children. Am J Psychiatry 126: 484–488

Conners CK (1970) Symptom patterns in hyperkinetic, neurotic and normal children. Child Dev 41: 667–682

Conners CK (1990) Diagnosis of Attention Deficit Hyperacitivity Disorder (ADHD). In: Conners K, Kinsbourne M (eds) Attention Deficit Hyperactivity Disorder. MMV Medizin, München, pp 17–35

Cotman CW, Iversen LL (1987) Excitatory amino acids in the brain – focus on NMDA receptors. TINS 10: 263–265

Cotman CW, Monaghan DT, Ottersen OP, Storm-Mathisen J (1987) Anatomical organization of excitatory amino acid recepetors and their pathways. TINS 10: 273–280

Denkla MB, Rudel RG, Chapman C, Krieger J (1985) Motor proficiency in dyslexic children with and without attentional disorders. Arch Neurol 42: 228–231

Döpfner M, Berner W, Schwitzgebel P, Lehmkuhl G (1994) Dimensionen psychischer Störungen bei Kindern und Jugendlichen auf der Basis klinischer Beurteilungen. Z Kinder-Jugendpsychiat 22: 299–317

Esser G, Schmidt MH (1990) The significance and course of minimal brain dysfunction. In: Rothenberger A (ed) Brain and behavior in child psychiatry. Springer, Berlin pp 302–314

Grünewald-Zuberbier E (1975) EEG-Arousal-Reaktionen bei hyperaktiven Kindern. Eine psychophysiologische Studie. Habilitationsschrift, Universität Freiburg

Grünewald-Zuberbier E, Grünewald E (1982) Event-related changes in children with different abilities to concentrate. In: Rothenberger A (ed) Event-related potentials in children. Developments in Neurology, Vol. 6. Elsevier, Amsterdam, S. 295–316

Hässler F (1995) Verhaltensbeobachtungen bei hyperkinetischen Störungen. In: Steinhausen HC (Hrsg.) Hyperkinetische Störungen im Kindes- und Jugendalter. Kohlhammer, Stuttgart, S. 51–70

Halliday R, Callaway E (1982) Effects of methylphenidate on the hyperactive child's ERP. In: Rothenberger A (ed) Event-related potentials in children. Developments in neurology, Vol. 6. Elsevier, Amsterdam, pp 405–408

ICD-10 (1993) Internationale Klassifikation psychischer Störungen: ICD-10 Kapitel V (F), Klinisch-diagnostische Leitlinien, Weltgesundheitsorganisation, Dilling H, Mombow W, Schmidt MH (Hrsg). Huber, Bern Göttingen Toronto

Jonkman LM, Kemner C, Verbaten MN, Koelega HS, Camfferman G, v. d. Gaag RJ, Buitelaar JK, van Engeland H (1997) Effects of methylphenidate on event-related potentials and performance of Attention-Deficit-Hyperactivity Disorder children in auditory and visual selective attention tasks. Biol. Psychiatry 41: 690–702

Klorman R, Brumaghim JT, Fitzpatrick PA, Borgstedt AD (1992) Methylphendiate reduces abnormalities of stimulus classification in adolescents with attention deficit disorder. J Abnorm Psychol 101: 130–138

Leeuwen van T, Brandeis D, Overtoom CCE, Pascual-Marqui RD, Klooster van't B, Rothenberger A, Sergeant JA, Steinhausen HCh (1998) The continous performance test revisited with neuroelectric mapping: impaired orienting in children with attention deficits. Behav Brain Res 94: 97–110

Liebman JM, Cooper SJ (1989) The neuropharmacological basis of reward. Clarendon Press

Lou HC (1990) Methylphenidate reversibel hypoperfusion of striatal regions in ADHD. In: Conners K, Kindsbourne M (eds) Attention Deficit Hyperacitivity Disorder. MMW Medizin, München, pp 137–148

Lou HC, Henriksen L, Bruhn P (1984) Focal cerebral hypoperfusion in children with dysphasia and /or attention deficit disorder. Arch. Neurol 41: 825–829

Pliszka SR, McCracken JT, Maas JW (1996) Catecholamines in Attention-deficit Hyperactivity Disorder: Current perspectives. J Am Acad Child Adolesc Psychiatry 35: 264–272

Porrino LJ, Lucignani G (1987) Different patterns of local brain energy metabolism associated with high and low doses of methylphenidate. Relevance to its action in hyperactive children. Biol Psychiatry 22: 126–138

Quay HC (1983) A dimensional approach to children's behavior disorder: The revised behaviour problem checklist. School Psychol Rev 12: 224–249

Rapoport JL (1990) The diagnosis of childhood hyperactivity. In: Conners K, Kinbourne M (eds) Attention Deficit Hyperactivity Disorder. MMV Medizin, München, pp 37–49

Reeves JC, Werry JS (1987) Soft signs in hyperactivity. In: Tupper DE (ed) Soft neurological signs. Grune & Stratton, Orlando, USA, pp 225–245

Reeves JC, Werry JS, Elkind GS, Zametkin A (1987) Attention Deficit, conduct, oppositional and anxiety disorders in children: II. Clinical characteristics. Am Acad Child Adol Psychiat 26: 144–155

Robaey SR, Breton F, Dugas M, Renault B (1992) An event-related potential study of controlled and automatic processes in 6–8-year-old boys with attention deficit hyperactivity disorder. Electroenceph Clin Neurophysiol 82: 330–340

Rothenberger A (1984) Bewegungsbezogene Veränderungen der elektrischen Hirnaktivität bei Kindern mit multiplen Tics und Gille de la Tourette-Syndrom. Habilitationsschrift. Universität Heidelberg

Rothenberger A (1986a) Aphasie bei Kindern. Fortschr Neurol Psychiat 54: 92–98

Rothenberger A (1986b) Therapie mit Psychopharmaka bei Kindern. Therapiewoche 36: 3048–3053

Rothenberger A (1987) EEG und evozierte Potentiale im Kindes- und Jugendalter. Springer, Berlin

Rothenberger A (1990) The role of the frontal lobes in child psychiatric disorders. In: Rothenberger A (ed) Brain and behavior in child psychiatry, Springer, Berlin pp 34–58

Rothenberger A (1995) Electrical brain activity in children with hyperkinetic syndrome: Evidence of a frontal cortical dysfunktion. In: Sergeant JA (ed) Eunethydis. European Approaches to Hyperkinetic Disorder. Trümpi, Zürich, pp 255–270

Rothenberger A, Woerner W (1986) Elektrische Hirnaktivität bei kinderpsychiatrischen Störungen im Längsschnitt von 8 nach 13 Jahren – eine epidemiologische Studie. In: Schmidt MH, Drömann S (Hrsg) Langzeitverlauf kinder- und jugendpsychiatrischer Erkrankungen. Enke, Stuttgart, S. 91–98

Rothenberger A, Hüther G (1997) Die Bedeutung psychosozialer Belastungen im Kindesalter für die strukturelle und funktionelle Hirnreifung: Neurobiologische Grundlagen der Entwicklungspsychopathologie. Prax Kinderpsychol und Kinderpsychiatr 46: 623–644

Rothenberger A, Höger C, Moll G (1998) Rationaler Einsatz von Psychostimulantien bei hyperkinetischen Störungen des Kindes- und Jugendalters. Arzneiverordnung in der Praxis 2: 6–8

Rutter M, Graham P, Yule W (1970) A neuropsychiatric study in childhood. Clinics in developmental medicine. No. 35/36, Heinemann, London

Sagvolden T (1995) An animal model of ADHD. In: Sergeant JA (ed) Eunethydis. European Approaches to Hyperkinetic Disorder. Trümpi, Zürich, pp 271–280

Satterfield JH (1990) BEAM studies in ADD boys. In: Conners, K, Kinsbourne M (eds) Attention Deficit Hyperactivity Disorder. MMW Medizin, München, pp 127–136

Schmidt MH, Esser G, Allehoff WH et al. (1984) Syndromcharakter cerebraler Dysfunktion in Abhängigkeit von Falldefinition und Bezugspopulation – Ergebnisse einer epidemiologischen Studie. Saarländ Ärztebl 37: 225–241

Semrud-Clikeman M, Filipek PA, Biedermann J, Steingard R, Kennedy D, Renshaw P, Bekken K (1994) Attention-deficit Hyperactivity Disorder: Magnetic resonance imaging morphometric analysis of the corpus callosum. J Am Acad Child Adolesc Psychiatry 33: 875–881

Sergeant J (1990) Attentional modes and the diagnosis of ADHD. In: Conners K, Kinsbourne M (eds) Attention Deficit Hyperactivity Disorder. MMV Medizin, München, pp 121–126

Shaywitz BA, Klopper JH, Yager RD (1976) Selective brain dopamine depletions in developing rats: An experimental model minimal brain dysfunction. Science 191: 305–308

Sieg KG, Gaffney GR, Preston DF, Hellings JA (1995) SPECT brain imaging abnormalities in attenion-deficit hyperactivity disorder. Clin Nucl Med 20: 55–60

Sonuga-Barke E (1995) Disambiguating inhibitory dysfunction in childhood hyperactivity. In: Sergeant JA (ed) Eunethydis. European Approaches to Hyperkinetic Disorder. Trümpi, Zürich, pp 209–223

Stamm JS, Kreder SV (1979) Minimal brain dysfunction: Psychological and neurophysiological disorders in hyperkinetic children. In: Gazzaniga MS (ed) Neuropsychology. Plenum Press, New York, pp 119–150 (Handbook of behavioral neurobiology, Vol 2)

Tassin JP (1980) Approche du rôle fonctionnel du système méso-cortical dopaminergique. Psychol Med 12: 43–63

Taylor E (1994) Syndroms of Attention deficit and overactivity. In: Rutter M, Taylor H, Hersov L (eds) Child and Adolescent Psychiatry, 3rd edition. Blackwell, Oxford, pp 285–307

Unis AS, McMahon WM, Franz D (1986) A common neuropharmacological basis for the efficacy of tricyclic antidepressants, psychostimulants and clonidine in attention deficite disorder with hyperactivity. Scientific proceedings of the annual meeting of the Am Acad Child Adolesc Psychiatry 2:21

Vöhringer L (1991) Psychopathologie und Neuropsychologie bei Kindern mit Tic-Störungen, Inauguraldisseration, Universität Heidelberg

Werry JS, Reeves JC, Elkind GS (1987) Attention Deficit, conduct, oppositional and anxiety disorders in children: I. A review of research on differentiating characteristics. Am Acad Child Adolesc Psychiatry 26: 133–143

Winsberg BG, Javitt DC, Shanahan-Silipo G, Doneshka P (1993) Mismatch negativity in hyperactive children: effects of methylphenidate. Psychopharmacol Bull 29: 229–233.

Winsberg BG, Javitt DC, Silipo GS (1997) Electrophysiological indices of information processing in methylphenidate responders. Biol Psychiatry 42: 434–445

Wolff PH, Hurwitz H (1966) The choreiforme syndrome. Dev Med Child Neurol 8: 160–165

Zametkin A, Nordahl T, Gross M et al. (1990) Cerebral glucose metabolism in adults with hyperactivity of childhood onset. N Engl J Med 323: 1361–1366

3 Biologische Korrelate aggressiven Verhaltens[1]

Bernhard Blanz

Prof. Dr. med. Bernhard Blanz, geb. 1949 in Ludwigshafen/Rhein, ist Facharzt für Kinder- und Jugendpsychiatrie und Psychotherapie und seit 1995 ordentlicher Professor am Klinikum der Friedrich-Schiller-Universität Jena. Ein wissenschaftlicher Schwerpunkt ist das Zusammenspiel von biologischen und psycho-sozialen Faktoren in Entstehung, Verlauf und Behandlung von psychiatrischen Störungen im Kindes- und Jugendalter. Er ist Autor/Mitautor folgender Bücher: Psychische Störungen und Compliance beim juvenilen Diabetes mellitus (1995); Psychopharmakotherapie im Kindesalter (1996).

3.1 Einleitung

Die Komplexität des menschlichen Verhaltens bedingt, daß sehr unterschiedliche Verhaltensweisen aggressiv genannt werden. Im folgenden wird unter Aggressivität ein Verhalten verstanden, das intendiert, entweder eine andere Person zu verletzen bzw. ihr physischen Schmerz zuzufügen oder Sachen zu beschädigen bzw. zu zerstören (Vitiello & Stoff, 1997). In diesem Sinn definiertes aggressives Verhalten ist auch im Kindes- und Jugendalter weit verbreitet und im Zunehmen begriffen: So stieg zwischen 1983 und 1992 in den USA die Zahl der Jugendlichen, die wegen Mord, Totschlag oder Körperverletzung mit Todesfolge inhaftiert wurden, um 142 % (Federal Bureau of Investigation, 1993).

Aggressives Verhalten tritt als Symptom bei einer Reihe von Störungen auf, insbesondere bei Störungen des Sozialverhaltens, aber auch bei Psychosen, Substanzmißbrauch oder Persönlichkeitsstörungen; eine eigenständige Diagnose „Aggressives Verhalten" existiert aber nicht.

Mit Blick auf eine Optimierung der häufig unbefriedigenden Behandlungsergebnisse und auch für Forschungsfragen wurden, orientiert an tierexperi-

[1] Nach einem Vortrag auf dem 25. Kongreß der Deutschen Gesellschaft für Kinder- und Jugendpsychatrie und Psychotherapie am 21.5.1997 in Dresden.

mentellen Befunden, verschiedene Versuche unternommen, aggressives Verhalten besser zu differenzieren, also in Subtypen aufzugliedern. Am besten gesichert ist die Unterscheidung zwischen impulsiver und instrumenteller Aggressivität (Vitiello & Stoff, 1997): Während impulsive Aggressivität auf eine subjektiv wahrgenommene Bedrohung oder Provokation reagiert, wird instrumentelle Aggressivität initiiert, um ein bestimmtes Ziel zu erreichen; letztgenannte wird also zielorientiert, überwiegend verdeckt und kontrolliert ausgeführt. Impulsive Aggressivität tritt dagegen unkontrolliert auf und zielt darauf, den Kontrahenten zu verletzen, ohne daß dies zu einem Vorteil im engeren Sinn führt; sie wird in der Regel von Ärger, aber auch von Furcht begleitet und erfolgt offen sowie „ohne Rücksicht auf Verluste"; dementsprechend ist das Arousal hoch, es finden sich vegetative Erregungszeichen wie erhöhte Pulsrate und Hautleitfähigkeit, während instrumentelle Aggressivität mit niedrigem Arousal und ohne vegetative Begleitreaktionen einhergeht. Impulsive Aggressivität läßt sich wahrscheinlich leichter psychopharmakologisch beeinflußen, instrumentelle Aggressivität besser verhaltenstherapeutisch (Eichelman, 1992). Impulsive Aggressivität entspricht mehr der eingangs genannten Definition aggressiven Verhaltens als instrumentelle Aggressivität, die eher mit Delinquenz in Verbindung steht und die eingangs genannten Kriterien nicht immer erfüllt.

Im klinischen Alltag lassen sich diese beiden Subtypen aggressiven Verhaltens häufig nicht so eindeutig voneinander trennen, wahrscheinlich sind Mischformen häufiger als die Reinformen. Außerdem muß in Analogie zum Tierreich davon ausgegangen werden, daß dasselbe Individuum in Abhängigkeit von den situativen Umständen verschiedene Aggressionsformen zeigen kann.

Aggressives Verhalten ist ein Symptom mit hoher zeitlicher Stabilität (Loeber, 1982). Beispielsweise fanden Stattin & Magnusson (1989) in einer prospektiven Längsschnittstudie, die aggressives Verhalten im Alter von 10 und 13 Jahren sowie delinquentes Verhalten im Alter von 26 Jahren erfaßte, daß aggressive Kinder als Erwachsene signifikant mehr Polizeikontakte aufwiesen, häufiger Mehrfachtäter waren und die schwereren Straftaten begingen. Dieses Risiko der aggressiven Kinder war unabhängig vom sozioökonomischen Status der Eltern und von ihrer kognitiven Leistungsfähigkeit.

Eine Reihe empirischer Befunde belegt, daß Aggressivität und Impulsivität assoziiert sind: Beispielsweise unterteilten Cherek et al. (1997) 30 erwachsene Strafgefangene (durchschnittliches Alter 26,7 Jahre) nach ihren Straftaten in nicht-gewalttätige und gewalttätige. Die Straftaten der Gewalttäter waren Überfall, schwerer Raub und Totschlag, die der Nicht-Gewalttäter Drogenkriminalität, Einbruchdiebstahl und Urkundenfälschung. In einem

Laborexperiment (delay of gratification) reagierten die Gewalttäter signifikant ($p < .002$) impulsiver als die Nicht-Gewalttäter. Impulsives und aggressives Verhalten waren mit $r = .58$ ($p < .001$) hochsignifikant korreliert.

Halperin et al. (1995) untersuchten die Impulsivität von 111 sieben- bis dreizehnjährigen Kindern mit einer expansiven Störung mittels des Continuous Performance Test (CPT). Kinder, die wiederholt körperliche Auseinandersetzungen initiierten, also aggressives Verhalten zeigten, reagierten signifikant ($p < .002$) impulsiver als nichtaggressive Kinder. Die spezifische Diagnose (Hyperkinetische Störung, Störung des Sozialverhaltens) spielte in diesem Zusammenhang eine untergeordnete Rolle.

Insgesamt legen verschiedene tierexperimentelle Befunde (Eichelman, 1988) die hohe zeitliche Stabilität und die Verknüpfung mit impulsivem Verhalten nahe, daß in dem sicherlich komplexen Bedingungsgefüge aggressiven Verhaltens biologische Faktoren eine möglicherweise entscheidende Rolle spielen. Als mögliche biologische Korrelate aggressiven Verhaltens wurden vor allem genetische und hirnorganische Faktoren, Neurotransmittersysteme, insbesondere Serotonin, aber auch GABA, Dopamin, Noradrenalin und Acetylcholin, psychophysiologische Merkmale wie Hautleitfähigkeit und Herzschlagrate sowie Hormone, insbesondere Testosteron untersucht.

Ein Problem der Bewertung der Befundlage zur Biologie des aggressiven Verhaltens besteht darin, daß Aggressivität häufig nicht stringent definiert wird, also sehr unterschiedliche Definitionen benutzt werden und beispielsweise die Diagnose Störung des Sozialverhaltens oder Delinquenz mit Aggressivität gleichgesetzt wird. Weiterhin werden Subtypen aggressiven Verhaltens und Besonderheiten der Entwicklung in der Regel nicht ausreichend berücksichtigt: Halperin et al. (1997) unterteilten beispielsweise aggressive und nicht-aggressive Kinder in eine jüngere Gruppe unter neun Jahren und eine ältere Gruppe über neun Jahren. Untersucht wurde die Prolaktinantwort nach Applikation eines selektiven Serotoninwiederaufnahmehemmers als Maß für die Aktivität des zentralen serotonergen Systems. In der jüngeren Gruppe ging aggressives Verhalten mit einer relativen Aktivierung des serotonergen Systems einher, in der älteren Gruppe jedoch nicht. Dies weist darauf hin, daß aggressives Verhalten im Entwicklungsverlauf entweder biologisch unterschiedlich determiniert ist oder daß es entwicklungstypische Formen aggressiven Verhaltens gibt, die sich hinsichtlich ihrer biologischen Korrelate voneinander unterscheiden.

3.2   Genetik

Hinweise auf eine genetische Determinierung aggressiven Verhaltens fanden sich schon früh. So haben Versuche mit Nagetieren gezeigt, daß durch Paarung aggressiver Individuen aggressive Stämme gezüchtet werden können (Ebert, 1983; Lagerspetz & Lagerspetz, 1971). Beim Menschen sind zwar keine besonders aggressiven Rassen oder ethnischen Gruppen bekannt, Studien der sechziger und siebziger Jahre schienen aber zu belegen, daß bestimmte Chromosomenanomalien wie beispielsweise das XYY-Syndrom oder das XXY-Syndrom zu aggressivem Verhalten prädisponieren (Forssman & Hambert, 1967; Hook, 1973; Owen, 1972). Davon geht man heute nicht mehr aus, denn es erscheint unwahrscheinlich, daß solche Chromosomenanomalien eine spezifische Tendenz zu aggressivem Verhalten determinieren; wie viele andere ungünstige Bedingungen erhöhen sie vielmehr das Risiko für unspezifische Adaptationsprobleme, die in Abhängigkeit von bestimmten Entwicklungsbedingungen und Umwelteinflüssen auch in aggressives Verhalten münden können, aber nicht müssen (Gerald, 1976).

Zwillings- und Adoptionsstudien belegen, daß Kriminalität im Erwachsenenalter genetisch erheblich beeinflußt wird, dissoziales und delinquentes Verhalten im Kindes- und Jugendalter aber nur geringfügig (Rutter et al., 1990). Neuere Befunde, die zwischen dissozialem und aggressivem Verhalten unterscheiden, unterstützen jedoch die Annahme einer genetischen Determinierung aggressiven Verhaltens auch im Kindes- und Jugendalter (Eichelmann, 1992; Elliott, 1990): Edelbrock et al. (1995) untersuchten beispielsweise 181 gleichgeschlechtliche monozygote und dizygote Zwillinge im Alter von rund 11 Jahren. Für aggressives Verhalten ergab sich ein signifikanter genetischer Effekt (60 % erklärte Varianz), während shared-Umwelteinflüsse unbedeutend waren (15 % erklärte Varianz). Für dissoziales Verhalten ergab sich ebenfalls ein signifikanter genetischer Effekt, allerdings von geringerer Ausprägung (35 % erklärte Varianz), jedoch auch ein signifikanter Umwelteinfluß (37 % erklärte Varianz für shared-Umwelteinflüsse).

O'Connor et al. (1995) untersuchten aggressives Verhalten bei Kindern mit unterschiedlichem Verwandtschaftsgrad. Bei eineiigen Zwillingen war die genetische Beteiligung am größten (intraclass correlation = .81), geringer bei zweieiigen Zwillingen (.69) und Geschwistern (.48), noch niedriger bei Halbgeschwistern (.38) und am geringsten bei (nichtverwandten) Stiefgeschwistern (.27).

Brunner et al. (1993) beschreiben eine niederländische Familie, in der einige männliche Individuen zu extrem aggressivem Verhalten neigen: Schon auf milden Streß in Form von Ärger oder Frustration reagieren sie mit impulsivaggressiven Ausbrüchen einschließlich aggressiver Straftaten. Alle fünf betroffenen Männer wiesen eine Punktmutation im Gen für das Enzym Mono-amino-Oxydase-A (MAO-A) auf, das Monoamine wie Serotonin, Adrenalin, Noradrenalin und Dopamin abbaut, in ihren Hautfibroblasten wurde eine deutlich reduzierte MAO-A-Aktivität gefunden. Bei sämtlichen nicht be-troffenen Männern fehlte diese Punktmutation. Das entsprechende Gen ist auf dem X-Chromosom lokalisiert, so daß Frauen nicht betroffen, aber Über-träger sind. Diese Mutation ist sehr selten und erklärt deshalb aggressives Verhalten nur in Ausnahmefällen; außerdem ist der Mechanismus des gene-tischen Einflusses auf das aggressive Verhalten weitgehend ungeklärt.

Insgesamt besteht beim derzeitigen Wissensstand Übereinstimmung dar-über, daß von einer genetisch determinierten Prädisposition für aggressives Verhalten auszugehen ist. Abgesehen von seltenen Ausnahmen (s. o.) läßt sich aber aggressives Verhalten weder durch ein einzelnes Gen noch eine bekannte Gen-Konstellation erklären. Sicher ist, daß psychosoziale Fakto-ren einen ausgeprägten Einfluß darauf haben, wie sich genetisch determi-nierte Vulnerabilität für aggressives Verhalten manifestiert (Reiss & Roth, 1993).

3.3   Neuroanatomie

In den fünfziger Jahren wurde in Tierversuchen mittels Elektrostimulation nach einem zerebralen Aggressionszentrum im Gehirn gesucht; Kandidaten-regionen waren u. a. der Hypothalamus, der präfrontale Cortex und ver-schiedene Kerne in den Amygdala (Eichelman, 1992; Young et al., 1994). Kasuistisch wurden Patienten mit Läsionen im Hypothalamus (Killefer & Stern, 1970), in den Amygdala (Adolph et al., 1994) und im präfrontalen Cortex (Eslinger & Damasio, 1985) beschrieben, deren Bereitschaft, aggres-siv zu reagieren, läsionsbedingt verändert war. Diese Lokalisationsansätze führten schließlich nicht weiter, weil klar wurde, daß Aggressivität als sehr komplexes Verhalten deshalb nicht einzelnen Hirnregionen zugeordnet wer-den kann, weil die einzelnen Gehirnregionen generell nicht isoliert funktio-nieren, sondern in ihren Reaktionen auf innere und äußere Stimuli perma-nent interagieren.

3.4   Neurotransmitter

Nach Aufgabe der Suche nach einem Aggressionszentrum wurde zunächst nach einem aggressionsspezifischen Neurotransmitter gesucht. Auch dieser Ansatz schlug fehl, weil aggressives Verhalten mit Veränderungen in verschiedenen Neurotransmittersystemen, insbesondere Serotonin, Noradrenalin, Dopamin, Acetylcholin und Gamma-Aminobuttersäure (GABA), aber auch anderen, assoziiert ist.

Die Rolle der zentralen serotonergen Aktivität für normatives und auffälliges Verhalten wurde in den letzten Jahrzehnten intensiv untersucht. Durch seine weitverzweigten Projektionen ist das serotonerge System an der Regulation zahlreicher physiologischer und affektiver Funktionen beteiligt, dazu gehören u. a. Schlaf, Appetit, Bewußtsein, Stimmung, Sexualität und verschiedene Formen von motorischer Aktivität (Vogt, 1982). Deshalb sind Dysfunktionen des Systems mit einer Reihe von psychiatrischen Störungen, die diese Funktionen betreffen, assoziiert, beispielsweise mit Depressiven, Angst-, Eß- sowie Persönlichkeitsstörungen (Coccaro, 1989). Unabhängig von diagnostischen Gruppierungen spielen Funktionsstörungen des serotonergen Systems aber auch bei spezifischen Verhaltensaspekten eine Rolle. So wurde in zahlreichen Untersuchungen an Wirbeltieren, Primaten und am Menschen gezeigt, daß impulsives, aggressives und suizidales Verhalten mit einem erniedrigten Aktivierungsgrad des serotonergen Systems einhergeht (Coccaro, 1989). Dieser Befund gehört zu den am häufigsten replizierten im Feld der biologischen Psychiatrie.

Im Liquor hyperaggressiver Mäuse und Ratten wurden wiederholt erniedrigte Serotoninspiegel gefunden. Durch experimentelle Reduzierung bzw. Erhöhung des zentralen Serotoninspiegels konnte das aggressive Verhalten der Tiere gesteigert bzw. reduziert werden (Soubrie, 1989).

Mehlman et al. (1994) korrelierten die Metaboliten verschiedener Neurotransmitter (Noradrenalin, Homovanillinmandelsäure, Serotonin) aus dem Liquor freilaufender Rhesusaffen mit deren Aggressivität und Impulsivität. Signifikante Korrelationen fanden sich nur für Serotonin: Ausgeprägt aggressives Verhalten, hier definiert als Aggressivität mit Körperkontakt, war mit erniedrigten Serotoninspiegeln korreliert; für leichtere Aggressionsformen fand sich dagegen kein signifikanter Zusammenhang. Auch impulsives Verhalten, hier erfaßt mittels der Rate riskanter Sprünge von einem Baum zum anderen, zeigte sich signifikant häufiger bei Tieren mit erniedrigtem Liquor-Serotonin-Spiegel. Die Autoren werten diese Befunde als Hinweis dafür, daß die serotoninvermittelte Impulskontrollstörung die Basis für schwer ausgeprägtes aggressives Verhalten dieser Affen sein könnte, während leichter ausgeprägte Aggressionsformen wahrscheinlich eine andere biologische Grundlage aufweisen.

Neuere tierexperimentelle Befunde verweisen darauf, daß reduzierte Aktivität des serotonergen Systems nicht aggressives Verhalten generell begünstigt, sondern spezifisch die Hemmschwelle, auf aversive Stimuli aggressiv zu reagieren, herabsetzt (Coccaro, 1989).

Zahlreiche Befunde belegen eine Beziehung zwischen reduzierter zentraler Serotoninaktivität und selbstschädigendem bzw. auf andere gerichtetes impulsiv-aggressives Verhalten auch beim Menschen (Cleare & Bond, 1995; Coccaro, 1989; Virkkunen et al., 1994, 1995). Beispielsweise fanden Coccaro et al. (1989, 1996) bei männlichen erwachsenen Patienten mit einer Persönlichkeitsstörung impulsiv-aggressives Verhalten hochsignifikant korreliert ($r = -.77$, $p = .0002$) mit reduzierter Aktivität des serotonergen Systems (hier erfaßt mittels der Prolactinantwort nach Applikation von Fenfluramin, einem selektiven Serotoninwiederaufnahmehemmer).

Erhöhte Aggressionsbereitschaft nach Alkoholkonsum ist möglicherweise auf die alkoholinduzierte Steigerung des Tryptophanabbaus in der Leber zurückzuführen, was nach Auffassung der Autoren zu einer Verknappung des zentral verfügbaren Serotonins führen und so die Hemmschwelle, aggressiv zu reagieren, herabsetzen könnte (Badawy et al., 1995).

Durch diätetische Interventionen kann der Tryptophan-Plasmaspiegel und damit auch das zentral verfügbare Serotonin manipuliert werden (Tryptophan-Depletionstest). Cleare & Bond (1995) fanden nach Applikation eines Tryptophanfreien Aminosäurecocktails bei gesunden Männern mit hohem Aggressionspotential u.a. eine Zunahme von Verstimmung, Ärger, Feindseligkeit und Aggressivität; dagegen führte die Zufuhr von Tryptophan zu gegenteiligen Effekten. In der Gruppe gesunder Erwachsener mit niedrigem Aggressionspotential waren solche Veränderungen nicht zu beobachten. Daraus folgern die Autoren, daß Veränderungen des zentral verfügbaren Serotonins das aggressive Verhalten beeinflussen kann, aber nur bei Individuen mit erhöhtem Aggressionspotential.

Auch für das Kindes- und Jugendalter finden sich Belege für eine Beziehung des serotonergen Systems zu impulsiv-aggressivem Verhalten. Beispielsweise verglich die Utrechter Arbeitsgruppe Kinder im Alter zwischen 8 und 13 Jahren mit der Diagnose einer Störung des Sozialverhaltens mit einer gleichaltrigen gesunden Kontrollgruppe (van Goozen et al., 1997b); erfaßt wurden u. a. die Metaboliten der Neurotransmitter Serotonin, Dopamin und Noradrenalin im Plasma. In der Patientengruppe waren die Serotonin- und die Dopaminaktivität erniedrigt; bezüglich der Noradrenalinaktivität fand sich kein Gruppenunterschied. Aggressives Verhalten wurde u. a. in einem Laborexperiment erfaßt; mit dieser Form aggressiven Verhaltens war aber nur das serotonerge System in der erwarteten Richtung signifikant korreliert ($r = -.54$, $p = .001$).

Birmaher et al. (1990) untersuchten 10- bis 16jährige Patienten mit rezidivierendem impulsiv-aggressivem Verhalten; Patienten mit einer komorbiden depressiven Störung oder mit Suizidalität in der Vorgeschichte wurden ausgeschlossen. Die Aktivität des serotonergen Systems wurde mittels der präsynaptischen Serotoninrezeptorendichte erfaßt. Erwartungsgemäß war aggressives Verhalten mit reduzierter Aktivität des serotonergen Systems signifikant korreliert (r = –.50, p = .02).

Kruesi et al. (1990) verglichen Kinder und Jugendliche im Alter zwischen 6 und 17 Jahren mit einer expansiven Störung und eine Kontrollgruppe mit Zwangsstörungen. In der expansiven Gruppe wurden signifikant niedrigere Serotonin-Liquorspiegel als in der Kontrollgruppe gefunden (t = 3,6, p = .002). Die Serotonin-Liquorkonzentration war mit verschiedenen, jedoch nicht allen Maßen für aggressives Verhalten signifikant negativ korreliert. Interessanterweise war die Aktivität des serotonergen Systems unabhängig vom Ausmaß der Impulsivität und den psychosozialen Bedingungen. In einer Zwei-Jahres-Katamnese zeigte sich, daß erniedrigte Serotoninspiegel (gemessen zum Zeitpunkt 1) mit signifikant höherer Ausprägung physischer Aggressivität (gemessen zum Zeitpunkt 2) korreliert waren (r = –.53, p = .006; Kruesi et al., 1992).

Zusammenfassend weisen diese Studien darauf hin, daß insbesondere impulsiv-aggressives Verhalten, wahrscheinlich nicht aggressives Verhalten generell, mit einem dysfunktionalen serotonergen System assoziiert ist (Stein et al., 1993). Dieser Befund ist offenbar altersunabhängig, auch wenn für Kinder und Jugendliche widersprüchliche Resultate publiziert wurden (Castellanos et al., 1995; Halperin et al., 1994, 1997). Weitere Befunde verweisen darauf, daß auch andere Neurotransmittersysteme, insbesondere Noradrenalin, Dopamin, Acetylcholin, GABA und andere ebenfalls involviert sind (Eichelman, 1988, 1992; aus Platzgründen kann hier nur auf das serotonerge System eingegangen werden). Diese Neurotransmitteraktivität ist wahrscheinlich zum Teil genetisch determiniert (Brunner et al., 1993).

3.5 Psychophysiologie

Seit langem werden psychophysiologische Parameter als Indikatoren für die Funktion des autonomen Nervensystems untersucht, insbesondere Herzfrequenz, Blutdruck, peripherer Blutfluß, periphere Körpertemperatur und Hautleitfähigkeit. Als Vorteil dieses Untersuchungsansatzes gilt seine hohe Sensitivität; allerdings sind die Befunde unspezifisch und von sehr unterschiedlichen Einflüssen abhängig, was ihre Interpretation erschwert.

Neuere Untersuchungen befassen sich mit diesem Untersuchungsansatz auch im Hinblick auf die Frage, über welche Mechanismen eine genetische Prädisposition für impulsiv-aggressives Verhalten vermittelt wird. In diesem Zusammenhang könnte die Balance zwischen sympathikotoner und parasympathikotoner Aktivität des autonomen Nervensystems, die zumindest teilweise genetisch determiniert ist, eine Rolle spielen (Raine et al., 1990). Indikatoren für eine parasympathikotone Einstellung des autonomen Nervensystems sind u. a. reduzierte Hautleitfähigkeit und erniedrigte Herzfrequenz. Erniedrigte Ansprechbarkeit des autonomen Nervensystems im Sinne einer parasympathikotonen Grundeinstellung wurde gehäuft bei Individuen mit geringen Ängsten vor Bestrafung oder anderen negativen Konsequenzen gefunden (Maliphant et al., 1990). Auch bei Kindern, Jugendlichen und Erwachsenen mit dissozialen Störungen, Delinquenz und Aggressivität wurden solche psychophysiologischen Besonderheiten wiederholt beschrieben:

Die Utrechter Arbeitsgruppe fand bei 8- bis 11jährigen Jungen mit einer Störung des Sozialverhaltens (n = 21) bzw. bei gleichaltrigen gesunden Kontrollen (n = 31) aggressives Verhalten – hier erfaßt sowohl im Eltern- als auch im Lehrerurteil – unter Ruhebedingungen mit dem Ruhepuls (r = –.52, p < .01; r = –.36, p < .01), dem systolischen Blutdruck (r = –.33, p = < .05; r = –.30, p < .05) und dem Speichelcortisol (r = –.27, p < .05; r = –.43, p < .01) jeweils signifikant negativ korreliert. Der diastolische Blutdruck spielte in diesem Zusammenhang keine Rolle (van Goozen et al., 1997a). Unter einer Streßbedingung (laborexperimentelle Frustration) reagierten die dissozialen Jungen ärgerlicher als die gesunden Kontrollen und mit einer deutlicheren systolischen Blutdruck- sowie Pulssteigerung. Die Autoren diskutieren, ob die unter Streß ausgeprägtere ärgerliche Reaktion der dissozialen Jungen für deren psychophysiologische Veränderungen mitverantwortlich sein könnte. Vergleichbare Befunde beschreiben auch Kindlon et al. (1995) für 11- und 12jährige Jungen; auch hier war aggressives Verhalten (erfaßt mittels eines „fighting scores") mit einem signifikant niedrigeren Ruhepuls korreliert.

Maliphant et al. (1990) untersuchten 44 gesunde Mädchen im Alter zwischen 12 und 13 Jahren aus zwei englischen Privatschulen. Aufgrund ihres Verhaltens im Lehrerurteil wurden sie in die Gruppe „gute", „mäßige" und „schlechte" soziale Anpassung aufgeteilt. In der Gruppe mit der „schlechten" sozialen Anpassung fanden sich signifikant niedrigere Ruhe- (73/min, p < .01) und Belastungspulsraten (88/min, p < .001) als in den Gruppen „mäßige" (81/min, 103/min) und „gute" soziale Anpassung (87/min, 111/min). Die Autoren diskutieren verschiedene Hypothesen zur Erklärung dieses Befundes; u. a. könnte die eingeschränkte Reagibilität des autonomen Nervensystems in der Gruppe mit der schlechtesten sozialen Anpassung auf ein geringeres Angstpotential im Umgang mit belastenden Alltagssituationen hinweisen und so das entsprechende Verhalten begünstigen.

In der Mauritius-Studie erwies sich die Hautleitfähigkeit, erfaßt im Alter von rund 11 Jahren, als prädiktiv für eine Störung des Sozialverhaltens im Alter von rund 18 Jahren: Jugendliche mit einer Störung des Sozialverhaltens im Alter von 18 Jahren wiesen sieben Jahre früher signifikant niedrigere Hautleitfähigkeitswerte auf als Jugendliche ohne eine solche Störung (Venables,

1989). Die Unterschiede waren in der Mädchengruppe (p < .002) ausgeprägter als in der Jungengruppe (p < .01). Diesen Befund werten die Autoren als Hinweis dafür, daß bei dissozialen und delinquenten Mädchen die biologische Prädisposition ausgeprägter sein muß, da solche Mädchen den sozialen Normen noch weniger entsprechen als Jungen mit dieser Störung. Weil dadurch Mädchen vor einer solchen Entwicklung grundsätzlich besser geschützt sind, tritt bei ihnen dissoziales und delinquentes Verhalten nur bei entsprechend ausgeprägter Prädisposition auf.

Raine et al. (1990) erfaßten ebenfalls im Längsschnitt den Ruhepuls sowie die Hautleitfähigkeit im Alter von 15 Jahren und die Delinquenz im Alter von 24 Jahren. Beide psychophysiologischen Parameter erwiesen sich als prädiktiv: Delinquente Erwachsene (n = 15) hatten im Alter von 15 Jahren jeweils signifikant niedrigere Ruhepuls- (p < .03) und Hautleitfähigkeitswerte (p < .03) als nichtdelinquente Erwachsene (n = 74). Diese Unterschiede waren unabhängig von soziodemographischen Merkmalen.

Kruesi et al. (1992) beschreiben in ihrer Zwei-Jahres-Katamnese von Kindern und Jugendlichen im Alter zwischen 6 und 17 Jahren mit einer expansiven bzw. mit einer Zwangsstörung vergleichbare Befunde. Hier erwiesen sich erniedrigte Hautleitfähigkeitswerte (erfaßt zum Zeitpunkt 1) als prädiktiv für institutionelle Betreuung zum Zeitpunkt 2 (r = –.47, p = 02).

Zum gegenwärtigen Zeitpunkt gibt es noch keine stringenten Erklärungsmodelle für diese Befunde; ein möglicher Erklärungsansatz sieht in der Dominanz des Parasympathikus die neurobiologische Grundlage für Faktoren, die möglicherweise die Entwicklung dissozialen und aggressiven Verhaltens begünstigen, nämlich reduzierte Angst vor aversiven Situationen, verminderte Hemmprozesse und herabgesetzte Empfindlichkeit für Schmerz bzw. für Bestrafung (Kindlon et al., 1995; Quay, 1993). Danach wäre eine parasympathikotone Grundeinstellung des autonomen Nervensystems ein Risikofaktor für die Entwicklung einer Störung des Sozialverhaltens, eine sympathikotone dagegen ein protektiver Faktor.

Diese Hypothese wird gestützt durch Befunde von Brennan et al. (1997). Sie untersuchten Ruhepuls und Hautleitfähigkeit bei 90 erwachsenen Männern mit unterschiedlichen Risiken (hier definiert als Delinquenz des Vaters) für die Entwicklung delinquenten Verhaltens. Gesteigerte Reagibilität des autonomen Nervensystems (erhöhte Pulsrate bzw. Hautleitfähigkeit) reduzierte bei hohem Risiko die Wahrscheinlichkeit für eine delinquente Entwicklung signifikant (jeweils p < .05), wirkte also im klassischen Sinn protektiv. Raine et al. (1995) beschreiben vergleichbare Resultate.

Befunde zur Schmerzempfindlichkeit bei aggressiven Kindern stützen diese Vorstellungen ebenfalls: Séguin et al. (1996) erfaßten aggressives Verhalten (operationalisiert als die Initiation von körperlichen Auseinandersetzungen) bei 177 Jungen zwischen dem 6. und 12. Lebensjahr insgesamt viermal sowie die Schmerzempfindlichkeit mittels eines Laborexperiments im Alter von 14 Jahren. Auf der Grundlage des aggressiven Verhaltens wurden drei Gruppen gebildet: Stabil-Aggressive, d. h. zu allen vier Untersuchungszeitpunkten Aggressive; Nicht-Aggressive, d. h. zu keinem Untersuchungszeitpunkt Aggressive; Instabil-Aggressive, die Restgruppe. Aggressivität war nicht per se mit hoher oder niedriger Schmerzempfindlichkeit assoziiert, denn stabil-aggressive Jungen zeigten im Mittel die niedrigste Schmerzempfindlichkeit, instabil-aggressive dagegen die höchste. Nur in dieser Gruppe wurde die Schmerzempfindlichkeit vom Ausmaß der Angst – ebenfalls zwischen dem sechsten und 12. Lebensjahr erfaßt – beeinflußt: Hohes Angstpotential erhöhte die Schmerzempfindlichkeit, niedriges reduzierte sie. Die Autoren ziehen aus diesen Daten zwei Schlüsse: Reduzierte Empfindlichkeit für Schmerz bzw. Bestrafung könnte die Entwicklung stabil-aggressiven Verhaltens begünstigen. In einer Untergruppe instabil-aggressiver Kinder erhöht Angst die Schmerzempfindlichkeit und schützt diese Kinder möglicherweise so vor der Entwicklung stabil-aggressiven Verhaltens.

Diese Befunde fügen sich sicherlich noch nicht zu einem geschlossenen Bild zusammen, insbesondere die zuletzt genannten bedürfen der Replikation. Möglich ist aber, daß die Prädisposition aggressiven Verhaltens über psychophysiologische Mechanismen vermittelt wird. Dann könnten mit einfachen Parametern wie dem Ruhe- oder Belastungspuls Risikogruppen frühzeitig, also schon im Kindesalter, identifiziert und gegebenenfalls entsprechend betreut werden.

3.6 Hormone

Innerhalb fast aller Spezies, den Menschen eingeschlossen, verhalten sich männliche Individuen aggressiver als weibliche. Außerdem zeigte sich in zahlreichen tierexperimentellen Befunden aggressives und sexuelles Verhalten eng assoziiert (Flannelly et al., 1984). Diese Befunde waren Anlaß dafür, den Einfluß von Geschlechtshormonen, insbesondere von Testosteron, auf aggressives Verhalten zu untersuchen. Bei Wirbel- und Säugetieren fand sich eine replizierbare positive Beziehung zwischen erhöhten Testosteronspiegeln und Aggressivität; bei Primaten und Menschen sind die Befunde allerdings weniger eindeutig und die Varianzaufklärung deutlich geringer (Archer, 1991; Eichelman, 1992). Außer auf Testosteron konzentrierte sich das Forschungsinteresse auf weitere Androgene wie Androstenedion und Dehydroepiandrosteron, auf verschiedene Östrogenfraktionen und insbesondere auf Cortisol.

Eine finnische Arbeitsgruppe untersuchte bei erwachsenen alkoholkranken Gewälttätern und Brandstiftern (n = 58) sowie einer gesunden Kontrollgruppe (n = 21) u. a. die Testosteronkonzentration im Liquor (Virkkunen et al., 1994). Nur in der Gruppe der impulsiven Gewalttäter mit einer antisozialen Persönlichkeitsstörung fanden sich gegenüber der Kontrollgruppe signifikant erhöhte Testosteronspiegel (p < .01), während sich Gewalttäter ohne antisoziale Persönlichkeitsstörung, nicht gewalttätige Straftäter und gesunde Kontrollen nicht unterschieden.

Dabbs et al. (1991) verglichen 113 17- und 18jährige Gefängnisinsassen mit unterschiedlich ausgeprägtem aggressivem Verhalten. Straftäter mit höheren Testosteronspiegeln hatten signifikant (jeweils p < .04) häufiger Gewalttaten begangen (Raub, Sexualdelikte) und häufiger die Gefängnisordnung verletzt. Aggressives Verhalten und Cortisolspiegel waren zwar nicht assoziiert (ein vergleichbares Ergebnis beschreiben auch Schulz et al., 1997, bei 7- bis 11jährigen Jungen mit einer hyperkinetischen Störung), die signifikante Korrelation zwischen Testosteron und aggressivem Verhalten galt aber nur für die Gruppe mit niedrigen Cortisolspiegeln im Sinne eines signifikanten (p < .04) Interaktionseffektes.

Scerbo & Kolko (1994) bestimmten bei 40 sieben- bis 14jährigen mit einer expansiven Störung Testosteron im Speichel. Der Hormonspiegel war mit dem beobachteten aggressiven Verhalten signifikant positiv korreliert (r = .45, p < .01), nicht mit unaufmerksam-hypermotorischem und internalisierendem Verhalten. Dieser Befund war unabhängig von Alter, Größe, Gewicht und Diagnose. Speichelcortisol war nur mit internalisierendem Verhalten signifikant korreliert (r = .54, p < .001). Im Gegensatz zu den Ergebnissen von Dabbs et al. (1991) fand sich kein Interaktionseffekt zwischen Testosteron und Cortisol. Die Utrechter Gruppe untersuchte neben dem gonadalen Testosteron auch die in der Nebennierenrinde gebildeten Androgene Androstenedion und Dehydroepiandrosteron (van Goozen et al., 1997b). Eine signifikante Korrelation mit aggressivem Verhalten fand sich nur für die in der Nebennierenrinde gebildeten Androgene: Beide Hormone waren mit aggressivem Verhalten signifikant positiv korreliert (Androstenedion: r = .32, p < .05; Dehydroepiandrosteron: r = .46, p = .001).

Die Befundlage zur Beziehung zwischen Testosteron und aggressivem Verhalten faßt Archer (1991) nach Durchsicht der relevanten Literatur wie folgt zusammen:

– Ungebundenes Plasma- oder Speicheltestosteron korreliert mit aggressivem Verhalten enger als die Plasma-Gesamtkonzentration.
– In der Kindheit beginnendes, durchgängig aggressives Verhalten ist häufiger mit gesteigerten Testosteronspiegeln assoziiert.

– Wiederholte Aggressivität unter Alkoholeinfluß ist mit gesteigerten Testosteronspiegeln assoziiert.

Verglichen mit den Tierbefunden ist die Assoziation zwischen Testosteron und aggressivem Verhalten bei Kindern, Jugendlichen und Erwachsenen aber weniger eindeutig. Neuere Befunde (Archer, 1991; Schaal et al., 1996) verweisen darauf, daß Testosteron eher mit sozialem Erfolg bzw. sozialer Dominanz assoziiert ist als mit aggressivem Verhalten per se. Weil soziale Dominanz und offen aggressives Verhalten bei Tieren grundsätzlich enger verknüpft sind als beim Menschen, könnte dies die unterschiedliche Befundlage zumindest teilweise erklären.

3.7   Ausblick

Auch unter Berücksichtigung der methodischen Schwächen und der teilweise widersprüchlichen Ergebnisse verweisen diese Befunde nachhaltig darauf, daß biologische Faktoren bei der Entwicklung und im Verlauf aggressiven Verhaltens eine Rolle spielen, möglicherweise eine entscheidende. Sicher ist die ganze Wahrheit noch nicht bekannt, deshalb sind weitere Untersuchungen, insbesondere Längsschnittstudien, notwendig. In naher Zukunft erscheinen zwei Ziele realisierbar:

– Die Identifikation von Risikogruppen für aggressives Verhalten beispielsweise mittels einfach zu erfassender psychophysiologischer Parameter wie der Herzfrequenz.
– Die Verbesserung der Behandlungsmöglichkeiten aggressiven Verhaltens; insbesondere impulsiv-aggressives Verhalten kann aufgrund seiner biologischen Grundlagen wahrscheinlich durch Psychopharmaka, die gezielt in die beteiligten Neurotransmittersysteme eingreifen, wirksamer beeinflußt werden als durch verhaltenstherapeutische Interventionen allein (Eichelman, 1992).

Literatur

Adolph R, Tranel D, Damasio H (1994) Impaired recognition of emotion in facial expressions following bilateral damage to the human amygdala. Nature 372 (15): 669–672

Archer J (1991) The influence of testosterone on human aggression. British Journal of Psychology 82, 1–28

Badawy A-B, Morgan CJ, Lovett WT, Bradley DM, Thomas R (1995) Decrease in circulating tryptophan availability to the brain after acute ethanol consumption by normal volunteers: Implications for alcohol-induced aggressive behavior and depression. Pharmacopsychiatry 28 (Suppl.) 93–97

Birmaher B, Stanley M, Greenhill L, Tworney J, Gavrilescu A, Rabinovich H (1990) Platelet imipramine binding in children and adolescents with impulsive behavior. Journal of the American Academy of Child and Adolescent Psychiatry 29 (6): 914–918

Brennan PA, Raine A, Schulsinger F, Kirkegaard-Sorensen L, Knop J, Hutchchings B, Rosenberg R, Mednick SA (1997) Psychophysiological protective factors for male subjects at high risk for criminal behavior. American Journal of Psychiatry 154, (6): 853–855

Brunner HG, Nelen M, Breakefield XO, Ropers HH, v. Oost BA (1993) Abnormal behavior associated with a point mutation in the structural gene for monoamine oxidase A. Science 262, 578

Castellanos FX, Elia J, Kruesi MJP, Gulotta CS, Mefford IN, Potter WZ, Ritchie GF, Rapoport JL (1995) Cerebrospinal fluid monoamine metabolites in boys with attention-deficit hyperactivity disorder. Psychiatry Research 52: 305–316

Cherek DR, Moeller G, Dougherty DM, Rhoades H (1997) Studies of violent and nonviolent male parolees: II. Laboratory and psychometricmeasurements of impulsivity. Biological Psychiatry 41: 523–529

Cleare, AJ, Bond AJ (1995) The effect of tryptophan depletion and enhancement on subjective and behavioural aggression in normal male subjects. Psychopharmacology 118: 72–81

Coccaro EF (1989) Central serotonin and impulsive aggression. British Journal of Psychiatry 155 (suppl. 8): 52–62

Coccaro EF, Siever LJ, Klar HM, Maurer G, Cochrane, K, Cooper TB, Mohs RC, Davis KL (1989) Serotonergic studies in patients with affective and personality disorders. Archives of General Psychiatry 46: 587–599

Coccaro EF, Berman MF, Kavoussi RJ, Hauger RI (1996) Relationship of prolactin response to d-fenfluramine to behavioral and questionnaire assessments of aggression in personality-disordered men. Biological Psychiatry 40: 157–164

Dabbs JM, Jurkovic GJ (1991) Salivary testosterone and cortisol among late adolescent male offenders. Journal of Abnormal Child Psychology 19, (4): 469–478

Ebert PD (1983) Selection for aggression in a natural population. In: Himmel EC, Hahn ME, Walters JK (eds.): Aggressive behavior: Genetic and neural approaches, 103–127. Erlbaum, Hillsdale NJ

Edelbrock G, Rende R, Plomin R, Thompson LA (1995) A twin study of competence and problem behavior in childhood and early adolescence. Journal of Child Psychology and Psychiatry 36: 775–785

Eichelman B (1988) Toward a rational pharmacotherapy for aggressive and violent behavior. Hospital and Community Psychiatry 39, (1): 31–39

Eichelman B (1992) Aggressive behavior: From laboratory to clinic: Quo vadit? Archives of General Psychiatry 49: 488–492

Elliott FA (1990) Neurology of aggression and episodic dyscontrol. Seminars in Neurology 10: 303–312

Eslinger PJ, Damasio A (1985) Severe disturbance of higher cognition after bilateral frontal lobe ablation: Patient EVR. Neurology 35, (12): 1731–1741

Federal Bureau of Investigation (1993) Uniform Crime Report for the United States 1992. Washington, DC; US Department of Justice

Flannelly KJ, Flannelly L, Blanchard RJ (1984) Adult experience and the expression of aggression: A comparative analysis. In: Flannelly KJ, Blanchard RJ, Blanchard DC (eds.): Biological perspectives on aggression, 207–259. Brunner/Mazel, New York

Forssman H, Hambert G (1967) Chromosomes and antisocial behavior. Excerpla Criminologica 7: 113–117

Gerald PS (1976) Current concepts in genetics: Sex chromosome disorders. New England Journal of Medicine 294: 706

Halperin JM, Sharma V, Siever LJ, Schwartz ST, Matier K, Wornell G, Newcorn JH (1994) Serotonergic function in aggressive and nonaggressive boys with attention deficit hyperactivity disorder. American Journal of Psychiatry 154: 243–248

Halperin JM, Newcorn JH, Matier K, Bedi G, Hall S, Sharma V (1995) Impulsivity and the initiation of fights in children with disruptive behaviour disorders. Journal of Child Psychology and Psychiatry 36, (7): 1199–1211

Halperin JM, Newcorn JH, Schwartz ST, Sharma V, Siever LJ, Koda VH, Gabriel S (1997) Age-related changes in the association between serotonergic function and aggression in boys with ADHD. Biological Psychiatry 41: 682–689

Hook EB (1973) Behavioral implications of the human XYY genotype. Science 179, (4069): 139–150

Killefer FA, Stern WE (1970) Chronic effects of hypothalamic injury. Archives of Neurology 22, (5): 419–429

Kindlon DJ, Tremblay RE, Mezzacappa FE, Laurent D, Schaal B (1995) Longitudinal patterns of heart rate and fighting behavior in 9-through 12-year-old boys. Journal of the American Academy of Child and Adolescent Psychiatry 34, (3): 371–377

Kruesi MJP, Rapoport JL, Hamburger S, Hibbs E, Potter WZ, Lenane M, Brown GL (1990) Cerebrospinal fluid monoamine metabolites, aggression, and impulsivity in disruptive behavior disorders of children and adolescents. Archives of General Psychiatry 47: 419–426

Kruesi MJP, Hibbs ED, Zahn TP, Keysor CS, Hamburger SD, Bartko JJ, Rapoport JL (1992) A 2-year prospective follow-up study of children and adolescents with disruptive behavior disorders. Archives of General Psychiatry 49: 429–435

Lagerspetz KMJ, Lagerspetz KYH (1971) Changes in the aggressiveness of mice resulting from selective breeding, learning, and social isolation. Scandinavian Journal of Psychology 12: 241–248

Loeber R (1982) The stability of antisocial and delinquent child behavior: A review. Child Development 53: 1431–1446

Maliphant R, Hume F, Furnham A (1990) Autonomic nervous system (ANS) activity, personality characteristics and disruptive behaviour in girls. Journal of Child Psychology and Psychiatry 31, (4): 619–628

Mehlman PT, Higley JD, Faucher J, Lilly AA, Taub DM, Vickers J, Suomi SJ, Linnoila M (1994) Low CSF 5-HIAA concentrations and severe aggression and impaired impulse control in nonhuman primates. American Journal of Psychiatry 151: 1485–1491

O'Connor TG, Hetherington EM, Reiss D, Plomin R (1995) A twin-sibling study of observed parent-adolescent interactions. Child Development 66, (3): 812–829

Owen DR (1972) The 47 XYY male: A review. Psychological Bulletin 79: 209–233

Quay HC (1993) The psychobiology of undersocialized aggressive conduct disorder: A theoretical perspective. Development and Psychopathology 5: 165–180

Raine A, Venables PH, Williams M (1990) Relationships between central and autonomic measures of arousal at age 15 years and criminality at age 24 years. Archives of General Psychiatry 47: 1003–1007

Raine A, Venables PH, Williams H (1995) High autonomic arousal and electrodermal orienting at age 15 years as protective factors against crime development at age 29 years. American Journal of Psychiatry 152: 1595–1600

Reiss AJ Jr, Roth JA (1993) Understanding and preventing violence. National Academy Press, Washington DC

Rutter M, Macdonald H, LeCouteur A, Harrington R, Bolton P, Bailey A (1990) Genetic factors in child psychiatric disorders – II. Empirical findings. Journal of Child Psychology and Psychiatry 31, (1): 39–83

Scerbo AS, Kolko DJ (1994) Salivary testosterone and cortisol in disruptive children: Relationship to aggressive, hyperactive, and internalizing behaviors. Journal of American Academy of Child and Adolescent Psychiatry 33, (8): 1174–1184

Schaal B, Tremblay RE, Soussignan R, Susman EJ (1996) Male testosterone linked to high social dominance but low physical aggression in early adolescence. Journal of the American Academy of Child and Adolescent Psychiatry 35, (10): 1322–1330

Schulz KP, Halperin JM, Newcorn JH, Sharma V, Gabriel S (1997) Plasma cortisol and aggression in boys with ADHD. Journal of the American Academy of Child and Adolescent Psychiatry 36, (5): 605–609

Séguin JR, Pihl RD, Boulerice B, Tremblay RE, Harden PW (1996) Pain sensitivity and stability of physical aggression in boys. Journal of Child Psychology and Psychiatry 37, (7): 823–834

Soubrie P (1989) Reconciling the role of central serotonin neurons in human and animal behavior. Behavioral and Brain Sciences 9: 319–364

Stattin M, Magnusson D (1989) The role of early aggressive behavior in the frequency, seriousness, and types of later crime. Journal of Consulting and Clinical Psychology 57, (6): 710–718

Stein DJ, Hollander E, Liebowitz MR (1993) Neurobiology of impulsivity and the impulse control disorders. Journal of Neuropsychiatry and Clinical Neurosciences 5: 9–17

Van Goozen SHM, Matthys W, Cohen-Kettenis PT, Gispen-de Wied C, Wiegant VW, van Engeland H (1997a) Salivary cortisol and cardiovascular arousal during stress in oppositional defiant disorder boys and normal controls. Biological Psychiatry (im Druck)

Van Goozen SHM, Matthys W, Cohen-Kettenis PT, Westenberg H, Thijssen JHH, van Engeland H (1997b) Plasma 5-hydroxyindolacetic acid and adrenal androgen levels are related to aggression intensity: A comparison of conduct disorder prepubertal boys and normal controls. (zur Publikation eingereicht)

Virkkunen M, Rawlings R, Tokola R, Poland RE, Guidotti A, Nemeroff C, Bissette G, Kalogeras K, Karonen S-L, Linnoila M (1994) CSF biochemistries, glucose metabolism, and diurnal activity rhythms in alcoholic, violent offenders, fire setters, and healthy volunteers. Archives of General Psychiatry 51: 20–27

Virkkunen M, Goldman D, Nielsen DA, Linnoila M (1995) Low brain serotonin turnover rate (low CSF 5-HIAA) and impulsive violence. Journal of Psychiatry and Neurosciences 20, (4): 271–275

Vitiello B, Stoff DM (1997) Subtypes of aggression and their relevance to child psychiatry. American Academy of Child and Adolescence Psychiatry 36, (3): 307–315

Vogt M (1982) Some functional aspects of central serotonergic neurones. In: Osborne N (ed.): Biology of serotonergic transmission, 299–315. John Wiley, Chichester

Young JG, Brasic JR, Sheitman B, Studnick M (1994) Brain mechanisms mediating aggression and violence. In: Chiland C, Young JG (eds.): Children and violence, 13–48. Jason Aronson, Northvale, New Jersey, London

4 Das hyperaktive Kind in der logopädischen Praxis

Adelheid von Schwerin

Nach der Ausbildung und Tätigkeit als Erzieherin, mit Auslandsaufenthalten, weitere Ausbildung zur Heilpädagogin und Logopädin. Seit 1971 eigene logopädische Praxis in München mit dem Schwerpunkt Kindertherapie. 1978 Ausbildung zur Lehrlogopädin, Referenten- und Unterrichtstätigkeiten in verschiedenen Verbänden, Schulen/Akademien und bei der Stadt München. Veröffentlichungen im Bereich Kindersprachtherapie. Weiterbildung in angrenzenden Bereichen (Eutonie, Psychologie, spezielle Medizin).

4.1 Der Anlaß

Der Anlaß der Eltern, die sich wegen Sprach-Sprech-Redefluß- oder Hörproblemen an mich wenden, besteht darin, dem Kind und ihnen bei der Überwindung dieser Entwicklungsstörung zu helfen. Daß das Kind primär deutliche Auffälligkeiten in seinem Verhalten zeigt („das ist eben so, er/sie ist oft sehr böse"), wird als erschwerender Faktor für die logopädische Therapie nur allmählich eingesehen.

Der Anspruch, den ich an mich stelle, ist, die Überwindung des Sprachproblems als mein Ziel genau im Auge zu behalten. Ich muß mir Therapiemöglichkeiten ausdenken, die das Verhalten, die Unfähigkeiten, aber besonders die Fähigkeiten dieses einen Kindes berücksichtigen. Ich möchte auch den Eltern helfen zu erkennen, daß nicht nur das Sprechverhalten ihres Kindes Unterstützung braucht, sondern daß Schimpfen, Verbieten, Drohen das auffällige Verhalten des Kindes nur noch verschlimmert, und daß es hier auch andere Möglichkeiten gibt.

4.2 Die Kompetenz

Als Ansprechpartner mit mehr Zeit zum Zuhören als es z. B. dem Kinderarzt möglich ist, wird dem Logopäden häufig zugemutet, sich als Psychologe, Heilpädagoge, Spieltherapeut und vielem mehr zu betätigen. Natürlich ist es wichtig, daß Logopäden in den Grenzbereichen über viel Wissen verfügen. Um so deutlicher muß aber auch sichtbar sein, daß sich die Kompetenzbereiche voneinander trennen lassen. Das bedeutet:

a) ich habe erkannt, daß das Kind bei der Überwindung seiner Sprachprobleme Hilfe braucht,

b) die Eltern und das Kind brauchen zusätzlich die Hilfe einer zweiten Fachkraft.

4.3 Die Anamnese

Es erübrigt sich an dieser Stelle, die Erhebung der Anamnese in allen Einzelheiten zu beschreiben. Ich möchte nur einige Punkte herausgreifen, auf die ich besonders eingehe, wenn ich merke, daß es sich um ein hyperaktives bzw. auffälliges Kind handelt. (Fragen zur Sprache, zum Hören, zur Wahrnehmung werden hier nicht erwähnt).

Fragen zu den Eltern

Berufstätigkeit:	Mutter	Vater
ja	☐	☐
nein	☐	☐
Schichtdienst	☐	☐
Nachtdienst	☐	☐
angestellt	☐	☐
selbständig	☐	☐
Wer betreut das Kind?	☐	☐
am Tag	☐	☐
in der Nacht	☐	☐
Wie schläft das Kind?		
im eigenen Bett	☐	☐
schläft es durch	☐	☐
normales Kinderbett	☐	☐
Hoch-(Stock-)Bett	☐	☐
kommt es nachts zu den Eltern ins Bett	☐	☐
hat es die Möglichkeit, Licht anzumachen	☐	☐

Namen der Geschwister:
Weitere Bezugspersonen:
Wohnverhältnisse:
Fernsehen/Video:

Daten über Schwangerschaft, Geburt, Entwicklung (werden nicht im einzelnen aufgeführt)

Fragen zum Kind

Entwicklung des
– Saugens
– Schluckens
– Kauens
– Schnuller?

Fragen zum Ich-Gefühl und der Grundstimmung (Richtung angeben)

ängstlich – mutig
wehleidig – Schmerz überspielend
depressiv – euphorisch
Überreaktionen – Gleichgültigkeit
empfindlich – unempfindlich
eifersüchtig – altruistisch

Auffällige Gewohnheiten
    Daumenlutschen
    Nägelknabbern
    Zähneknirschen
    Lippenbeißen
    Nasebohren
    Pickelaufkratzen

Sauberkeitserfahrung
    Einnässen (Tag/Nacht)
    Einkoten (Tag/Nacht)

Erkrankungen
Allergien
Lateralitäten (Auge/Hand/Bein)

Fragen zum Leistungsbereich

Spielverhalten
Interessenmangel
Konzentrationsschwäche
Verspieltheit
Initiative
Unordentlichkeit
Pedanterie

Besonderen Wert lege ich auf das „Nachtverhalten" des Kindes. Der Einstieg in dieses oft sehr heikle Thema ist leicht zu schaffen mit der Frage: „Wie schläft sie/er denn?" Da es dafür kein Frageschema gibt, gehört hierzu viel Fingerspitzengefühl. Hier finden wir oft den Schlüssel für kindliche Verhaltensweisen.

Ich bin oft erschüttert im Laufe eines solchen Gespräches zu hören, auf welche Wanderschaften sich kleine Kinder Nacht für Nacht in ihrem eigenen Zuhause begeben. Und wieviel Unruhe für das Kind und die Familie dadurch ausgelöst wird.

An dieser Stelle möchte ich am Beispiel von Rüdiger folgende Erfahrung beschreiben, die kein Einzelfall ist:

Rüdiger, 5 Jahre alt, wurde mir wegen multiplem Stammelns vorgestellt. Auffällig an ihm war sein tippelnder Gang. Ob es der Luftballon war, der von der Decke hing, der Tripp-Trapp-Stuhl, der Papagei, der weit oben auf dem Schrank steht, alles machte ihm Angst, bzw. mußte mit großer Vorsicht angeschaut werden. Beim Spiel (z. B. Memory) hatte er Angst, nicht sofort die passende Karte zu finden und war schnell entmutigt. Seine Frustrationstoleranz war sehr niedrig, was sich auch in dem wenig konstruktiven Kasperlespiel zeigte. Hier ging es nur ums Draufhauen mit unkontrolliertem Geschrei. Wurde sein Krokodil angegriffen, warf er sich auf den Boden, strampelte mit den Beinen und schrie: „du bist blöd". Lieber und ausdauernder spielte er mit Legofiguren. Wir konnten einen Tagesablauf durchspielen, wobei mir auffiel, daß beim Zubettgehen die Figuren unter die Betten gelegt wurden. Auf meine Frage, ob die Kinder nicht lieber *im* Bett schlafen, meinte er „die tönnen da dut lafen" (Die können da gut schlafen).

Als ich mit den Eltern auch über Rüdigers Schlafverhalten sprach, stellte sich folgendes heraus: Seit wenigen Monaten hatte Rüdiger ein eigenes Zimmer mit dem von ihm dringend gewünschten Stockbett. Unten Tisch, Stühle, Spielzeugkisten, eine Leiter, die nach oben in sein Bett reicht. Seit er das Stockbett hatte, wachte er mit großem Geschrei in der Nacht auf, die Eltern konnten ihn nicht beruhigen und holten ihn zu sich ins Bett. Vater: „Nun hat er sich das Stockbett so gewünscht – und jede Nacht das gleiche Theater – und dann noch was, haben Sie gesehen wie der auf einmal läuft? Wie so ein Kleinkind".

Ich versuche nun den Eltern zu erklären, daß Rüdiger das Stockbett am Tag gesehen hat, daß es ja bestimmt sehr schön und spannend sein muß, das Ganze als Spiel- und Klettergerät zu sehen. Ganz anders ist es aber in der Nacht. So weit oben zu schlafen, keine Verbindung zum Boden zu haben, keine Möglichkeit einfach aufzu*stehen*, Boden unter den Füßen zu spüren. Es wird den Kindern regelrecht der Boden unter den Füßen weggezogen. Im Schlaf, im Unterbewußtsein, kann es so bei vielen Kindern zu Unsicherheit und zu großer Angst kommen. Deutlich hat sich das bei Rüdiger an seinem plötzlich trippelnden Gang bemerkbar gemacht.

An Stelle von Tisch, Stühlen und Spielekisten hat Rüdiger zwei Matratzen unter sein Bett gelegt bekommen, außerdem hat ihm sein Vater eine Wandlampe installiert. Zu unserer Freude hat er schon in der ersten Nacht in seiner „Höhle" durchgeschlafen. Gerne steigt er tagsüber in sein Bett hinauf, zum Bücher anschauen und um ungestört mit seinen Legofiguren zu spielen. Ich konnte im Laufe der über ein Jahr andauernden Therapie erleben, daß sein ängstliches, regredierenden Laufen verschwunden ist und daß er langsam, sehr langsam seine Ängste besser überwinden lernte.

Die Frage nach der Berufstätigkeit und der Art der Betreuung hat seinen Grund in der Erfahrung, daß bei auffälligen Kindern Unregelmäßigkeiten im Tagesablauf eine große Rolle spielen. Diese Kinder werden öfter als andere Kinder zu verschiedenen Betreuungspersonen gefahren, die Kinder hören schon am frühen Morgen „beeil dich, nun mach schon, trödel nicht so rum". Gerade diese Situation wird von Kindern ausgenutzt, um durch übermäßige Ermahnungen besonders viel Zuwendung zu bekommen. Kinder von Eltern, die Schichtarbeit leisten müssen, wo die Familie räumlich beengt wohnt, die Kinder zum Leisesein ermahnt werden, weil ein Elternteil schlafen muß, verhalten sich auffällig, wenn dieser Druck gelöst ist. Erst langsam lernen sie, ihr Verhalten zwischen erzwungener Ruhe und dem Gefühl, freier agieren zu können, anzupassen. Natürlich ist es nicht negativ, wenn die Eltern berufstätig sind, aber viele Kinder scheinen unter der dadurch bestehenden Unruhe zu leiden.

4.4   Beispiel Michael

Der erste Telefonkontakt: „Grüß Gott, mein Name ist Weiß. Ich möchte gerne meinen Sohn Michael zur Sprachbehandlung bei Ihnen anmelden. – (Michael, laß die Mama doch einmal telefonieren!) Er ist in diesem Monat 5 Jahre alt geworden. Er spricht kein ‚k‘, kein ‚g‘, anstatt ‚r‘ sagt er ‚l‘ und das ‚sch‘ kann er auch noch nicht – (Michael, bitte laß die Stephanie in Ruhe!) Ja, Mittwoch kann ich kommen. Kann ich die Stephanie mitbringen? – (Michael, hör endlich auf, gib sofort der Stephanie die Puppe zurück!) Bitte entschuldigen Sie, mein Sohn ist manchmal ein bißchen lebhaft. Ich hoffe, das macht ihnen nichts aus. Auf Wiedersehen bis Mittwoch."
Am vereinbarten Mittwoch um 10 Uhr kommt Frau Weiß mit Michael und Stephanie. Ohne Zögern prescht Michael in das Therapiezimmer. „Du, was is'n das? Ich will das haben, Uii." Und plumps, fliegt schon ein Steckbrett auf den Fußboden. „Oh Michael, laß das doch stehen. Die Mama hat dir doch gesagt, du sollst nichts anfassen. Komm hierher zur Mama. Entschuldigen Sie bitte. Oh Michael, laß der Stephanie doch die Puppe."
Großes Gebrüll von Stephanie, entnervte Mutter, strahlender Michael, der nun die Steine des Steckbretts mit dem Fuß quer durch das ganze Zimmer schießt.

4.4.1   Die Untersuchung

Mein erstes Gefühl ist, daß Michael hyperaktiv reagiert und außerdem seiner Schwester gegenüber sehr aggressiv ist. Ich gehe als erstes direkt auf Michael zu und sage: „Grüß dich Michael. Ich freue mich, daß du heute dein Hemd mit der Micky-Maus angezogen hast" – (Merkmalstark auf etwas hinweisen, was Michael ganz persönlich betrifft).

Dann nehme ich Michael an die Hand und sage zu Frau Weiß: „Bitte, nehmen Sie hier Platz. Da kann Stephanie gut spielen. Ich zeige Michael meine Micky-Maus, dann holen wir Sie rein."

„Schau Michael, ich lasse die Tür so weit auf, da kannst du die Mama sehen." Rums, Michael haut die Tür mit der freien Hand zu. Jetzt lasse ich seine Hand los und sage zu ihm: „Ich setze mich auf meinen Stuhl." Darauf Michael: „Du, du ich will mal mit dem Vogel da spielen. Gibst mir den? Und das haben wir im Kindergarten auch." „Ach ja, das habt ihr im Kindergarten auch? Klar kannst du mit dem Vogel spielen. Zuerst zeige ich dir aber einmal deinen Stuhl. *Hier* ist er: Mein linker Platz ist leer, da wünsch ich mir den Michael her. Ja, genau und hops – schau nur, wie groß du jetzt bist" (Michael sitzt am Tisch). „Was *das* ist? Ein Käfer, der sieht ein bißchen aus wie die Micky-Maus. Warum ein Käfer? Ich zeig dir, was der kann."

Nun fange ich an, den Käfer mit Hilfe eines Magneten, den ich unter den Lautbestand (Metzgerbogen) halte, von einem Bild zum anderen zu ziehen. Dabei spreche ich nur vom Käfer und frage nicht, „was ist dies?" oder „was ist das?" Auf diese Weise merkt er nicht, daß es mir darauf ankommt, die Bezeichnung der Abbildung zu hören. Er spricht ja davon, was der *Käfer* da macht. Natürlich nimmt Michael sofort den Käfer vom Papier, weil er aber neugierig ist, sag ich ihm: „Setze ihn mal auf die Treppe, mal sehen, was er macht. Und weißt du was: bei den Bildern hier unten, da ziehst du ganz allein den Magneten. Zuerst komme ich dran und dann kommst du dran".

An dieser Stelle ist einzufügen, daß ich einen Lautbestand auf 30 Dias habe. Dazu einen „Gucki". Gerade hyperaktive Kinder, die ständig etwas hantieren möchten, lasse ich die Dias einstecken. Damit kann ich auch sehr schnell auswählen, welche Laute ich besonders überprüfen möchte, da ich die Dias nach Artikulationsgebieten einsortiert habe.

Am Ende der Erstellung des Lautbestandes lobe ich Michael, daß er die Bilder so gut erkannt hat. Ich sage zu ihm, daß er von seinem Stuhl runterklettern darf. Inzwischen habe ich den Luftballon aus dem Schrank geholt und lasse ihn von der Decke hängen. Er haut darauf herum, so fest es nur geht; manchmal schnappe ich ihn über seinem Kopf, es geht laut und wild zu. „Paß auf Michael, jetzt noch einmal fest draufhaun, dann tue ich den Ballon wieder hier in den Schrank – schau hin – hier rein, damit du es weißt, wo er ist. Und jetzt zeig ich dir etwas Lustiges, komm, klettere wieder auf diesen Stuhl – Du magst nicht? Du wolltest ja den Vogel anschauen. Hier ist er, nimm ihn mal in die Hand. Ich freue mich, daß du ihn so vorsichtig halten kannst".

Michael rennt mit dem Vogel im Zimmer herum, setzt sich dann aber wieder neben mich auf den Stuhl.

Um die Artikulationsmotorik zu prüfen, verwende ich als Material gerne

a) den Apfelwurm (Abb. 4.1)
b) die Zauberkerze.

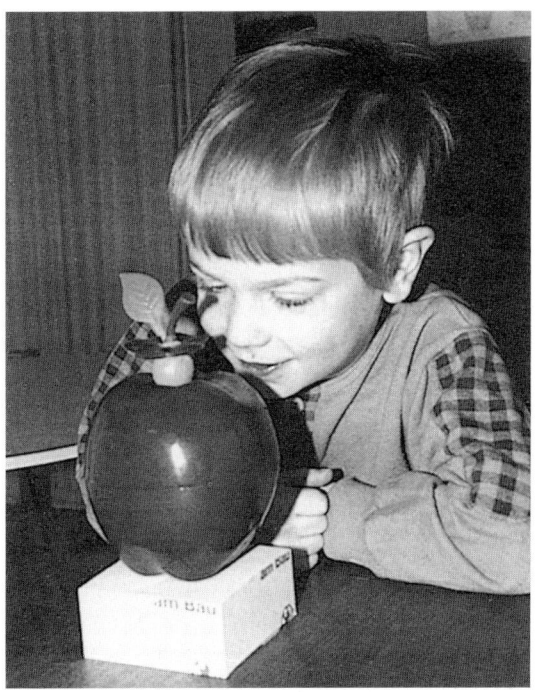

Abb. 4.1 Nicht nur durch Rufen, auch durch Blasen läßt sich der Wurm aus dem Apfel zaubern.

Gerade bei hyperaktiven Kindern spielt von vornherein der Überraschungseffekt eine große Rolle. So möchte ich bei Michael wissen, ob er das Zäpfchen-„R" isoliert sprechen kann. Ich halte ihm den Apfel ganz nah an sein Ohr und frage leise: „Hörst du was?" Kopfschütteln. Dann spreche ich dem Apfel zugewandt ein Zäpfchen-„R" und schon ist ein surrendes Geräusch aus dem Apfel zu hören.

Wenn ich das Geräusch länger anhaltend mache, schaut plötzlich ein Wurm aus dem Apfel. Michael ist sehr erstaunt, probiert es selber aus, ich höre, daß er isoliert das Zäpfchen-„R" bilden kann. Er packt den Wurm, der aus dem Apfel schaut, sehr unsanft an. Ich zeige ihm den Schalter zum An- und Ausknipsen. So lasse ich ihn spüren, daß ich ihm nicht gleich alles wegnehme, sondern ihm vertraue.

Um die Luftstromlenkung zu prüfen, hole ich die Zauberkerze und sage ihm: „Michael, du kannst zaubern, und das zeigst du gleich deiner Mama." Nach dem Anzünden der Kerze muß ca. 1 min gewartet werden. Ich beschreibe dann für ihn genau, was da alles passiert. Licht, Feuer, heiß, Flackern. „So, und nun blas' die Kerze aus. Gut Michael. Und jetzt sagen wir beide Hokus-Pokus und schwupp brennt die Kerze wieder. Lauf jetzt bitte und hole deine Mama herein." Ganz aufgeregt erzählt er seiner Mutter, daß er zaubern kann. Die Mutter hört gar nicht darauf, was er sagt, sondern fragt ihn: „Ja Michael, warst du denn auch brav? Hast du denn auch schon gefolgt? Hast du auch nichts kaputt gemacht? Oh, Stephanie schau!" Die Mutter hat sie auf den Arm genommen, obwohl sie mit ihren 2 Jahren schon gut laufen kann. „Was für schöne Sachen!" Michael: „Mama, guck mal." Jetzt sieht Frau Weiß die Kerze und läßt sich den Trick zeigen. Sofort wendet sie sich an mich und fragt: „Was hat er denn? Ist es schlimm? Glauben Sie, daß er bis zur Schule alles sprechen kann?" Michael: „Stephanie, schau mal." (Zu mir gewandt): „Du, gibst du mir mal den Apfel?" Mutter: „Michael, laß das, den darfst du nicht anfassen."

Jetzt sage ich zu Frau Weiß: „Lassen Sie sich ruhig von Michael den Apfel zeigen, er kann das ganz prima." Frau Weiß: „Ja, und was ist das jetzt?" Ich sage ihr, daß sie bitte erst einmal schaut, was Michael alles kann, dann komme ich auf ihre Frage zurück. Inzwischen habe ich für Michael und Stephanie die große Leporellostadt auf den Fußboden gestellt. Mit diesem Leporello wird der Aktionskreis der Kinder begrenzt. Mit dem Anschauen der Bilder, Fahrzeuge hin- und herausfahren lassen, sind sie gut zu beschäftigen. Langsam löst sich die sehr angespannte Haltung der Mutter. Sie ist jedoch sofort wieder in Aktion, als sich Michael aus dem Regal ein Tier holt. „Laß das liegen." Ich erkläre ihr, daß ich hier die Verantwortung übernehme, und daß ich es Michael schon sage, wenn er etwas nicht nehmen darf. Da die Kinder in unserer Hörweite spielen, erfrage ich in diesem Moment nur einige Daten. Anschließend erkläre ich Frau Weiß, daß ich *vor* dem Kind niemals *über* das Kind spreche. Ich mache dann einen Beratungstermin mit Frau Weiß aus, zu dem sie mit ihrem Mann, jedoch ohne die Kinder wiederkommt. Dann setze ich mich noch zu den Kindern in die „Stadt" und bereite Michael darauf vor, daß wir jetzt wieder miteinander aufräumen. In diesem Moment bekommt das Leporello einen Fußtritt, Stephanie fällt um, weil sich ihr Bruder einfach auf sie hat drauffallen lassen. Stephanie brüllt, Michael rast zur Zimmertür und zur Wohnungstür hinaus und verkriecht sich im Flur in einer Ecke. Frau Weiß jammert hinter ihm her: „Oh Michael, warum bist du denn immer so bös? Schau, die Stephanie weint. Aber warte, das sage ich dem Papa, wenn er heimkommt."

Ich gehe hinter Michael her, hole ihn wieder rein, sage ihm, daß wir die Stadt jetzt in diese Ecke stellen, damit er beim nächsten Mal genau weiß, wo wir sie wieder rausholen. Er fragt; „Und der Apfel?" Ich sage ihm ganz deutlich, daß er auch mit dem Apfel spielen kann, wenn er nächste Woche wiederkommt. „Und noch was, Michael. Ich freue mich schon, daß ich dich nächste Woche wiedersehe." Nun sagt Frau Weiß zu ihm: „So Michael, nun verabschiede dich und sag danke und gib auch die richtige Hand." Zu mir gewandt: „Das sag ich ihm doch immer wieder." Ich sage zu Michael: „Schau mich an, dann winken wir uns beide und das ist dann auch wie Auf-Wiedersehen-Sagen." Als Frau Weiß mit Michael und Stephanie unten am Haus vorbeigeht, höre ich sie sagen: „Michael, lauf nicht so schnell, bleib doch stehen, warte mal. Michael, jetzt paß doch endlich auf. Halt Michael."

4.4.2 Die folgende Elternberatung

Schon im Gespräch mit den Eltern spüre ich, daß zwischen ihnen Uneinigkeit bezüglich der Erziehung der Kinder besteht. Die Schuld für verschiedene Verhaltensauffälligkeiten wurde hin- und hergeschoben, Unruhe bis zur Hektik spürbar. Über Michael wird berichtet, daß er schon seit der Geburt unruhig war. Verstärkt haben sich seine Verhaltensweisen nach der Geburt von Stephanie. Die Eltern berichten, daß er damals schon eine Weile Tag und Nacht trocken war und dann plötzlich wieder angefangen hat, nachts einzunässen. Diese Phase ist aber inzwischen überwunden, jedoch kommt er seitdem jede Nacht zu seinen Eltern ins Bett.

An ein gemeinsames Spielen über längere Zeit mit Stephanie zusammen ist nicht zu denken, er nimmt ihr alle Spielsachen weg. Auch im Kontakt mit anderen Kindern fällt Michael immer auf. Die Kinder im Kindergarten meiden ihn. Auch an Spielen im Stuhlkreis nimmt er im Kindergarten nicht teil (die Mutter berichtet, seine Erzieherin „übt" mit ihm Stillsitzen und sagt „sonst darfst du nicht in den Garten").

Meine Beratungen beziehen sich einerseits auf Michaels auffällige Verhaltensweisen und der Möglichkeit der Hilfe, andererseits auf sein Sprechen. Denn beides ist im Therapiegeschehen nicht voneinander zu trennen. Bei Michaels Eltern ist ein Punkt zu erwähnen, der mir gerade bei unruhigen Kindern als sehr wesentlich erscheint. Der Vater: „Ich sag immer zum Michael, der Papa hat gesagt, du sollst das lassen. Dann sagt der Michael, *ich* will aber mein Rad haben." Auch während ich mit der Mutter telefonierte, bemerkte ich, daß sie wiederholt sagte: „Michael, laß jetzt mal die Mama telefonieren." Die Eltern sind sehr erstaunt, wenn ich sie darauf aufmerksam mache, daß – wie in unserem Falle – Michael *„ich will"* sagt, aber sie selbst ihm gegenüber nur von „Mama" und „Papa" sprechen. Ich erkläre ihnen dann, wenn sie sagen *ich* möchte dich bitten oder *ich* habe gesagt, daß jetzt Schluß ist, für Michael die Abgrenzung viel deutlicher wird. (Warum verstecken sich Vater und Mutter so häufig hinter ihrer Rolle? Haben sie Angst, daß die Kinder ihr eigenes Ich nicht genügend respektieren?) Im Laufe des Gesprächs kommt auch wieder die Aussage vor: „Wir haben immer gut gegessen." Oder: „Nein, Scharlach haben wir noch nicht gehabt, Masern haben wir voriges Jahr gehabt." Identifikationsprobleme? Overprotection?

Viele Aspekte gibt es anzusprechen. Bei der Beratung von Michaels Eltern geht es mir im wesentlichen darum, aufzuzeigen, daß ich sein Sprachproblem klar sehe. Ich weise aber auch deutlich darauf hin, daß u. a. seine Hyperaktivität, seine leichte Ablenkbarkeit und seine reduzierte Aufmerksamkeitsspanne Punkte sind, die ich immer berücksichtigen muß. Besonders lasse ich sie erfahren, daß ich nicht mit Strenge, Druck und nicht einhaltbaren Versprechungen an die Therapie herangehe, sondern daß ich versuche, auf Michaels Fähigkeiten und auf die von ihm eingebrachten Anregungen einzugehen. Ich erkläre den Eltern auch, daß nur eine gute Zusammenarbeit, die mit Aufgaben auch für die Eltern verbunden ist, schließlich zum Erfolg einer Therapie führen kann.

4.4.3 Therapieansatz

Die Individualität des Kindes

Sie zieht sich wie ein roter Faden durch die ganze Behandlung. Sie ist prinzipiell nicht zu verändern, und die Therapeutin muß lernen, damit umzugehen.

Klare Grenzen aufzeigen

Gerade hyperaktive Kinder sind häufig distanzschwach bis distanzlos. Daher brauchen sie mich, daß ich ihnen deutlich zeige, welche Nähe für uns beide verträglich ist, und welche Distanz ich mir wünsche. Das sieht praktisch so aus, daß ich beispielsweise sage „Gut, du sagst mir, wo ich hingehen soll, dann komme ich mit dir – du kannst meinen Rock jetzt wieder loslassen." Oder: „Fühl mal, ich halt deine Hand, da kannst du gut neben mir stehen" usw. Grenzen aufzeigen bedeutet praktizierte Konsequenz. Schlimm ist, wenn ich hören muß „jetzt hab ich dir schon zehn mal gesagt, du sollst …" Bei jeder neuen Aufforderung wird das Kind unruhiger und findet wieder etwas anderes zu tun. Es bedeutet mir selbst sehr viel, wenn ich merke, daß ein Kind durch Ab-Lenkung auf sein Tun gelenkt werden kann, ohne auf den Druck „du sollst" oder „du mußt" mit Gegendruck provozieren zu müssen. So läßt sich beispielsweise beim Einräumen der Schienen der Holzeisenbahn schnell ein Wettspiel machen „wer hat zuerst die meisten Schienen eingesammelt?" oder man deckt ein Tuch darüber und sagt „ich glaube, da sind die Schienen drunter, oder hat sie ein Zauberer weggezaubert?" Lenkung durch Ab-Lenkung.

Aufmerksamkeit sammeln

Die Aufmerksamkeit kann man gewinnen, indem man über Spiele und Materialien, die das Kind bereits kennt, Möglichkeiten schafft, seine Erfolge selbst zu erkennen und positiv beurteilen zu können; z. B. durch das Falten von Schiffen einen Hafen zu gestalten. Damit wird nicht nur das Wissen geschaffen „ich kann ein Schiff bauen", sondern auch die Aufmerksamkeit auf den gestalterischen Effekt gelenkt.

Aktivitäten in kleine Schritte aufteilen, Aufgaben strukturieren

Es ist besonders bei schwierigen Kindern sinnvoll, jeden Therapieschritt in kleine Sequenzen einzuteilen. Damit trägt man dem Umstand Rechnung, daß ein hyperaktives Kind anfangs nur kurz bei einer Sache bleiben kann.

Jede Aufgabe mit Durchführung und Ziel erkläre ich ganz kurz – jedem Kind entsprechend seinem Entwicklungsstand. Z. B.: „Hier ist ein Trinkhalm, 5 Papierkugeln und eine lange Röhre. Wenn du jetzt mit dem Halm die Kugeln durch die Röhre bläst, dann freue ich mich. Danach darfst du sofort wieder aufstehen und mit den Klebebällen auf die Zielscheibe werfen."

Erwartungen haben und flexibel damit umgehen

Aufgrund der logopädischen Diagnose habe ich natürlich die Erwartung, durch die Verbesserung des Sprechens zunächst dem Kind zu helfen, besonders aber auch auf das Umfeld des Kindes einwirken zu können. Hierbei erweist es sich als hilfreich, Diagnose und Therapie als Einheit, sozusagen einer therapeutischen Diagnostik Raum zu lassen. Jede Therapiestunde, jedes Elterngespräch erbringt neue Aspekte. Welche Reaktionen zeigt das Kind? Wie ist die Motivation der Eltern zur Mitarbeit inzwischen fortgeschritten? Wo muß ich mich zurücknehmen, wo kann ich noch stärker einwirken? Wichtig ist, die kleinen Schritte, besonders die Fort-Schritte deutlich aufzuzeigen, stets offen zu sein, Neues zu planen und zu entwickeln für einen erfolgreichen Abschluß der Therapie.

4.5   Der Raum

Vielfach wird empfohlen, daß der Therapieraum möglichst reizarm bis steril gehalten werden soll. Ich selbst habe in einer Institution ein entsprechendes Zimmer erlebt: im Tiefparterre mit Oberlicht, das elektrische Licht mußte auch bei Sonnenschein eingeschaltet bleiben. Linoleumbelag auf dem Boden, ein Kindergartentisch mit vielen kleinen Stühlen, ein abgeschlossener Schrank, ein großer Schreibtisch, auf dem einige Fachbücher standen, kein Bild an der Wand. Als ein Kind zur Therapie kam, wurde ein Bilderbuch aus dem Schrank genommen, der Schrank wieder abgeschlossen, der Schlüssel in die Tasche gesteckt. Die Anweisung an das Kind lautete: „Du mußt Dich hierher setzen, heute schauen wir das Bilderbuch an." Nach 5 min waren die Therapeutin und das Kind sehr entnervt, zum Glück gab es einen Lichtschalter. Das Kind sprang plötzlich vom Stuhl auf, der fiel um, und die Abwechslung, die es sich suchte war, das Licht aus- und anzuknipsen.

Meiner Erfahrung nach kann der Raum so eingerichtet sein, daß die Kinder sofort etwas in die Hand nehmen können (z. B. Spieltelefon). Es soll viel Platz auf dem mit Teppich ausgelegten Boden sein, so daß man auch bequem dort sitzen kann. Kinderzeichnungen in Kinderaugenhöhe aufzuhängen trägt dazu bei, die Aufmerksamkeit darauf zu richten. Ein Luftballon, der von der

Decke hängt, ist gerade zum Abreagieren sehr wertvoll. Spiele und Bücher sollen so hoch eingeordnet sein, daß sie zwar sichtbar, doch nicht ganz einfach zu erreichen sind.

Gerade in der Therapie eines hyperaktiven Kindes achte ich darauf, daß der Tisch leer ist, mit Ausnahme von Blumenvase und Schreibzeug. Sehr bewährt hat sich mein Tripp-Trapp-Stuhl, der an einem in der Höhe verstellbaren Tisch steht. So kann ich auf einem normalen Stuhl sitzen, und die Kinder sitzen auf gleicher Höhe. Durch das verstellbare Brett am Tripp-Trapp-Stuhl haben die Füße einen festen Stand. Kinder, deren Beine von einem großen Stuhl herunterbaumeln, können keinen Halt, keine Mitte finden und sind dadurch in ihrer Konzentration eingeschränkt.

4.6   Das Licht

Bei motorisch unruhigen Kindern spielt es eine wesentliche Rolle, daß der Blickkontakt nicht durch äußere Faktoren beeinträchtigt wird. Beim Spiel am Tisch oder auf dem Boden sollen die Kinder immer mit dem Rücken zur Lichtquelle sitzen, das Gesicht des Therapeuten muß immer gut ausgeleuchtet sein.

4.7   Die beteiligten Personen

4.7.1   Das Ich

Eine wesentliche Möglichkeit, um ein hyperaktives Kind zu lenken, liegt im Umgang mit der eigenen Stimme. Kinder erkennen sofort, ob ein Mensch echt ist, seine eigene Person (personare = durch meine Stimme) in das Geschehen einbringt oder „ei tei tei, du bist aber ein liebes Kerlchen" sagt. An einer festen, ungekünstelten Stimme spürt das Kind: ich bin dein Partner. Aus meiner Stimme kann es auch deutlich erkennen, wenn ich ohne viel darum herumzureden einmal deutlich sagen muß: „So, jetzt ist aber Schluß."

4.7.2   Das Du

Viel zu oft hat das durch seine Hyperaktivität auffällige Kind erfahren müssen: „Ja *der, der* ist der Schlimme, was *der* auch immer macht." Hier ist es wichtig, daß das Kind spürt: „Du bist jetzt bei mir, du bist mir wichtig. *Du* darfst sagen, was du heute noch spielen möchtest."

4.7.3 Das Wir

„Du bist aber blöd, du bist ja so g'schlampert angezogen, ich schieß dich jetzt tot." Diese Situation, die mir noch genau vor Augen steht, war mir im Moment sehr unangenehm. Als falsche Reaktion hätte ich es empfunden, wenn ich jetzt gefragt hätte: „Ja, warum denn, schau her, ich tu dir doch gar nichts, warum willst du mich denn totschießen?" Ich sage dann: „So, so, du findest mich blöd, weil ich g'schlampig angezogen bin? Weißt du was, ich schau mal in den Spiegel und schau, wie ich ausschau. Findest du, daß ich meine Bluse in den Rock reinstecken soll? Also o.k., besser so? Und schau mal, was ich da noch im Spiegel sehe; da bist ja du – wir beide schauen uns an, mei ist das lustig!"

4.8 Das Material

Zusätzlich zu dem hier beschriebenen Material habe ich in dem Buch „Sprache haben – Sprechen können" (Herder-Praxisbuch Kindergarten) eine genaue Auflistung von Spielen mit Anweisungen zur Durchführung eingebracht, die das Hören und Zuhören, die Erweiterung des Wortschatzes, die Kommunikationsfähigkeit, die Artikulation und die Grob- und Feinmotorik im Spiel unterstützen und aufbauen.

Bewährt hat sich zur Unterstützung der Aufmerksamkeit beim hyperaktiven Kind das Spielmaterial, welches Überraschungseffekte bietet.

Bei den Büchern sind es diejenigen, bei denen man Türen und diverse Klappen aufmachen kann, wie z.B. die Bücher von Eric Hill „Flecki", „Gegensätze" u.a. Versteckspiele, wie z.B. einzelne Bildkärtchen in einem relativ langweiligen Bilderbuch verstecken, Puzzelteilchen unbemerkt in die Hosentasche des Kindes praktizieren und „herauszaubern".

Krabbelsack, Krabbelkiste, Krabbeltaschen, Pusteschlange aus eingeschnittenen Halmen basteln sind Dinge, die die Kinder faszinieren. Ganz einfache Zaubertricks sind immer wieder beliebt, z.B. „Zwei Tauben sitzen auf dem Dach", „Zauberkerze", mit einem Spiegel Bücher betrachten, wobei ich Abbildungen verschwinden lasse oder sie verdopple und verdrehe.

4.9 Voraussetzungen zur Durchführung der Therapie

Soll bei der Therapie die Mutter (hier stellvertretend für alle Begleitpersonen) im Raum anwesend sein? Ich habe die Erfahrung gemacht, daß die Kinder viel besser zu leiten und zur Therapie bereit sind, wenn die Begleitperson nicht im Raum ist. Natürlich muß auch dies flexibel gehandhabt werden können.

Kinder, die sich nicht von der Mutter trennen möchten (oder die Mutter nicht vom Kind – wie sehr oft), dränge ich in keiner Weise. Wenn wir angefangen haben, sage ich z. B. wie selbstverständlich:

„Frau Braun, Sie wollten sich doch noch das Rezept aus der Zeitschrift im Flur abschreiben. Ja bitte, lassen Sie Ihre Handtasche hier auf dem Stuhl stehen, die Tanja paßt solange darauf auf." Die Handtasche ist ein Stück „Mutter", ohne die würde die Mutter nicht weggehen. Sie erfüllt einen wesentlichen therapeutischen Zweck.

Besonders bei den hyperaktiven Kindern bitte ich die Eltern, keine Unternehmungen vor der Therapiestunde anzusetzen. Das bezieht sich z. B. auf den Einkauf im Großmarkt, zum Schwimmen gehen oder der schnelle Besuch im Krankenhaus. Die Kinder sind durch die Anfahrt schon zu sehr stimuliert, alle Extras führen wieder zu einer deutlichen Überstimulation.

4.10 Behandlungsziele und -prinzipien

4.10.1 Der Blickkontakt

Der wesentliche Teil der logopädischen Therapie, z. B. bei einer Stammlerbehandlung, besteht im Blickkontakt. So lege ich dem sehr unruhigen Kind meine Hand auf seine Hand und sage: „Schau mich an – hör mir zu – *jetzt* kommst du." Das wiederhole ich vor jeder neuen Übung. Manchmal klebe ich mir einen kleinen Leuchtpunkt auf die Nase. Das hält den Blickkontakt sehr gut fest.

Den wesentlichen Anteil, dem Anspruch gerecht zu werden, z. B. einen Laut beizubringen, sehe ich in der *optischen Zeiteinteilung*. Kinder haben ohne optische Unterstützung kein Zeitgefühl. Wenn sie aber genau absehen können, wann die Aufgabe beendet ist, ist es viel einfacher, sie an der Mitarbeit zu beteiligen. Der Phantasie, die Kinder mit dieser Hilfe zu unterstützen, sind keine Grenzen gesetzt.

4.10.2 Struktur und Klarheit

Bedingt durch das sprunghafte Wechseln von einem Interesse zum anderen („du, ich will aber jetzt schnell die Schmetterlinge aus dem Kasten holen und dann noch ein Bild malen …!") sehe ich es als meine Aufgabe an, dem Kind jetzt deutlich und bestimmt zu sagen: „Paß auf, zuerst komme *ich* dran, dann kommst *du* dran, wir arbeiten zuerst, dann spielen wir."

4.10.3 Eutonie

In der Behandlung eines hyperaktiven Kindes versuche ich immer wieder, einen ausgeglichenen Spannungszustand zu erreichen. Ansätze aus der Eutonie sind hier hilfreich. Tierbeispiele (den Interessen des Kindes angepaßt): „Du bist ein wilder Löwe. Dann treffen wir uns, wir schauen uns ganz viel in unserer Stadt (Leporello) an, dann sind wir müde, Löwen legen sich dann sooo gemütlich hin."

Ich spreche mit dem „Löwen" und sage: „Jetzt streichle ich dich und kraule deine Mähne." Mit gleichmäßigen kontinuierlichen Handbewegungen streichle ich das Kind von den Haaren über die Arme, den Rücken, die Beine bis zu den Füßen. Anschließend reckt und streckt sich „der Löwe" und gäääähnt.

Ganz verschieden große Luftballons, bis zum Riesenballon (1 m Durchmesser) lassen sich zur Unterstützung des ausgeglichenen Spannungszustandes bei Kindern sehr gut einsetzen: Ein Riesenballon wird nur halb aufgeblasen (Staubsauger, Campingblasebalg). Das Kind legt sich drauf (ich habe es vorgemacht, damit es keine Angst hat, daß der Luftballon platzen könnte), und ich rolle es vorsichtig hin und her. Wenn das Kind mit dem Bauch darauf liegt, lasse ich die Luft langsam aus dem Ballon, bis es auf dem Boden aufkommt. Hierbei tritt ein merkliches Gefühl der Schwere auf.

Mit dem Luftballon unter leichtem Druck vom Nacken bis zu den Fußsohlen das Kind „abrollen". Die beruhigende Wirkung, die das Kind spürt, hat mir in der Therapie schon sehr geholfen.

4.11 Praktische Anregungen

– 10 Striche auf ein Papier machen, nach jedem Lob darf das Kind einen „Ballon" daran malen.
– 10 Bauklötze als Turm aufstapeln, sind alle weg, sind wir fertig.
– 10 Schmetterlinge (Schmetterlingsspiel, Abb. 4.2) fliegen in dem Kreis, sind alle da, können wir das Spiel spielen.
– Bunte Uhr, bei der der Zeiger weitergeschoben wird, am Schluß gibt es eine kleine Belohnung.
– Es darf dann auch *keine* Kompromisse geben „ach, versuch's doch noch einmal", das Kind muß sich fest darauf verlassen können, daß Schluß ist.
– Wird mit etwas hantiert, Schere, Stift, Faden, Knete, Memorykarte u. ä., gilt immer der Satz: „Deine Augen müssen sehen, was deine Hände tun." Vor dem Spiegel: „Deine Augen müssen sehen, was dein Mund tut, deine Ohren müssen hören, was dein Mund sagt."

Abb. 4.2 Petra soll die Farbe des Schmetterlings der Blume zuordnen. Beim Öffnen des Schmetterlings übt sie die Feinmotorik, die Konzentration und die Koordination von Auge und Hand.

– Lob: Merkmalsstarkes Loben bezieht sich auf die jeweilige Situation. Ich vermeide zu sagen: „Du hast das aber schön gemacht." Ich sage ganz bewußt: „Es freut mich, daß du die Buntstifte alleine eingeräumt hast." Wichtig ist für das Kind, genau zu wissen, wofür es gelobt wird.

4.12 Erziehung

Ich sehe es im Rahmen meiner therapeutischen Arbeit nicht als meine Aufgabe an, das Kind zu erziehen. Gerne bin ich bereit, aufgrund meiner Erfahrungen den Eltern Hilfen anzubieten, die ihnen bei der Überwindung der Schwierigkeiten mit ihrem Kind neue Möglichkeiten in der Erziehung aufzeigen.

4.13 Zusammenfassung

Es kommt mir vor allem darauf an, die Individualität des Kindes zu erkennen und die Persönlichkeit *vor* das Störungsbild zu stellen. Damit will ich

– sein So-sein akzeptieren,
– die zur Therapie nötigen Grenzen klar aufzeigen,
– durch therapeutische Mittel die Aufmerksamkeit auf das Wesentliche lenken,
– Erwartungen haben, daß das Kind das therapeutische Ziel (sprechen lernen) dank meiner Flexibilität erlernen wird.

Literatur

Affolter F (1987) Wahrnehmung, Wirklichkeit und Sprache. Neckar Verlag, Villingen

Prekop I (1992) Der kleine Tyrann. Kösel, München

Schaar E (1978) Elternarbeit – Last oder Chance? Reihe Kath. Kindergarten – aktuell, Bd 3, München

Schwerin A von (1984) Sprach- und sprechauffällige Kinder im Kindergarten. Reihe Kath. Kindergarten – aktuell, Bd 12, München

Schwerin A von (1987) Sprache haben – sprechen können. Praxisbuch Kindergarten. Herder, Freiburg

Weber W (1991) Wege zum helfenden Gespräch. Reinhardt, München

Bilderbücher

Carle (1987) Die kleine Spinne spinnt und schweigt. Gerstenberg

Carle (1993) Die kleine Raupe Nimmersatt. Gerstenberg

Haen (1986) Fühl mal. Ravensburger

Harnischfeger (1990) Komm, Schäfchen, komm. Urachhaus

Heine (1990) Der Katzentatzentanz. Middelhauve

Heuck (1977) Pony, Bär und Apfelbaum. Thienemann

Heuck (o. J.) Pony, Bär und Papagei. Thienemann

Hill E (1981) Ja, wo ist er denn? Schreiber, Eßlingen

Hill E (1993) Flecki hat Geburtstag. Schreiber, Eßlingen

Hill E (1982) Flecki auf Entdeckungsreise. Schreiber, Eßlingen

Hill E (1983) Gegensätze. Schreiber, Eßlingen

Hill E (1983) Wer tut was? Schreiber, Eßlingen

Hill E (1993) Tiere. Schreiber, Eßlingen

Goodall, John S (o. J.) Die Überraschung. Carlsen, Reinbek

Janosch (1984) Das starke Auto Ferdinand. Parabel

Janosch (1987) Rate, mal, wer suchen muß. Parabel

Janosch (1985) Ene mene Bimmelbahn. Parabel

Janosch (1981) Heute um neune hinter der Scheune. Parabel

Janosch (1986) Oh wie schön ist Panama. Beltz

Leonie (1991) Frederick. Middelhauve
Lexika (1990) Brockhaus: Mein erster Brockhaus
Limmer (1992) Mein Esel Benjamin. Sauerländer
Lochner (1991) Wer wohnt wo in Wald und Flur? Boje
Meggendorfer L (1982) Daumenlang und Damian. Schreiber, Eßlingen
Meyer (1996) Meyers Kinderlexikon. Bibliographisches Institut Mannheim
Scarry (1992) Mein allerschönstes Autobuch. Delphin
Shapiro A (1979) Versteckspiel. Carlsen, Reinbek
Spanner (1993) Die Küchenmaus. Ravensburger
Spanner (1992) Was macht der Bär? Ravensburger
Tolstoi (1988) Drei Bären. Esslinger
Yoh (1989) Drachenfliegen. Wittig

Materialien

Apfelwurm: LEKIS, Immermannstr. 11, 40210 Düsseldorf
Luftballons: Harro Vareschi, Geyerspergerstr. 53, 80689 München
Schmetterlingsspiel: Otto Maier, Ravensburg, 88212 Ravensburg
Zauberkerzen: Komet, Dresden. Hertie. PX in amerik. Stationierungen
Tripp-Trapp-Stuhl: Karstadt oder Stokke Fabrikker A.S. Spjelkavikn, Norwegen
Leporellobücher: Kinderbuchladen Zakis. Montgelas-Str. 53, 81679 München

5 Ergotherapie bei hyperaktiven Kindern

Anneliese Augustin

Schulausbildung u. a. in Mexiko und Tübingen, dann Ausbildung als Beschäftigungstherapeutin bis 1968 in Lippoldsberg. 1970–1973 Tätigkeit an der Kinderklinik in Trier im Bereich der Frühbehandlung. Von 1973–1988 an der Universitäts-Kinderklinik Heidelberg, Schwerpunkt Neuropädiatrie. Fortbildungen in Bobath, Frostig, Affolter, Sensorische Integration nach Ayres, Testausbildung für den SCSIT nach Ayres mit Zertifikat. SI-Lehrtherapeutin und Dozentin an der Schule für Beschäftigungs- und Arbeitstherapie in Karlsbad Langensteinbach seit 1977. Seminare und Fortbildungen verschiedener Art u. a. auch über die Sensomotorische Entwicklung nach Piaget. Seit 1988 in eigener Praxis tätig.

Die Ergotherapie (Beschäftigungstherapie, Augustin 1979) wird zu den funktionellen Behandlungsverfahren gezählt, die sich vorwiegend an den jeweiligen Teilleistungsstörungen und Problemen des einzelnen Kindes orientieren. Diese Aussage ist insofern richtig, als der Ergotherapeut die Qualität und auch die Quantität der motorischen und perzeptiven Fähigkeiten beobachtet. Es ist aber falsch, wenn darunter eine ausschließlich symptomorientierte Übungsbehandlung verstanden wird. Ergotherapie ist eine umfassende und ganzheitliche Behandlung der basalen sensomotorischen Funktionen. Verschiedene Materialien, Geräte und Spiele werden dem Kind bereitgestellt. Es sind Medien, die dem Kind helfen sollen, sich aktiv mit seiner Umwelt auseinanderzusetzen. Das Kind soll dabei seine eigenen sensomotorischen Fähigkeiten erfahren, erproben und differenzieren. Gleichzeitig erfährt das Kind durch den Widerstand der Gegenstände und der räumlichen Gegebenheiten seine Grenzen. Es erfährt eine verstärkte Rückmeldung seiner Handlungsweisen, die ihm zunehmend in der Selbststeuerung hilft.

5.1 Prinzipien der sensomotorischen Behandlung

Durch die Vorauswahl von Material und Spielgeräten werden die therapeutischen Schwerpunkte gesetzt. Sie orientieren sich an den vorhandenen sensomotorischen Funktionen des einzelnen Kindes und nicht an den sichtbaren Schwierigkeiten. Das Kind sucht sich dann aus dem jeweiligen Angebot stets das Material aus, welches ihm in dieser Situation besonders zusagt. Damit ist die Bereitschaft zur Mitarbeit von vornherein gegeben. Die Aufgabenstellung bietet dann vorwiegend den Rahmen, der dem Kind zur Orientierung dient, ohne es dabei unter Leistungsdruck zu setzen. Teilweise stellt sich das Kind die Aufgabe auch selber, oder sie ergibt sich aus der Situation oder der Tätigkeit. Wesentlich ist, daß das Kind nicht ständig mit seinen Problemen konfrontiert wird, ohne nicht wenigstens einen Lösungsweg zu finden. Treten Schwierigkeiten oder Hindernisse auf, an denen das Kind zu scheitern droht, so werden gezielte Hilfen angeboten, damit das Kind eine begonnene Tätigkeit zum Abschluß bringen kann. So lernt das Kind allmählich die verschiedenen Probleme über das aktive Handeln und Ausprobieren bzw. mit Hilfe seiner sensomotorischen Fähigkeiten zu lösen. Diese Problemlösung erfolgt anfangs durch den Einsatz des gesamten Körpers, später dann mehr über das Hantieren und schließlich, dank der verinnerlichten Erfahrungen, auch über das Denken. Piaget (1973) spricht von der sensomotorischen Intelligenz. Sensorik (Wahrnehmung/Perzeption) und Motorik bilden die funktionelle Grundlage für die Handlungsfähigkeit und für das spätere rationale oder schulische Lernen. Die Schulung dieser basalen Funktionsbereiche gehört schon immer zu den grundlegenden Aufgaben der Ergotherapie.

Obwohl in der Ergotherapie schon lange MCD-Kinder und auch hyperaktive Kinder jeder Alters- und Entwicklungsstufe behandelt werden, wird dies in der Literatur kaum erwähnt. Gerade der ganzheitliche, sensomotorische Ansatz wird diesen Kindern gerecht. Je nach Entwicklungsstand, sensomotorischen Fähigkeiten, Schweregrad und Gesamtproblematik kommen die verschiedenen Behandlungskonzepte (Affolter 1987; Ayres 1979, 1984; Bobath 1962, 1969, 1970, 1971; Frostig 1973, 1974, 1981; Psychomotorik nach Kiphard 1979, 1983 u. a.), Wahrnehmungs- und gelegentlich auch Hirnleistungs-Trainingsprogramme zum Einsatz. Dabei werden die verschiedenen Maßnahmen, einzeln oder auch kombiniert, individuell auf das einzelne Kind abgestimmt.

5.1.1 Einzeltherapie

In der Einzeltherapie erhält das hyperaktive Kind volle Aufmerksamkeit und Zuwendung. Solange das Kind aktiv ausprobiert und sich auf seine Tätigkeit konzentriert, bleibt der Therapeut abwartender und aufmerksamer Beobachter, damit das Kind „seinen Lösungsweg" allein finden kann. Sobald Schwierigkeiten auftreten, die vom Kind im Augenblick nicht gemeistert werden können, werden Orientierungs- oder Führungshilfen angeboten. Diese individuelle und situative Hilfestellung dient dem Kind gewissermaßen als „Wegweiser" über unübersichtliche „Wegstrecken" hinweg, damit es die Hindernisse und Probleme, die sich ihm in den Weg gestellt haben, überwinden lernt, statt vor ihnen zurückzuweichen oder aufzugeben. Hat das Kind erst einmal den gesamten Handlungsablauf erfahren, so ist er ihm beim zweiten Mal schon nicht mehr vollkommen fremd. Es erinnert sich evtl. sogar teilweise daran und kommt einen Schritt selbständiger zurecht. Jeder Erfolg stärkt das Selbstbewußtsein des Kindes und allmählich versteht es, daß Widerstände überwindbar sind, daß es nicht gleich verzweifeln muß, wenn etwas nicht auf Anhieb gelingen will. In diesem Rahmen darf nicht vergessen werden, daß die Aktivitäten und Handlungsweisen von emotionalen Empfindungen begleitet werden. Zwischen der Sensomotorik und der psychischen Einstellung besteht eine enge Wechselwirkung, die immer mitberücksichtigt werden muß. Es ist daher von wesentlicher Bedeutung, daß das Kind eine positive Einstellung zu sich selbst sowie zu seinen Handlungen erhält, damit es Frustrationen besser tolerieren kann. Die Anleitung der Eltern ist ein wesentlicher Bestandteil der Ergotherapie (Defersdorf 1991).

5.1.2 Gruppentherapie

In der Gruppenbehandlung lernt das Kind sich auch mit anderen Kindern auseinanderzusetzen. Das Kind muß nun seine Bewegungen nicht mehr nur den Geräten und Tätigkeiten anpassen, sondern es muß sich auch auf die Aktivitäten der anderen Kinder einstellen. Dies verlangt ein hohes Maß an Koordination, Bewegungssteuerung und Reaktionsvermögen. Die Aufmerksamkeit des Therapeuten gilt nun nicht mehr speziell jedem einzelnen Kind, sondern dem Gruppengeschehen. In der Gruppe steht das Kind nicht mehr im Mittelpunkt. Es lernt einerseits sich durchzusetzen und zu behaupten, andererseits lernt es auch, auf die anderen Kinder Rücksicht zu nehmen und abzuwarten. Die Wahrnehmung erweitert sich zur „Sozialwahrnehmung". Gleichzeitig erfahren die Kinder verschiedene Lösungswege, da ja jedes Kind andere Möglichkeiten findet. Indem sie sich gegenseitig beobachten, nachahmen und auch helfen, erweitern und variieren sie ihre Handlungs- und Verhaltensschemata.

Die Entscheidung, ob Einzel- oder Gruppentherapie zu verordnen ist, hängt von den speziellen Problemen des einzelnen Kindes ab. Bei den jüngeren Kindern oder denjenigen, die große Probleme haben, ist eine Einzeltherapie vorzuziehen, da diese Kinder in der Gruppe überfordert wären. Später läßt sich dann vielleicht eine Zweierbeziehung aufbauen, die zu einer Gruppe von 4–6 Kindern erweitert werden kann. Als ideal hat sich eine Gruppe von 4 Kindern, die von zwei Therapeuten geleitet wird, herausgestellt.

Bei Vor- und Grundschulkindern oder Kindern, die keiner umfassenden Hilfestellung mehr bedürfen, ist die Gruppentherapie zu empfehlen. Sie lassen sich in der Gruppensituation oft besser motivieren als in der Einzelstunde, in der sie sich zu sehr beobachtet fühlen.

Bei einigen Kindern ist sogar die Kombination von Einzel- und Gruppentherapie anzuraten, vor allem dann, wenn derselbe Therapeut beide Therapieformen durchführt. In der Einzelstunde kann das Kind dann besser auf die Gruppensituation vorbereitet werden. Da der Therapeut die spezifischen Probleme des Kindes aus der Einzelstunde kennt und auch das Vertrauen des Kindes erworben hat, kann er ihm in der Gruppe gezieltere Hilfestellung geben. Probleme wiederum, die sich in der Gruppensituation ergeben haben, können dann in der Einzelstunde aufgearbeitet werden.

Der ergotherapeutische Ansatz auf der primären Entwicklungsebene der Sensomotorik vermittelt dem Kind kein theoretisches Wissen, mit dem es nichts anzufangen weiß. Solange basale sensomotorische Defizite bestehen, ist ein systematisches Üben und Lernen im Sinne des Erwachsenen oder des schulischen Lernens, sind Trainingsstunden zur Konzentration oder Ausdauer wenig erfolgreich, da das Kind diese Inhalte nicht assimilieren kann, d. h. nicht mit seinen sensomotorischen Erfahrungen in Beziehung bringen kann. In seinem Bemühen, den Anforderungen gerecht zu werden, lernt das Kind vieles „auswendig", ohne den eigentlichen Sinn zu begreifen, und so wird das „angelernte Wissen" allmählich zu einem Ballast, unter dem das Kind zusammenbricht, wenn es dem Druck nicht mehr gewachsen ist.

Ziel der Ergotherapie ist es, dem Kind zu helfen, seine vorhandenen sensomotorischen Fähigkeiten zu stabilisieren, zu gebrauchen, zu differenzieren und zu organisieren. Während der Therapeut das Kind genau beobachtet, um im richtigen Moment die richtige Hilfestellung, den richtig dosierten Stimulus zu geben, darf und soll das Kind frei spielen und hantieren. Das Kind selbst soll nicht bewußt bestimmte Funktionen beachten, da dies in der Regel eher zu einer Blockade oder Funktionsverschlechterung führt. Gerade das kleine Kind lernt noch unbewußt im Spiel durch seine sensomotorischen Aktivitäten.

Die Probleme des hyperaktiven Kindes oder die des MCD-Kindes lassen sich allerdings nicht allein durch die Ergotherapie beeinflussen oder gar beheben. Es ist hinreichend bekannt, daß die Problematik dieser Kinder sehr umfangreich und mehrschichtig sein kann und daher auch unterschiedlicher Behandlungen bedarf (Bauer 1986). Diese verschiedenen Therapieansätze sind

bereits mehr oder weniger bekannt (medikamentöse Therapie, Diät, Psychotherapie, Familientherapie, psychologische Betreuung, Verhaltenstherapie,
Krankengymnastik, Psychomotorik, Reittherapie, Logopädie, Heilpädagogik
und andere pädagogische Maßnahmen usw.). Eine Ergotherapie läßt sich
durchaus mit der einen oder anderen dieser Maßnahmen kombinieren. Allgemein sollte aber daran gedacht werden, daß, je nach Gesamtproblematik,
Schwerpunkte gesetzt werden, um Eltern und Kind nicht zu überfordern.
Außerdem ist eine enge Zusammenarbeit derjenigen erforderlich, die mit
dem gleichen Kind arbeiten, damit die Maßnahmen ineinandergreifen können und sich nicht widersprechen. Als Ergotherapeutin kann ich nur den Teil
der Ergotherapie im Rahmen der Gesamtbehandlung des hyperaktiven Kindes beschreiben.

5.2   Hyperaktivitätssyndrom aus der Sicht der Ergotherapie

Die Bezeichnung „Hyperaktivität" wird sehr unterschiedlich angewandt.
Teilweise werden minimale zerebrale Dysfunktion (MCD, Berger 1977),
psychoorganisches Syndrom (POS, Ehrat u. Mattmüller-Frick 1987) und
hyperaktives Syndrom synonym verwandt, teilweise erscheint die Hyperaktivität als Untergruppe der MCD, zusammen mit den Teilleistungsstörungen
(Lempp 1976), Verhaltens- und Lernstörungen. Das Erscheinungsbild ist
vielfältig und schwer faßbar, die Probleme dieser Kinder beschäftigen Pädia-
ter, Neurologen, Psychiater, Psychologen, Therapeuten, Pädagogen und Eltern gleichermaßen. Hyperaktive Kinder fordern uns immer wieder heraus.
Sie lassen sich nicht in bestimmte „Kategorien" einordnen, sondern bleiben
„Einzelfälle", trotz vieler Gemeinsamkeiten. Hyperaktive Kinder führen uns
auch immer wieder an unsere eigenen Grenzen.
Aus der Sicht der Ergotherapie sind hyperaktive Kinder stets in einer inneren und äußeren Unordnung. Sie können ihr Handeln nicht organisieren
und lassen sich von der ständig veränderbaren Außenwelt manipulieren. Sie
können sich nicht auf sich selber konzentrieren, „fließen auseinander" statt
sich zu „sammeln" und können sich nicht selbst steuern. Sensorische Reize,
Informationen und Aufforderungen werden nicht kanalisiert, sondern sie
„überfallen" das Kind, das nicht richtig weiß, wie es reagieren soll. Die
sensomotorischen Basisfunktionen sind noch instabil oder weisen bei ge-
nauerer Beobachtung oft beträchtliche Lücken auf, so daß dem Kind die
verschiedenen Handlungsschemata nicht jederzeit zur Verfügung stehen.
Diskrete neurologische Befunde sind Hinweise für eine Reifungsverzögerung des ZNS. Koordinationsstörungen, Unsicherheiten im Gleichgewicht,
Auffälligkeiten in der motorischen Anpassung und Planung, Störungen im

Bewegungsfluß und in der allgemeinen Geschicklichkeit werden immer wieder festgestellt (Prekop u. Schweitzer 1991). Die typische motorische Unruhe des hyperaktiven Kindes kann zumindest teilweise auf diese Probleme und auf die erhöhte Irritierbarkeit zurückgeführt werden.

Die psychomotorische Entwicklung ist beim hyperaktiven Kind oft unharmonisch oder gar auffällig. Anfänglich ruhige Kinder erreichen die statomotorischen Meilensteine der Entwicklung verzögert. Vor allem das Drehen (Rotation) und die aktive Aufrichtung aus der Waagrechten kann unzureichend sein. Sobald das Kind das aktive Laufen erlernt hat, ist der Bewegungsdrang sehr groß, so als ob es die motorischen Erfahrungen nachholen wolle. Manche Kinder haben aber weiterhin Schwierigkeiten in der stabilen Haltungskontrolle und können aus diesem Grunde nicht lange still sitzen oder stehen bleiben. Ihre motorische Unruhe erschwert die konzentrierte Auseinandersetzung mit den verschiedenen Dingen im Spiel.

Andere Kinder fallen u. U. schon sehr früh durch ihre Unruhe auf. Die mangelhafte Aufrichtung und Haltungsstabilität in Bauch- und Rückenlage läßt die Kinder zappelig erscheinen. Diesen Kindern fällt die gezielte Ausrichtung und Anpassung der Bewegung schwer. Infolge der ständigen Unsicherheit kann es passieren, daß diese Kinder bei Fremdbewegungen, wenn sie den konkreten Kontakt zum Boden verlieren, in Panik geraten. Sie brauchen oft den „äußeren Halt", weil ihnen der innere Halt fehlt.

Manche Kinder wiederum erlernen das freie Laufen sehr schnell, manchmal ohne die „Zwischenstufen" ausreichend zu stabilisieren. Sie sind dann in ständiger Bewegung. Es scheint teilweise so, als ob sie die Bewegung brauchen, um ihre aufrechte Haltung zu bewahren. Gefahren werden von diesen Kindern wenig beachtet.

Wahrnehmungsstörungen werden beim hyperaktiven Kind ebenfalls immer wieder festgestellt. Allerdings finden die visuellen und auditiven Schwierigkeiten oft mehr Beachtung als die basalen Defizite der Körpersinne (Tastsinn, Tiefensensibilität, Gleichgewichts- und Raumlageempfinden). Diese Beeinträchtigungen der Körpersinne wirkt sich aber auf die Motorik wesentlich stärker aus. Infolge mangelhafter Körperwahrnehmung hat sich das Kind selbst nicht richtig unter Kontrolle. Mangelhafte Integrationsfunktion der somatosensorischen Stimuli kann zu einer Abwehrreaktion führen, die sich in Form allgemeiner Unruhe (auf ständiger Flucht vor den Reizen) oder auch in einem aggressiven Verhalten äußern kann. Die Aktivitäten des hyperaktiven Kindes sind oberflächlich und impulsiv. Es bemerkt infolge unzureichender Rückmeldung oft die Konsequenzen seiner Handlungsweisen nicht, und so kommt es, daß das Kind die Zusammenhänge, daß es Ursache und Wirkung nicht wirklich erfahren hat und immer wieder die gleichen Fehler macht bzw. aus seinen Fehlern nicht lernen kann.

Die Wahrnehmungsstörungen wirken sich beim hyperaktiven Kind vor allem auf die Integrationsfunktion aus. Es hat Schwierigkeiten, die vielen Einzelreize zu selektieren. Alles ist gleichwertig, und das Kind weiß nicht, wo es beginnen soll. Diese grundlegenden Figur-Grund-Störungen (nicht nur im visuellen System) beeinträchtigen die intermodalen und serialen Leistungen und damit auch das Handlungsplanen.

Aus dieser Betrachtungsweise werden Impulsivität, Aufmerksamkeits- und Konzentrationsstörungen des Kindes verständlich. Infolge seiner Impulsivität und hohen Ablenkbarkeit gerät das hyperaktive Kind in ein Chaos, aus dem es allein nicht herauskommt. Die Ereignisse werden – je nach Zufall – zusammenhanglos erlebt. Das Kind erlebt die Zuwendung und Ablehnung der Umwelt, ohne recht zu begreifen, warum es so ist, und daß es selber dazu beiträgt.

Vor allem das intelligente Kind erlebt sein Versagen immer wieder, ohne zu wissen, wie es dieses verändern kann, z. B. wenn es sieht, wie mühelos die Klassenkameraden ihre Aufgaben erfüllen und gute Noten erhalten, während seine enormen Anstrengungen fruchtlos bleiben und kaum Beachtung finden. Bemerkt werden weniger die Anstrengungen, die das Kind unternimmt, als vielmehr seine Schwierigkeiten, seine Ungeschicklichkeit, seine Langsamkeit, seine mangelhafte Konzentration, sein ungezogenes Verhalten usw.

Auf Grund dieser Betrachtungsweise lassen sich auch die Lernstörungen des hyperaktiven Kindes besser verstehen.

In diesem Zusammenhang sollte zwischen einer Lernstörung und einer Lernbehinderung unterschieden werden. Bei einer Lernbehinderung oder Intelligenzminderung ist die Lernkapazität des Kindes begrenzt. Im Rahmen dieser angegebenen Grenzen kann aber auch das geistig behinderte Kind lernen. Sind keine zusätzlichen sensomotorischen Störungen vorhanden, so kann sich das Kind in einfacher Weise mit seiner Umwelt auseinandersetzen, es kann sich allein beschäftigen und einfache, alltägliche Verrichtungen selbständig durchführen lernen. Lernstörungen stellen dagegen eher eine Beeinträchtigung des Lernvorganges dar, so daß das Kind, trotz vorhandener Fähigkeiten, nicht lernen kann. Das hyperaktive Kind weist häufig eine normale Intelligenz auf, dennoch hat es Lernschwierigkeiten. Es hat den Kopf voll, ohne recht zu wissen, was es mit dem angesammelten Wissen anfangen soll. Es kann das Gelernte nicht anwenden. Die Differenzierung von Mittel und Zweck, das Einordnen und Organisieren der einzelnen Handlungsschritte in bezug auf ein bestimmtes Ziel, das Überwinden von Hindernissen und die Fähigkeit, das bisher Gelernte neu zu gruppieren, zu verändern und auf neue Situationen zu übertragen, das alles sind Basisfunktionen, die im IV. Stadium der Sensomotorik nach Piaget (1975) im Alter zwischen 8 und 12

Monaten erworben werden. Lernstörungen lassen sich bei genauer Überprüfung teilweise bis auf dieses IV. Stadium der Sensomotorik zurückführen,
obwohl das Kind altersgemäße Leistungen zeigen kann. Erfolgt der therapeutische Ansatz auf der Ebene der Sensomotorik, so lassen sich die Lernstörungen günstig beeinflussen. Hat das Kind erst einmal Handlungsstrate-
gien erworben, so wirkt sich dies nach und nach auch auf das schulische
Lernen aus. Bei einer Lernbehinderung kann man dagegen dem Kind zwar
helfen, sich besser zu organisieren, aber die Leistungsminderung bleibt
bestehen.

Das hyperaktive Kind hat Schwierigkeiten, komplexe Aufgaben oder Situationen zu überblicken oder zu strukturieren. Es kann die Einzelschritte eines
Handlungsablaufs nicht ordnen, sondern beginnt irgendwo oder an mehreren Stellen gleichzeitig. Das selbständige Arbeiten ist kaum möglich. Das
impulsive Verhalten des Kindes führt dazu, daß es kaum einen gesamten
Handlungsablauf kennenlernt. Aus diesem Grund ist es auch kaum in der
Lage, sein eigenes Vorgehen zu rekonstruieren, eigene Fehler zu erkennen
oder zu korrigieren. Die Schwierigkeiten in den serialen Wahrnehmungsleistungen zeigen sich auch beim Nachvollziehen von Symbol- und Zahlen-
reihen, beim Buchstabieren oder beim Rechnen. Viele Kinder mit Rechen-
problemen haben Schwierigkeiten beim konstruktiven, räumlichen Gestalten, da Körper- und Raumwahrnehmung beeinträchtigt sind.

Impulsivität und Wahrnehmungsstörungen erklären auch die Konzentra-
tions- und Aufmerksamkeitsstörungen. Die motorischen Schwierigkeiten des
Kindes, insbesondere die Probleme in der Haltungsstabilität, der motorischen Anpassung, Planung und Steuerung, beeinträchtigen die Konzentration immer wieder. Nicht selten muß das Kind die an sich automatischen
Bewegungsabläufe mehr oder weniger bewußt regulieren. Dieses Bemühen
um die Haltungs- und Bewegungskontrolle verlangt vom Kind volle Konzentration, so daß es den Lerninhalten nur noch oberflächlich folgen kann. Die
häufig beeinträchtigte Figur-Grund-Wahrnehmung erschwert dem Kind die
Selektion und Integration der zahlreichen Einzelreize, die von allen Sinnes-
systemen gleichzeitig eintreffen. (Die Figur-Grund-Wahrnehmung begrenzt
sich nicht nur auf die visuellen Leistungen.) Das Kind kann das Wesentliche
nicht erfassen, läßt sich leicht ablenken und irritieren, so daß es die Übersicht
bzw. die Orientierung verliert.

Die mangelhafte Merkfähigkeit des hyperaktiven Kindes hängt ebenfalls mit
dieser Problematik zusammen, denn, wie soll es etwas im Gedächtnis behalten, was es nur flüchtig wahrgenommen hat?

Manche Sprachauffälligkeiten bei hyperaktiven Kindern können auch auf
sensomotorische Defizite zurückgeführt werden. Solche Kinder sprechen oft
verwaschen, undeutlich und hektisch – sie poltern. Das Kind will oder muß

zuviel auf einmal sagen und kommt mit den Bewegungsabläufen von Mund und Zunge nicht so schnell nach. Auch besteht eine enge Beziehung zwischen Artikulation, Mundmotorik und Fingerfertigkeit. Der Dysgrammatismus spiegelt oft die serialen Probleme wieder. Die Kinder haben Schwierigkeiten, die Worte richtig zu einem Satz zu ordnen.

Viele hyperaktive Kinder sind aber auch ausgesprochen redegewandt und manchmal kaum zu bremsen. Sie kompensieren damit ihre Handlungsprobleme und sichern sich so die Aufmerksamkeit ihrer Umwelt. Dennoch ist das Erzählen des Kindes häufig genauso sprunghaft wie sein allgemeines Verhalten, so daß Außenstehende seinem Erzählen nicht immer folgen können. Problematisch ist auch das Umsetzen der verbalen Anweisungen in die Handlung. Selbst wenn das Kind erzählt, was es machen will, kann es dieses nicht immer auch tun. Häufig weicht es dann in neue Erzählungen aus, erfindet neue Ideen, neue Ausreden und gerät so erneut in ein Chaos.

Die Verhaltensstörungen des hyperaktiven Kindes resultieren einerseits aus dem bereits Gesagten, andererseits aus den Wechselprozessen, die zwischen ihm und der Umwelt stattfinden.

Aktivitäten, Handlungen, Wahrnehmungen werden stets von emotionalen Empfindungen begleitet. Die Reaktion der Umwelt spielt dabei eine große Rolle, denn sie vermittelt dem Kind das Gefühl der Anerkennung oder Ablehnung. Nur wenn sich das Kind sicher und geborgen weiß, kann es angstfrei agieren und über das Experimentieren Erfahrungen sammeln. In dem Maße, wie das Kind erlebt, daß es die Dinge beherrschen kann, wird es selbstsicherer. Die zahlreichen Erfahrungen werden dann immer mehr verinnerlicht, und das Kind lernt, sein Handeln aus der Vorstellung heraus zu planen. In zunehmendem Maße erwartet das Kind bestimmte Reaktionen und ist erstaunt oder enttäuscht, wenn diese Erwartungen nicht erfüllt werden. Das gesunde Kind kann diese Frustration ertragen. Es verändert entweder seine Handlungsweise, um das gewünschte Ziel zu erreichen, oder aber es ergründet die unerwartete Wirkung, indem es die Tätigkeit wiederholt. Auf diese Weise lernt es auch, zwischen Ursache und Wirkung zu unterscheiden, lernt Konsequenzen aus seiner Handlungsweise zu ziehen und sein Verhalten entsprechend zu verändern oder den Gegebenheiten anzupassen.

Dem hyperaktiven Kind fehlen häufig die Möglichkeiten, das eigene Verhalten zu reflektieren. Es versteht manchmal auch gar nicht, warum die Reaktion der Umwelt so – und nicht anders – ist. Es fühlt sich unsicher, da ihm selten etwas gelingt, und weil es die Ereignisse kaum vorhersehen kann. Seine manchmal verzweifelten Anstrengungen, es richtig zu machen, finden wenig Beachtung. Nicht selten wird es sogar ausgelacht. Immer wieder heißt es: „Streng Dich doch an!" Das Kind aber strengt sich an, es weiß nur nicht, wie es sich anstrengen soll. Je mehr dann das Kind Mißerfolge erlebt, desto geringer wird seine Frustrationstoleranz. Gleichzeitig nimmt die Ungeduld seiner Umwelt gegenüber dem Kind zu, vor allem auch dann, wenn es die Leistung einmal erbringen kann und dann wieder nicht. Um dennoch Aufmerksamkeit zu erhalten, verlegt es sich verständlicherweise auf das Kaspern, auf Provokationen usw. Ohne entsprechende Hilfestellung geraten Eltern und Kind in einen Teufelskreis, in dem sich die Verhaltensweisen beider Seiten immer mehr fixieren.

So betrachtet lassen sich die Probleme des hyperaktiven Kindes auf die basalen sensomotorischen Defizite zurückführen, während die Lern- und Verhaltensstörungen oft sekundäre Bedeutung haben. Eine ergotherapeutische Behandlung ist dann indiziert, wenn solche sensomotorischen Störungen vorliegen bzw. im Vordergrund stehen. Die anderen Probleme können von den anderen Fachrichtungen bedeutend besser behandelt werden. Bei mehrschichtigen Problemen ist eine gute Zusammmenarbeit der verschiedenen Fachrichtungen notwendig. Wichtig ist – auch beim hyperaktiven Kind – die Frühbehandlung. Bei genauer Beobachtung lassen sich die Schwierigkeiten des hyperaktiven Kindes schon beim jüngeren Kind, bzw. beim Kindergarten- oder Vorschulkind, feststellen. Der Behandlungsbeginn sollte so früh wie möglich erfolgen, und nicht erst dann, wenn sich auf Grund der Probleme ein Schulversagen anbahnt. Hat das Kind erst einmal eine negative Einstellung zum Lernen aufgebaut, ist es schwer, dem Schulstreß und den ständigen Mißerfolgen entgegenzuwirken.

5.3   Die Überprüfung der sensomotorischen Funktionen

Die Diagnose: Hyperaktivität (oder MCD) reicht für die ergotherapeutischen Maßnahmen nicht aus. Von Bedeutung sind die neurologischen und psychologischen Einzelbefunde zur genaueren Information. Wichtig sind auch die anamnestischen Angaben zur bisherigen Entwicklung wie auch Informationen zu den bestehenden Problemen und Verhaltensweisen.

Um die Probleme des Kindes richtig kennenzulernen, wird es im freien Spiel und bei verschiedenen vorgegebenen Aufgaben beobachtet. Von Bedeutung sind dabei vor allem die Bewegungs- und Wahrnehmungsqualitäten, weniger die einzelnen Leistungen. Berücksichtigt werden auch die situativen Zusammenhänge, die allgemeinen Verhaltensweisen, die emotionale Einstellung wie auch die Interaktion zwischen ihm und seinen Eltern oder Geschwistern (sofern sie anwesend sind). Diese Beobachtungen erstrecken sich über mehrere Therapieeinheiten. Sie erfolgen auch weiterhin parallel zur Therapie, so daß sich Therapie und „Diagnostik" in ständiger Wechselwirkung befinden, sich gegenseitig immer wieder ergänzen und kontrollieren.

Bei entsprechender Ausbildung des Ergotherapeuten werden auch noch spezifische Testverfahren angewandt. Indiziert ist deren Durchführung dann, wenn die freie Beobachtung nicht ausreicht, weil die Störungen nicht so offensichtlich sind oder weil die Probleme so komplex sind, daß sie einer differenzierten Diagnostik bedürfen. Sinnvoll haben sich hier vor allem der Körperkoordinationstest für Kinder (KTK, Schilling 1974), der Motoriktest für 4- bis 6jährige Kinder (MOT, Zimmer u. Volkhammer 1984), der Frostig-Test (1963) und der Southern California Sensory Integration Test (SCIT, Ayres 1976) erwiesen. Bei all diesen Testverfahren ist es von Bedeutung, daß nicht nur die Aufgaben selbst bewertet werden, sondern daß die Qualität und die Lösungsstrategien der Kinder bei der Interpretation des Testergebnisses mitberücksichtigt werden. Ziel der ergotherapeutischen Diagnostik ist es vor allem, einen guten Therapieansatz zu finden, um dem Kind in richtiger Weise Hilfestellung und sensorische Reize geben zu können.

5.4 Die Behandlung der sensomotorischen Störungen beim hyperaktiven Kind

Theoretische Grundlagen für die sensomotorische Therapie in der Ergotherapie sind im wesentlichen die Konzepte von Affolter (1987), Ayres (1979), Bobath (1962, 1969, 1970, 1971), Frostig (1973) und Piaget (1975). Sie lassen sich – je nach individueller Problematik des Kindes – gut kombinieren.

Die Entwicklungstheorie der Sensomotorik von Piaget ist wichtig, um den Entwicklungsprozeß des Kindes zu berücksichtigen. Piaget wies darauf hin, daß Einzelleistungen des Kindes individuell verschieden sind und vom sozialen Umfeld, von den Erfahrungen des Kindes abhängen. Er sieht in der Entwicklung einen Prozeß der Wechselwirkung zwischen dem Individuum und seiner Umwelt, der zu einer Differenzierung der Handlungsschemata führt. Assimilation und Akkomodation sind Bestandteile dieser Wechselwirkung. Ein Kind kann demnach nur lernen, wenn es zu den ihm sinnvoll erscheinenden Lerninhalten durch Erfahrung eine Beziehung aufbauen kann. Es muß die sensorischen Informationen assimilieren bzw. integrieren können. Die Akkomodation oder motorische Anpassung erfolgt zunächst in bezug auf das jeweilige Material bzw. dessen Widerstand. Das Kind richtet seine Bewegungen an den taktil-kinästhetischen Wahrnehmungen aus, und erst später kann es die Bewegungen optisch oder im voraus steuern. Erst die Verinnerlichung der sensomotorischen Erfahrungen (im VI. Stadium mit 18–24 Monaten) ermöglicht die Einstellung der Bewegung in bezug auf Kraft, Ausmaß oder Richtung im voraus und damit auch die motorische Planung.

Die verschiedenen Entwicklungsstadien der Sensomotorik (Tab. 5.1, S. 89) geben Hinweise auf die Art und Weise, wie das Kind Reize, Erfahrungen oder Lerninhalte verarbeiten kann.

Das Konzept von Affolter (1987) baut auf Theorien von Piaget (1975) auf. In dem Stufenmodell werden sinnesspezifische, intermodale und seriale Wahrnehmungsleistungen unterschieden (Augustin 1977). Erst muß das Kind die verschiedenen Reize aufnehmen und integrieren können, bevor es Beziehungen und Zusammenhänge erfassen kann. Diese Koordination der sinnesspezifischen Leistungen beginnt mit dem III. Stadium der Sensomotorik nach Piaget und wird im Laufe der weiteren Entwicklung immer mehr differenziert. Die serialen Leistungen, die die Reproduktionsfähigkeit der Wahrnehmungsleistungen umfassen, erfordern zahlreiche Erfahrungen. Sie beginnen mit dem IV. Stadium der Sensomotorik, wenn das Kind seine Handlungen mehr und mehr einem bestimmten Ziel unterordnet und entsprechend organisiert. Solange das Kind auf dieser basalen Ebene (unabhängig vom tatsächlichen Alter) die einzelnen Teilschritte einer Handlung nicht ordnen kann, wird es auch mit anderen „Reihen" oder logischen Folgen Schwierigkeiten haben.

Das Konzept von Affolter (1987) ist auf den Alltag des Kindes ausgerichtet und eignet sich ganz besonders für die Frühbehandlung. Die Bewegungsabläufe werden vom Therapeuten geführt, und zwar nach Möglichkeit immer an einem Widerstand entlang, damit das Kind stets eine gute Rückmeldung von seiner eigenen Bewegung bekommt.

Um die Bewegungen richtig führen zu können, sind die neurophysiologischen Grundlagen der Bobath-Methode (1962, 1969, 1970, 1971) wichtig. Leichte Koordinationsstörungen, noch unzureichend integrierte tonische Reaktionen, undifferenzierte Stell- und Gleichgewichtsreaktionen, die die Spontanmotorik beeinträchtigen, können auch bei hyperaktiven Kindern beobachtet werden. Bei allen motorischen Aktivitäten müssen diese Probleme mitbeachtet werden. Die angebotenen Materialien und Geräte dürfen die leichten pathologischen Reaktionen nicht verstärken, sondern müssen so ausgerichtet werden, daß die Spontanmotorik besser koordiniert werden kann.

Für die Behandlung hyperaktiver Kinder ist die sensorische Integrationstherapie nach Ayres (1979, 1984) von zentraler Bedeutung. Auch dieses Konzept schult in erster Linie die basalen sensomotorischen Funktionen durch körperliche Betätigung und die direkte Auseinandersetzung mit verschiedenen Materialien und therapeutischen Geräten (Döhring u. Döhring 1993). Ziel der Behandlung ist das Ordnen der sensorischen Informationen und deren Organisation zum Gebrauch. Die sensorische Integrationstherapie vermittelt keine Wissensinhalte, stellt kein Training bestimmter oder isolierter Funktionen dar. Wie bei der Bobath-Therapie sind die neuro- und sinnesphysio-

Tab. 5.1: Übersicht über die sensomotorischen Entwicklungsphasen nach Piaget (1975)

Alter	Stadium	Verhaltensweise
0 – 4 Wochen	Reflexaktivität, Betätigung und Üben der Reflexschemata I. Stadium der Sensomotorik	Neugeborenen-Periode. Das Kind reagiert reflektorisch. Die Bewegungen sind mehr oder weniger reflektorisch, und es übt dabei die damit verbundenen Funktionen (Saugfunktion). Es überwiegen die Instinkthandlungen und unkoordinierten Bewegungen
1 – 4 Monate	Einfache Gewohnheiten, Zufallshandlungen, primäre Zirkulärreaktionen II. Stadium der Sensomotorik	Erwerb der Kopfkontrolle und einer stabilen Bauch- und Rückenlage. Beginnende Aufrichtung des Oberkörpers aus der Bauchlage. Es übt die Funktion um der Funktion willen: greifen um zu greifen, schauen um zu schauen usw., ohne Objektbezug. Gegen Ende des II. Stadiums kommt es zu einer Koordination von Funktionen: Hand-Mund-, Hand-Hand-, Hand-Auge-Koordination
4 – 8 Monate	Aktive Wiederholungen vertrauter Schemata oder von Zufallshandlungen. Koordination der bisher erworbenen Funktionen und Schemata. Sekundäre Zirkulärreaktionen III. Stadium der Sensomotorik	Greifen nach Gegenständen, aktive Hinwendung zur Umwelt, auch an entfernte Dinge. Drehen. Objektbeziehung. Betrachtet Dinge in der Hand, steckt in Mund, hantiert damit usw. Entwicklung einfacher Handlungsschemata, die wiederholt und auf alle möglichen Gegenstände übertragen werden (Generalisation). Beginn der intermodalen Leistungen
8 – 12 Monate	Differenzierung von Mittel und Zweck, Anwenden bekannter Schemata auf neue Situationen, Überwinden von Hindernissen IV. Stadium der Sensomotorik	Aktive Aufrichtung (Aufsetzen, Aufstehen) und Fortbewegung (Robben, Kriechen). Erkundung des dreidimensionalen Raumes. Handlungen erhalten eine größere Variationsbreite und sind zielgerichteter. Beginnende Nachahmung und Handlungsplanung. Suchverhalten, Erwartungshaltung mit gewisser Voraussicht. Kann zwei Dinge oder Ereignisse in Beziehung bringen (Ursache – Wirkung). Beginn der serialen Leistungen und der Feinmotorik

Tab. 5.1: Fortsetzung

Alter	Stadium	Verhaltensweise
12–18 Monate	Entdecken neuer Schemata und Mittel über das Ausprobieren, Experimentierverhalten, Versuch-Irrtum-Verhalten, Tertiäre Zirkulärreaktionen V. Stadium der Sensomotorik	Freies Laufen, sichere Haltungswechsel in allen Positionen. Motorische Funktionen an sich vorhanden, es fehlt aber noch an der differenzierten Anpassung und Steuerung. Das Kind entwickelt eigene Strategien zur Problemlösung über das aktive Ausprobieren. Aus-, Einräumen, Ineinanderfügen, Auseinandernehmen, Interesse an einfachen Steckspielen usw. Das Kind erkundet die eigenen sensomotorischen Möglichkeiten und Grenzen
18–24 Monate	Erfinden neuer Mittel durch geistige Kombinationen. Verinnerlichung der bisherigen Schemata und Erfahrungen VI. Stadium der Sensomotorik	Überlegt mehr bevor es handelt, d. h. es geht die Möglichkeiten „gedanklich" durch. Kann auf Grund der bisherigen Erfahrungen neue Handlungsmöglichkeiten entwickeln, erfaßt Zusammenhänge schneller. Übergang zum Symbolspiel. Feinmotorische Funktionen bedürfen noch der Differenzierung

logischen Grundlagenkenntnisse von Bedeutung. Ayres (1979) spricht von „Funktionsniveaus" des Gehirns, die sich aus der phylogenetischen Entwicklung ergeben haben. Die unteren und älteren Hirnstrukturen steuern die primitiven Reaktionen, die für das Überleben des Organismus wichtig sind. Die phylogenetischen jüngeren Strukturen bauen auf den primitiven Funktionen auf, indem sie diese integrieren und weiter differenzieren. Auf jeder der verschiedenen Funktionsebenen des ZNS erfolgt eine vollständige Integration der dort gesteuerten Funktionen. Bei einer Störung kommen die primitiven Reaktionen wieder zum Ausdruck, da sie unzureichend gehemmt werden. Gleichzeitig behindern sie aber auch die Differenzierung der darauf aufbauenden Hirnfunktionen.

Rohen (1978) beschreibt ebenfalls fünf verschiedene sensomotorische Funktionskreise, die ineinandergreifen und aufeinander aufbauen.

Das erste sensomotorische System, der Eigenreflexapparat, steuert einfache myostatische Automatismen, die in der Haltungsstabilität gegenüber der Schwerkraft zum Ausdruck kommen. Bei manchen hyperaktiven Kindern fehlt es jedoch an dieser Haltungsstabilität. Der Fremdreflexapparat oder der zweite sensomotorische Funktionskreis ermöglicht einfache Flucht- oder Abwehrreaktionen, wie auch einfache rhythmische Bewegungen, die der Fortbewegung dienen. Taktile und propriozeptive Stimuli sind notwendig, um solche Reaktionen auszulösen. Fehlt die nötige Kontrolle der übergeordneten Zentren, so lösen Berührungen leicht Abwehrreaktionen aus. Es stellt sich in diesem Zusammenhang die Frage, wie weit das hyperaktive Kind vor solchen Berührungen ständig auf der Flucht und daher in ständiger motorischer Unruhe ist. Unerwartete Berührungen können zu aggressiven Ausbrüchen führen, weil das Kind mehr oder weniger in Panik gerät und unkontrolliert um sich schlägt.

Das dritte sensomotorische System bezeichnet Rohen (1978) als vestibulozerebellares System. Das Rautenhirn mit der Formatio reticularis und das Kleinhirn bilden hier die übergeordneten Steuerungszentren des ZNS. Vestibuläre Reize sind notwendig, um die Schwerkraft zu überwinden und zu beherrschen, um die Bewegungen in bezug zur Schwerkraft und zum Raum regulieren zu können. Bewegungssteuerung und die Raumlageempfindung bedürfen des vestibulären Systems, in das die taktilen und propriozeptiven Informationen mitintegriert werden.

Für die sensorische Integration spielt die Formatio reticularis als Filterstation für die verschiedenen Sinneseingänge eine bedeutende Rolle. Die Aufmerksamkeit hängt u. a. von dieser Filterfunktion der Formatio reticularis ab. Bei einer eher „hypotonen Grundspannung" sind intensive Reize notwendig, um Aufmerksamkeit zu erregen. Andere Stimuli werden in der Regel nicht wahrgenommen, sie „versanden". Besteht dagegen eher eine übermäßige Anspannung, so kann jeder Reiz zu viel sein. Die Fülle der ankommenden Reize wird nicht mehr bewältigt, und das Kind gerät in ein Chaos. Bei einer Überstimulation sind vegetative Nebenreaktionen möglich und müssen vom Therapeuten immer beachtet werden.

Hyperaktive Kinder sind schnell überstimuliert, sie können die zahlreichen Reize nicht richtig einordnen, werden von diesen vielmehr „überschwemmt". Sie sind nicht „Herr der Lage" und scheinbar unbedeutende Stimuli können plötzlich zum aggressiven Ausbruch führen.

Das extrapyramidale oder vierte sensomotorische System steuert die mehr unwillkürlichen, automatischen und affektiven Bewegungen. Es ist wichtig für die Koordination der zahlreichen Einzelbewegungen, ohne daß sich der Betreffende darüber bewußt wird. Bewegungsabläufe, die sozusagen genetisch programmiert sind, werden vorzugsweise unbewußt erworben. Sie entwickeln sich einfach aus der Situation heraus. Wahrnehmungen sind für diesen Entwicklungsprozeß von Bedeutung, denn sie lenken die Bewegungen, geben ihnen ein Ziel. Andere Bewegungsabläufe werden später erlernt, wie z. B. das Schreiben, Schreibmaschinenschreiben oder Autofahren usw.

Anfangs verlangen diese Bewegungsabläufe volle Konzentration, und erst allmählich werden sie automatisiert.

Beim hyperaktiven Kind sind die grundlegenden sensomotorischen Funktionen noch nicht automatisiert. Wie soll ein solches Kind dann noch zusätzlich die viel komplexeren Bewegungen, die für das Schreiben oder andere Tätigkeiten notwendig sind, mühelos bewältigen? Die hohen Anforderungen, die diesbezüglich von der Schule an das Kind gestellt werden, vor allem aber auch das Lerntempo, überfordern es.

Der fünfte und letzte sensomotorische Funktionskreis umfaßt das pyramidale System, dessen übergeordnetes Zentrum das Großhirn ist. Hier erfolgt die bewußte und willkürliche Bewegungssteuerung sowie die Kontrolle isolierter Geschicklichkeiten. Hier erfolgen auch die bewußte Wahrnehmung, das kognitive Lernen, die Sprachregulation und das Denken. Die primären, sekundären und tertiären Rindenfelder ermöglichen die Speicherung und die gegenseitige Koordination und Integration. Die unterschiedlichen Funktionsschwerpunkte beider Großhirnhemisphären verlangen auch eine gute Koordination beider, damit den Inhalten eine entsprechende Bedeutung zugemessen werden kann. Während die linke Hemisphäre die rechte Körperseite steuert und für das analytisch-wissenschaftliche Denken zuständig ist, verarbeitet die rechte Hemisphäre, die die Bewegungen der linken Körperseite reguliert, die ganzheitlichen, bildhaften und gefühlsmäßigen Empfindungen. Nur wenn beide Hemisphären harmonisch zusammenarbeiten, können die Bewegungen der rechten und linken Seite richtig koordiniert werden, kann sich die Handdominanz entwickeln, erhält die Sprache den richtigen Tonfall und Ausdruck usw.

Versucht man die Probleme des hyperaktiven Kindes in diese sensomotorischen Funktionskreise einzuordnen, so muß man feststellen, daß vor allem die basalen Systeme in ihrer Integrationsfunktion betroffen sind. Das bewußte Lernen auf der kortikalen Ebene ist im Vergleich dazu im allgemeinen im Normbereich. Die Vorherrschaft der kortikalen Funktionen wird aber infolge der darunterliegenden Defizite gehemmt, irritiert und gestört, so daß das Kind seine vorhandenen Fähigkeiten nicht jederzeit abrufen kann. Es zeigt einerseits teilweise erstaunliche Einzelleistungen, andererseits kann es scheinbar einfache Aufgaben, die aber eine gute Organisation verlangen, nicht selbständig durchführen.

Die Therapie muß daher vor allem das primäre Funktionssystem der Sensomotorik ansprechen. Dies geschieht stets individuell und situativ über die gezielte, dosierte sensorische Stimulation. Diese Stimulation, aktiv oder passiv, kann direkt oder indirekt erfolgen, wobei vor allem die Körpersinne (taktiles, propriozeptives und vestibuläres System) beachtet werden. Wichtig ist bei der Reizvermittlung die sorgfältige und aufmerksame Beobachtung des

Kindes durch den Therapeuten. Sensorische Stimuli sind sehr mächtig und können eine drogenähnliche Wirkung haben, wenn die Dosierung nicht immer wieder neu angepaßt und kontrolliert wird. Die Dosierung muß einerseits intensiv genug sein, damit die Aufmerksamkeit des Kindes erregt wird und die Konzentration erhalten bleibt, sie darf aber andererseits keine Überreizung bewirken, die das Kind in die Defensive oder ins Chaos bringen. Stimuliert wird nicht nur das jeweils angesprochene Sinnessystem, sondern indirekt auch die übrigen Sinnesfunktionen sowie das gesamte Gehirn. An dieser Stelle soll auch nochmals auf die Bedeutung der Formatio reticularis als wichtige Filterstation hingewiesen werden. Hier werden die verschiedenen Sinnesqualitäten auch untereinander „verschaltet" und weitergeleitet. Vegetative Reaktionen sind durch sensorische Stimuli auslösbar. So können Hautprobleme mit taktilen Störungen zusammenhängen, Schwindel, Erbrechen, Kopfschmerzen, Kreislaufprobleme können auf Grund vestibulärer Überreizung auftreten, Lichteffekte, die im Rahmen der vestibulären Stimulation mitvermittelt werden, können Anfälle provozieren usw.

Bei Störungen in der taktilen Wahrnehmung hat das Kind Schwierigkeiten, die verschiedenen Berührungsreize richtig einzuordnen. Das unempfindliche Kind reagiert kaum und benötigt starke taktile Reize. Sein Verhalten ist eher passiv. Das hyperaktive Kind achtet entweder kaum auf die verschiedenen Berührungen, verweilt nur flüchtig und oberflächlich bei den unterschiedlichen Materialien, weil es diese nicht richtig wahrnimmt, oder aber es zeigt eine taktile Abwehrreaktion. Die unzureichende Integration taktiler Informationen und die mangelhafte Rückmeldung führen häufig zu einem recht groben Umgang des Kindes mit Gegenständen und anderen Kindern. Im Gegensatz dazu weicht es den leichten, passiven Berührungen aus, ist gewissermaßen ständig auf der Flucht gegenüber allen möglichen Berührungen. Erfolgt dann dennoch eine für das Kind unerwartete und nicht kontrollierbare, leichte Berührung, so kann es durchaus passieren, daß es panisch um sich schlägt. Hyperaktivität, Impulsivität, Konzentrationsmangel und aggressives, unsoziales Verhalten können hierin mit ihre Ursache haben.

Taktile Abwehrreaktionen lassen sich anfangs am besten indirekt über das propriozeptive oder vestibuläre System behandeln, da eine direkte taktile Stimulation oft nicht möglich ist. Geräte, die dem Kind Widerstand entgegenbringen, die infolge ihrer Oberflächenbeschaffenheit gleichzeitig taktile Reize vermitteln, eignen sich besonders. Hier erfolgt eine aktive Stimulation durch das Kind selbst, so daß es den Input auch bis zu einem gewissen Grade selber steuern, bestimmen kann. Sobald das Kind dazu bereit ist, werden andere Materialien angeboten, mit denen es sich auseinandersetzen und spielen kann (Linsen, Rasierschaum, Fingerfarbe usw.) (Bielefeld 1991). Später wird dann auch eine passive Stimulation durch den Therapeuten vom Kind akzeptiert.

Um aber die alltäglichen Probleme auf ein Minimum zu reduzieren, sollte bei einem Kind mit taktiler Abwehrreaktion die leichte Berührung von hinten, außerhalb des Blickfeldes des Kindes, vermieden werden. Muß das Kind angefaßt werden, so ist es wichtig, daß die Berührung klar und eindeutig ist. Großflächiger Druck wird vom Kind am besten toleriert. Wichtig ist auch, daß das Kind Zeit findet, sich darauf einzustellen.

Bei der propriozeptiven Wahrnehmungsstörung (Tiefensensibilität, Muskel- und Bewegungssinn) erhält das Kind zu wenig Information über seine momentane Muskelspannung oder über die Stellung der Gelenke. Die Haltung ist häufig instabil oder angespannt. Es arbeitet mit zu viel Druck und weniger mit „Gefühl". Die taktil-kinästhetische Rückmeldung ist häufig unzureichend, das Kind kann die Informationen nicht einordnen. Es orientiert sich am Widerstand der Dinge und hat Schwierigkeiten, die Hindernisse zu überwinden oder die eigene Bewegung entsprechend neu anzupassen, ihr eine andere Richtung zu geben. Es hat kein sicheres Gefühl für Erfolg und Mißerfolg und sucht die Bestätigung daher verstärkt bei der Umwelt. Die eigene Körperwahrnehmung ist gestört (Körperschemastörungen) und damit häufig auch die Selbstwahrnehmung und das Selbstvertrauen. Die motorische Anpassung, der Bewegungsfluß, die Koordination wie auch die motorische Planung und Steuerung, werden infolge der propriozeptiven Probleme in Mitleidenschaft gezogen. Das unzureichende Gefühl für die eigene Bewegung versucht das Kind über die optische Kontrolle zu kompensieren, was aber nicht immer möglich ist. So kann es passieren, daß das Kind entweder ängstlich und vorsichtig ist, sich nur langsam bewegt oder aber auf Hindernisse wenig achtet, und daher viel stolpert.

Kommt dann noch eine taktile Problematik dazu, evtl. sogar noch eine Schmerzunempfindlichkeit, so erfährt das Kind wenig Grenzen, die ihm Halt und Orientierung geben können. Gefahren werden nicht beachtet und aus seinen Stürzen und Verletzungen lernt es wenig dazu. Da es nicht spürt, welche Wirkung seine motorischen Aktivitäten haben, kann es auch aus den Konsequenzen seiner Handlungweise wenig lernen.

Gerade das hyperaktive Kind scheint keine richtigen Grenzen wahrzunehmen. Es läuft herum, beschäftigt sich mit diesem und jenem, ohne recht darauf zu achten, was bei seinen motorischen Aktivitäten passiert. Es ist häufig grob, kann seine Kräfte nicht anpassen, so daß auch manche Dinge entzweigehen.

Es ist wichtig, daß diesen Kindern große Geräte angeboten werden, die dem Kind ausreichenden Widerstand entgegensetzen, so daß es eine verstärkte Rückmeldung seiner Tätigkeit erhält. Klettern, Tragen von großen und schweren Dingen, mit der Schaukel oder dem Rollbrett bewußt gegen Hindernisse stoßen (z. B. gegen Kartons, eine Schaumstoffwand usw.) und ähnliche Aktivitäten sind wichtig. Vor allem zu Beginn der Therapie ist eine körperliche Auseinandersetzung wesentlich, da hier die propriozeptiven Stimuli ganzheitlich erfahren werden. Erst später ist ein Übertragen auf die mehr manuellen, feinmotorischen Tätigkeiten sinnvoll. Dies ist bei den älteren Schulkindern insofern problematisch, da die Schreibmotorik häufig beeinträchtigt ist und der Unterstützung bedarf. In dieser Situation muß die Behandlung von Grob- und Feinmotorik gleichermaßen beachtet werden.

Das vestibuläre System nimmt in der sensorischen Integrationstherapie eine zentrale Stellung ein. Es ist das Sinnessystem, welches die anderen Sinne am meisten mitbeeinflußt. Ihm wird eine starke, allgemeine Integrationsfunktion zugeschrieben.

Zusammen mit der Tiefenwahrnehmung reguliert das vestibuläre System das statische Gleichgewicht und damit die automatische Haltungsanpassung, die für jede Bewegung erforderlich ist. Beide Systeme regulieren auch die Ausrichtung der Bewegung im Raum.

Die vestibuläre Wahrnehmung ist für die eigene Raum-Lage-Empfindung verantwortlich und bildet somit die sensorische Grundlage für die Raumwahrnehmung im allgemeinen. Der Raum muß in bezug auf Stellung, Entfernung, Richtung und räumliche Beziehung durch den eigenen Körper und die aktive Bewegung erfahren werden. Erst wenn das Kind ein ausreichendes Körper- und Raumgefühl entwickelt hat, kann es verstärkt auch akustische und optische Signale zur Orientierung einbeziehen. Vorher führen diese Reize eher zu einer Verwirrung und gewissermaßen zur Hyperaktivität. In diesem Zusammenhang darf nicht vergessen werden, daß jede Bewegung die optische Perspektive wieder verändert und ein Kind, welches nicht begreift, warum sich die Dinge verändert haben, in Verwirrung bringen. Wie lernt das Kind denn zu unterscheiden, ob es sich selbst bewegt oder bewegt wird, ob sich die Perspektiven durch seine Bewegung verändern oder ob sich die Dinge selbst bewegen? Diese Frage konnte bisher nicht beantwortet werden, macht aber die Schwierigkeiten mancher Kinder deutlich. Hier läßt sich außerdem eine ganz zentrale Figur-Grund-Problematik erkennen.

Das hyperaktive Kind hat ein unzureichendes Raumempfinden. Es läuft mehr oder weniger ziellos herum, um sich immer wieder von optischen und akustischen Reizen ablenken zu lassen. Es kann Gefahren, Entfernungen, räumliche Beziehung nicht richtig einschätzen, da es auch seine eigenen Fähigkeiten nicht einschätzen kann. Gegenüber beweglichen und instabilen Geräten zeigen manche Kinder auch Angst und Unsicherheit, viele aber bevorzugen diese sichtlich. Beim Schaukeln wie auch beim Rollbrettfahren erfahren die Kinder die Bewegungen im Raum, während sie selbst die Haltung bewahren müssen, und so kommt es nicht selten vor, daß die Kinder auffallend ruhig werden und sich mehr und mehr auf die Bewegung konzentrieren. Werden dann noch Ball- oder Angelspiele usw. einbezogen, so werden erhöhte Anforderungen an Haltung und Koordination gestellt, während das Kind sich auf die Tätigkeit konzentriert. Auch das Malen aus der Hängematte heraus mögen diese Kinder sehr gern. Während sie schaukeln, beschmieren sie den Boden unter sich, schwingen in alle Richtungen, hinterlassen Linien usw. Hier werden gleichzeitig taktile und vestibuläre Stimuli vermittelt, während das Kind malt und dabei die Steuerung der Handbewegung (Visomotorik) spielerisch und unbewußt erlernt.

Bei all diesen basalen sensomotorischen Aktivitäten erfährt das Kind Zuwendung und Hilfestellung. Es gewinnt, dank der verschiedenen Erfahrungen, mehr und mehr Selbstvertrauen und entwickelt mit der Zeit eigene Ideen. Diese Ideen verlangen vom Kind ein Handlungsplanen, denn es wird dazu angehalten, sich die nötigen Geräte und Arrangements selbst aufzubauen. Während der Therapeut die Reaktionen und Aktivitäten des Kindes aufmerksam beobachtet, läßt er es so lange gewähren, wie es seiner Integrationsfunktion förderlich ist. In dem Augenblick, wo das Kind die Orientierung wieder verliert, wo es auf Schwierigkeiten stößt, ist eine gezielte Hilfestellung zur Selbsthilfe wichtig. Der Therapeut lenkt das Kind vorwiegend indirekt, indem er zum richtigen Zeitpunkt den richtigen Reiz, das richtige Material oder Gerät bereitstellt. Das Kind selber lenkt seine Aufmerksamkeit der Tätigkeit zu, die ihm Spaß macht. Es soll unbewußt über die sensomotorischen Erfahrungen lernen, seine Bewegungen aufeinander abzustimmen und sein Handeln zu organisieren. Die verbale Anweisung erfolgt sparsam und tritt mehr und mehr in den Hintergrund, damit sich das Kind auf seine Tätigkeit konzentrieren kann.

All diese therapeutischen Ansätze sprechen die unteren Hirnfunktionsniveaus an und fördern damit deren Integrationsfunktion. Therapeutische Maßnahmen, die vorwiegend im kognitiven Bereich ansetzen, erfolgen auf der Großhirnebene und führen selten zu einer sensorischen Integration, ja sie können diese sogar behindern. Werden dem Kind zu viele nicht selbst erfahrene Wissensinhalte vermittelt, ohne daß ihm die nötige Zeit gelassen wird, diese Informationen auch zu verarbeiten, gerät es unter Leistungsdruck. Es fällt ihm immer schwerer, die vielen Informationen zu integrieren und ist durch sie ständig abgelenkt und irritiert. Man kann es mit der Situation vergleichen, wenn man gerade bei einem Puzzlespiel dabei ist, die einzelnen Steine zu ordnen und gleichzeitig eine neue Ladung Puzzlesteine darüber geschüttet wird.

In der sensorischen Integrationstherapie werden keine Wissensinhalte vermittelt oder isolierte Funktionen trainiert. Ziel der Behandlung ist die Organisation der vorhandenen Fähigkeit zum Gebrauch, so daß das Kind handlungsfähig wird. Gerade dieser basale Therapieansatz kommt dem hyperaktiven Kind zugute.

Das Wahrnehmungsprogramm von M. Frostig umfaßt ein motorisches (1973) und ein visuelles Programm (1974). Auch Frostig betont die Bedeutung der Motorik für die visuelle Wahrnehmung. Das visuelle Programm, das Arbeiten mit den Arbeitsheften ist erst dann angebracht, wenn die sensomotorischen Voraussetzungen gegeben sind. Das Kind muß in der Lage sein, ohne verkrampfte Haltung mit Papier und Bleistift umzugehen. Die Inhalte der visuellen Wahrnehmung werden aber in bestimmten Situationen miteinbezogen, zumal sich die fünf Teilbereiche sehr gut in die sensomotorischen Aktivitäten des Kindes übertragen und integrieren lassen. Die Visomotorik ist im Grunde bei jeder Tätigkeit dabei, vor allem dann, wenn das Kind seine Bewegungen im Raum steuern muß, beim Balancieren, Werfen, Fangen, wie auch beim Umfahren von Hindernissen usw. Wie bereits mehrfach erwähnt, ist die Figur-Grund-Wahrnehmung kein primär visuelles Problem, obwohl sie hier sichtbar gemacht werden kann. Wenn sich das Kind auf seine Tätigkeit konzentrieren kann, so kommt es auch zu einer verbesserten Figur-Grund-Wahrnehmung. Wichtig ist, daß der Therapeut die adäquaten Reize betont und verdeutlicht, damit die unwichtigen in den Hintergrund treten können.

Die Wahrnehmungs- oder Formkonstanz entwickelt sich aus der direkten Auseinandersetzung mit den Gegenständen und Formen. Das Kind muß die Dinge immer wieder in der Hand gehabt haben, muß die Ecken und Kanten spüren und muß sie von allen Seiten betrachten. Kein Mensch kann einen Gegenstand von allen Seiten gleichzeitig sehen, immer muß die Rückseite aus der Vorstellung ergänzt werden. Die mehr zweidimensionale Formwahrnehmung, wie sie in den Arbeitsblättern erfolgt, ist bereits auf einer höheren Ebene der Wahrnehmung und daher für viele Kinder auch abstrakter.

Die anderen Bereiche gehören zur Raumwahrnehmung und sie hängen, wie bereits erwähnt, mit der Körperwahrnehmung und der Bewegung im Raum zusammen. Taktile propriozeptive und vestibuläre Sinneserfahrungen sind dabei von elementarer Bedeutung. Der Raum muß erst dreidimensional erlebt worden sein, ehe er auf Arbeitsblättern in den zweidimensionalen Bereich übertragen werden kann.

Zu beachten ist im Rahmen der visuellen Wahrnehmung auch die Augenmotorik. Die Steuerung der Augenbewegungen, die Ausrichtung auf einen bestimmten Punkt, das Suchen oder Abtasten der Konturen, der Linien mit den Augen verlangt einerseits ein ausreichendes Sehvermögen und andererseits eine gute Beweglichkeit. Die Augenmotorik hängt wiederum mit einer ausreichenden Kopfkontrolle und mit der propriozeptiven und vestibulären

Steuerung zusammen. Kinder mit unsicherem Gleichgewicht halten sich manchmal mit den Augen fest, um die aufrechte Haltung zu bewahren. Sie sind dann nicht in der Lage, die Augen locker über eine Fläche streifen zu lassen. Erfolgt eine optische Verschiebung von Figur und Grund, so kann eine Bewegung vorgetäuscht werden (Situation im Zug, wenn der Nachbarzug fährt). Auch für eine bessere Augenbeweglichkeit dienen die sensomotorischen Voraussetzungen.

Die Wahrnehmungsbehandlung in der Ergotherapie ist bei allen Kindern umfassend und ganzheitlich. Die verschiedenen Konzepte werden – je nach den individuellen Schwierigkeiten des Kindes – kombiniert. Es gibt keine einheitlichen Programme, die von einem Kind auf das andere übertragen werden können. Eine direkte Erfolgskontrolle, wie sie in anderen Therapien erfolgt, ist oft nicht möglich, da Einzelleistungen nicht im Zentrum der Beobachtung stehen. Erfolge zeigen sich eher indirekt, indem das Kind umgänglicher wird, leichter lernt, sich besser einordnen kann usw. Bei manchen Kindern geht es rasch, andere brauchen Zeit, ehe sich die basalen Funktionen stabilisieren und sich auf andere Bereiche auswirken. Als günstig hat sich in jedem Fall die Frühbehandlung erwiesen, wenn das Kind nicht gleichzeitig unter den schulischen Anforderungen steht. In der Regel werden die Kinder aber erst dann zur Ergotherapie geschickt, wenn die Schwierigkeiten an Deutlichkeit zunehmen und wenn andere Therapieverfahren nicht den erwarteten Erfolg bringen.

Im allgemeinen reicht die Ergotherapie allein nicht aus, so daß, je nach Problematik des Kindes, eine enge Zusammenarbeit zwischen Arzt, Psychologen, anderen Therapeuten und den Pädagogen unerläßlich ist. Auch kann nicht immer im voraus gesagt werden, wie weit zusätzlich eine Lernbehinderung besteht, die der Therapie ihre Grenzen setzt.

5.4.1 Fallbeispiel: Kind A., weiblich

A. ist das 2. Kind gesunder Eltern, die beide sogenannte Spätentwickler waren. Der ältere Bruder hatte eine verzögerte Sprachentwicklung. Schwangerschaft, Geburt und erste Entwicklungsphase waren unauffällig. Die Meilensteine der statomotorischen Entwicklung konnten nicht mehr erinnert werden. Freies Laufen lernte sie mit 18 Monaten (nach 2 Wochen KG-Behandlung). Jetzt, im Alter von 2 Jahren, spricht A. nur wenige Worte, und es überwiegen noch die Silbenreihen. Diese Sprachentwicklungsverzögerung führte zur Vorstellung.

Es wurde eine motorische Unruhe festgestellt, die auch die Untersuchung erschwerte. Neurologisch wurde eine gewisse Hypotonie bei guten Eigenreflexen festgestellt. Die Grobmotorik wurde als plump beschrieben, die Feinmotorik als auffällig. Im Spielverhalten war A. schwer bei einer Tätigkeit zu halten. Eine Schwerhörigkeit konnte ausgeschlossen werden. Eine Ergotherapie wurde verordnet.

Erste freie Beobachtung in der Ergotherapie:

A. schaut sich im Zimmer um. Nimmt die Baubecher, leert sie über dem Boden aus, will nicht damit bauen, sondern läßt sie liegen. Sie geht auf die Matte zur Linsenwanne. Der Gang ist etwas unsicher auf dem weichen Boden. Sie greift in die Linsen hinein, füllt sie in einen Becher, leert sie auf den Boden, wühlt mit beiden Händen in den Linsen und lautiert dabei. Geht wieder von der Matte, torkelt leicht. Nimmt sich einen Stift, kritzelt etwas am Tisch und geht gleich wieder weg. Sie entdeckt das Rollbrett, setzt sich kurz darauf, schiebt sich etwas mit den Füßen vorwärts, steht wieder auf, um weiter herumzuwandern. Jetzt wird ihr eine elektrische Zahnbürste angeboten, die sie sofort annimmt. Sie zeigt sich längere Zeit daran interessiert, steckt sie in den Mund, hält sie an den Tisch, lauscht auf die Geräusche, die dabei entstehen, geht damit zum Fenster, zur Linsenwanne usw.

Aufgrund dieser und auch weiterer Beobachtungen wurden deutliche Defizite in den basalen sensomotorischen Funktionen festgestellt, die A. an einer aktiven und konzentrierten Auseinandersetzung mit den Dingen ihrer Umwelt hindern.

Im taktilen Bereich besteht eine unzureichende Differenzierung und eine eventuelle, leichte Abwehrreaktion gegenüber diffusen Materialien. A. reagiert mit Interesse auf die Vibration der elektrischen Zahnbürste und später auch des Massagegerätes. Sie führt diese Geräte zum Mund, was ein Hinweis auf eine ebenfalls gestörte Mundsensibilität sein kann. Sie läßt sich später auch damit den Bauch massieren, und kommt dabei etwas zur Ruhe. Die Linsen scheinen ihr zunächst eher unangenehm zu sein. Sie geben ihr zu wenig klare Information. Der Kontakt ist nur kurz, sie wirft sie herum. Beim Versuch sie einzufüllen, verliert sie sie schon vorher, so daß sie das Interesse verliert. Später läßt sie sich aber in die Linsenwanne setzen, und hier kann ihre Aufmerksamkeit eine Weile gehalten werden. Unter Handführung werden Linsen in Becher gefüllt.

Die propriozeptive Wahrnehmung ist ebenfalls unzureichend: A. kann die Bewegungen nicht anpassen, sie kann nicht richtig zufassen, kann die Dinge in ihren Händen nicht richtig manipulieren. Sie verliert das Interesse und holt sich immer wieder etwas Neues. Sie trägt aber gerne das Rollbrett mit sich herum. Das große, schwere Brett scheint ihr mehr Informationen zu geben als die kleinen leichten Dinge. Auffällig ist auch die noch bestehende Instabilität in allen Positionen, wenn sich die Unterlage verändert oder wenn sie begrenzt ist. A. klettert gerne, hat aber Schwierigkeiten, rückwärts wieder hinunterzukommen, da sie die Füße nicht sehen kann. Das Durchkriechen durch einen Tunnel, das Langlaufen oder Rutschen auf einer Bank usw. gefällt ihr, hier bekommt sie Führung durch das Material selbst, kann nicht einfach weglaufen. A. läßt sich auch gerne gegen Schaumstoffteile drücken, sie genießt den Widerstand dabei. Im Rahmen der feinmotorischen Tätigkeiten läßt sie sich jetzt länger die Hände führen. Wenn sie es geschafft hat, freut sie sich sichtlich am Erfolg. Auch dies zeigt, daß ihr der motorische Weg schwerfällt, und daß sie hier Hilfestellung braucht.

Vestibuläre Stimuli führen zu einer gewissen Ruhe. A. läßt sich gerne schaukeln oder drehen, verändert dazu auch die Position, setzt sich, legt sich auf den Rücken oder auf den Bauch, kommt auch von sich aus immer wieder zur Schaukel zurück. Auf dem Rollbrett kommt sie allein noch nicht zurecht, läßt sich aber kurz darauf schieben. Das Selbstfahren verlangt noch mehr motorische Koordination und Anpassung.

Die Behandlungsschwerpunkte werden in den grobmotorischen Bereich gelegt. Die großen Geräte kann A. weniger umwerfen, und außerdem geben sie ihr mehr Führung und Halt. Vor allem die Schaukel wird immer wieder miteinbezogen, da A. hier mehr zur Ruhe kommt. Die

Mutter wird angeleitet, A. bei Schwierigkeiten durch direkte Handführung zu helfen, damit die begonnenen Tätigkeiten auch mal zu Ende geführt werden und damit sie den Handlungsablauf kennenlernt. Ihre Mutter greift die Anregungen auf (sie ist stets anwesend) und unterstützt so die Therapie, ohne daß sie mit dem Kind bestimmte „Hausaufgaben" durchführt.

Bereits mit 2;6 Jahren kann sich A. etwas länger unter Handführung verweilen. Sie reißt nicht mehr alles heraus. Die Bewegungen sind noch fahrig und ungezielt. Die taktilen Defizite zeigen sich weiterhin; A. sucht jetzt entsprechende Materialien. Sie holt sich Bürsten, Vibrationsgeräte, führt sie zum Mund, ins Gesicht, läßt sich Bürsten und Topfreiber unter die Kleidung schieben, um sie wieder herauszuziehen usw. Sie hat es gerne, wenn man sie drückt oder ihre Hände gegen Unterlagen drückt. Sie kann sich auf der Schaukel selbst in Bewegung bringen, indem sie sich am Boden wegdrückt, auch fährt sie jetzt alleine auf dem Rollbrett. Ihre Ausdauer und Konzentrationsfähigkeit ist aber noch sehr situationsabhängig. Die Bewegungen sind dabei noch fahrig, und eine Handführung ist noch erforderlich, damit sie das Interesse nicht verliert.

Mit 3 Jahren kommt die Kindergartenfrage auf. A. ist noch nicht fähig, in den Regelkindergarten zu gehen, den Sonderkindergarten können die Eltern nicht annehmen. Auch der Vorschlag, in die Sonderpädagogische Beratungsstelle zu gehen, wird abgelehnt. A. ist in der Handhabung der Dinge sicherer geworden, die Feingriffe sind vorhanden. Sie beginnt, sinnvoll zu spielen und Ideen zu entwickeln. Sie kommt mit einfachen Einlegebrettchen zurecht. Auch die Sprachentwicklung hat mehr und mehr eingesetzt. A. spricht jetzt viel nach und begleitet auch ihr Tun mit Worten. Zwei-Wort-Sätze werden gebildet.

Um ihr Erfahrungen mit anderen Kindern zu ermöglichen, wird mit einer Gruppentherapie begonnen. Hier braucht sie anfangs die direkte Führung, aber im Laufe der Zeit macht sie immer besser mit, muß nicht immer wieder geholt werden.

Mit 4 Jahren sucht sie sich gezielt das Material aus, wandert nicht mehr umher und nimmt, was ihr gerade ins Blickfeld kommt. Mit dem einzelnen Gegenstand ist noch kein planvolles Vorgehen zu beobachten, aber sie probiert Verschiedenes aus und bleibt so länger bei einer Sache. Noch immer werden Unsicherheiten in der Haltung und fahrige Bewegungen beim differenzierten Zusammenfügen beobachtet. Sie hat noch kein Interesse für die Formen, Größen und Farben als solche, sie bezeichnet sie auch nicht. Werfen, Fangen, Verschmieren von Rasierschaum aus der Hängematte heraus, gefallen ihr sehr. Es fällt ihr aber noch schwer, sich selbständig in die richtige Position zu bringen. Sie kann sich zwar jetzt selbst Schwung geben, läßt sich aber gerne kräftig schaukeln.

Mit 4;9 Jahren sind einfache Aufgaben durchführbar, so sammelt sie Fische von der Schaukel aus ein, dabei fällt es ihr noch nicht leicht, die Haltung zu stabilisieren und gleichzeitig die Bewegung der Hände zu steuern. Sie beschäftigt sich jetzt auch mit Knete, reißt und schneidet sie, drückt „Muster" auf ein Brett. Sie kann Perlen auffädeln und beginnt, die Reihenfolge der Größenordnung bei den Fäßchen zu durchschauen. Sie zeigt Interesse an einfachen Konstruktionen, möchte auch ein Auto aus Matador bauen, braucht aber dazu noch viel Hilfe. Das Planen der vielen Einzelschritte (seriale Leistung) gelingt noch nicht. Allerdings bleibt sie bei der Sache, bis das Auto fertig ist. Einfache Rollenspiele sind durchführbar, so kocht sie für den Autofahrer Linsen.

Die Leistungen von A. sind noch nicht altersgemäß, so daß die Eingliederung in eine Sondereinrichtung noch immer im Raum steht. Dennoch hat sie Entwicklungsfortschritte gemacht. Vor allem die Bereitschaft, sich auf etwas einzulassen, sich mit den Dingen auseinanderzusetzen und einfache Aufgaben anzunehmen, sind für die Eingliederung von Bedeutung.

5.4.2 Fallbeispiel: Kind B., männlich

B. ist 6;7 Jahre alt, als ihm Ergotherapie verordnet wird. Grund zur Vorstellung sind die sich zuspitzenden Schulschwierigkeiten wegen zunehmender Aggressivität. Trotz eines IQ von 123 ist es ihm nicht möglich, dem Unterricht zu folgen, es ist auch vorgekommen, daß B. einfach nach Hause gelaufen ist. Mit den Kindern seiner Klasse kommt er nicht zurecht, er kann sich nicht einordnen, verhält sich aggressiv den Kindern gegenüber. Schon früher wurde B. wegen Verhaltensschwierigkeiten und Sprachproblemen behandelt. Er war in psychologischer und sprachtherapeutischer Behandlung. Auch wurde bereits eine Spieltherapie durchgeführt. Wegen der Schwierigkeiten im Kindergarten erfolgte eine Unterbringung in einer Sondereinrichtung, wo B. die Woche über blieb und nur am Wochenende nach Hause ging.

B. ist der älteste Sohn. Er hatte noch zwei Schwestern, wobei die ältere behindert war und verstarb, als er 5;6 Jahre alt war. B. hatte diese Schwester sehr geliebt, und er hat unter ihrem Tod gelitten.

B. selbst ist nach einer unauffälligen Schwangerschaft termingemäß geboren. Er war kurz nach der Geburt blau gewesen, was den Verdacht eines Sauerstoffmangels nahelegt. Die Entwicklung verlief nicht ganz altersgemäß, aber genaue Angaben waren nicht mehr möglich. Mit 2;6 Jahren lief B. häufig einfach weg, entfernte sich ziellos von seinen Eltern, so daß sie ihn immer wieder suchen mußten. Sie waren in ständiger Angst, ihn zu verlieren und ließen ihn praktisch nicht aus den Augen. In dieser Zeit schrie er auch viel, hatte Einschlafprobleme, demolierte Gegenstände, wenn es nicht so funktionierte, wie er es sich vorstellte. Mit 3 Jahren ertrank er fast, weil er einfach und ohne Angst ins tiefe Wasser ging. Mit 3;6 Jahren brach er sich den Arm, weil er sich auf dem Spielplatz einfach von der Schaukel losließ. Obwohl er die Verkehrsregeln altersgemäß kannte, lief er einfach los. Er konnte Abstände und Gefahren nicht einschätzen, lief einfach in schaukelnde Kinder hinein.

Im Kindergarten konnte er sich nicht einfügen. Immer wieder kamen Klagen, er würde aus Frustration Dinge zerstören, auch die anderer Kinder. Er hatte keine Freunde. Er konnte sich nicht konzentrieren oder länger bei einer Sache bleiben, war sehr leicht ablenkbar. Im Gegensatz zu den anderen Kindern war er sehr ungeschickt, hatte Schwierigkeiten beim Klettern und konnte sich auf der Schaukel nicht in Schwung bringen. Beim Rollschuhfahren stellte er sich sehr ungeschickt an, und Radfahren lernte er erst mit 6 Jahren. Wegen Sprachschwierigkeiten erhielt B. Sprachtherapie, mit recht gutem Erfolg.

Die Schwierigkeiten fanden mit der Einschulung ihren Höhepunkt. Nach Angaben der Eltern bestand ein Teufelskreis aus Frustration, Aggression und Depression. Er begriff, wollte und konnte dann die erwarteten Leistungen nicht bringen. In solchen Situationen drehte B. völlig durch, schlug wahllos auf Dinge oder Personen ein. Er verlor dann seine Körperbeherrschung und war keinen vernünftigen Argumenten mehr zugänglich. Auch zu Hause demolierte er die Möbel, schlug auf seine Mutter ein. Dann wiederum erkannte er schlagartig sein Anderssein und verfiel in einen Hilfeschrei: „Warum bin ich so?" B. bezeichnete sich als dummes Kind, als blöd und äußerte Todeswünsche.

Dies war die Situation bei Therapiebeginn. Zu erwähnen ist noch, daß B. nun auch Ritalin erhielt. In der ersten freien Beobachtung wählt sich B. die Wachsmalstifte aus und malt ein einfaches, aber farbenfrohes Haus. Die Linien sind schief, die Stiftführung erscheint nicht sonderlich auffällig. Seinen Namen schreibt er von der Vorlage ab, dabei fällt eine fast umgekehrte Linienführung auf. Die gezielte Steuerung der feinen Bewegungen aus der Vorstellung heraus scheinen schwerzufallen. B. weiß den Bewegungsablauf für den einzelnen Buchstaben nicht genau. Beim Schrauben kann er die Richtung nicht immer einhalten, als ihm dann Baufixmaterial angeboten wird. Er kommt auch immer wieder beim Abbauen durcheinander, verliert die Orientierung und neigt dazu aufzugeben, wenn es ihm nicht gleich gelingt. Durch schnelle Hilfestellung kann ihm aber über die Schwierigkeiten hinweggeholfen werden, so daß er zu Ende baut. Auf dem Rollbrett hat er Mühe mit der motorischen Planung, er weiß nicht so recht, wie er sich da drauflegen soll, findet auch die richtige Position nicht, kippt deshalb nach vorne oder bremst sich selber in der Bewegung.

Zur genaueren Beurteilung wird der SCSIT (Southern California Sensory Integration Test) durchgeführt. Dabei zeigt sich im visuellen Teil, daß er die Aufgabenstellung als solche schnell begreift. Sobald er aber mehrere Aspekte berücksichtigen muß, verliert er die Übersicht, während er sonst systematisch vergleicht. Um die Position der Teile in der räumlichen Vorstellung richtig zu erfassen, muß er sich mit dem ganzen Körper drehen. Bei Aufgaben, die eine gute Stiftführung und Visomotorik verlangen, verspannt er sich besonders im Schulterbereich. Das Überkreuzen der Mittellinie fällt schwer, er dreht sich mit dem ganzen Körper mit. Der Bewegungsfluß ist infolge der angespannten Haltung blockiert. Bei der Überprüfung der taktil-kinästhetischen Wahrnehmungsleistungen können deutliche Defizite festgestellt werden. Ohne Augenkontrolle fühlt sich B. sehr unwohl, er kann sich auch nicht der Führung überlassen, sondern spannt vermehrt an. Beim Ertasten von Formen versucht er zu spicken. Je länger die Tastreize andauern, desto unruhiger wird er. Die Konzentration läßt sichtlich nach, und der Untertest zur Lokalisation von taktilen Stimuli muß abgebrochen werden. B. kann die Reize nicht genau lokalisieren, kann gespürte Linien nicht sicher wiedergeben. Auf Grund dieser Beobachtungen muß eine taktile Abwehrreaktion angenommen werden, die sich vor allem dann zeigt, wenn B. die Kontrolle verliert. Die Beobachtungen hinterlassen den Eindruck, daß B. seinen eigenen Körper mehr kognitiv und weniger gefühlsmäßig erfaßt; daß er auch kein richtiges Gefühl für seine Kraft hat und daher auch sehr grob werden kann. Bei den motorischen Untertests des SCSIT bestätigt sich diese Vermutung immer mehr. B. muß überlegen, wenn er eine Körperstellung nachahmen soll. Die räumliche Beziehung seiner eigenen Körperteile erfaßt er nicht sicher, er muß gewissermaßen die richtige Stellung erst suchen. Beim Überkreuzen der eigenen Mittellinie kommt er immer wieder durcheinander. Das Wechselspiel zwischen der rechten und linken Körperseite ist unharmonisch. Die motorische Planung und der Bewegungsfluß sind auffällig. Beim Post-Rotations-Nystagmus-Test kann er seine Haltung bewahren. Über Schwindelgefühle äußert er sich nicht.

Die klinischen Beobachtungen bestätigen die Beobachtungen beim Test. B. versucht, die Bewegungen genau, bewußt durchzuführen, so daß der Bewegungsfluß ins Stocken gerät. Er ist dabei sehr verspannt. Die Beugung in der Rückenlage und die Streckung aus der Bauchlage kann er unter Anstrengung einnehmen. Sobald er gleichzeitig zählen soll, muß er sich abstützen. Er zählt mit sehr gepreßtem Tonfall, die Sprungbereitschaft ist nicht immer spontan auslösbar.

Die Behandlung erfolgt hier sowohl in Form einer Einzel- als auch Gruppenbehandlung, da B. lernen muß, auch mit anderen Kindern zurechtzukommen. Sein Verhalten in der Gruppe ist auffällig. Er rennt herum, rempelt die anderen Kinder, provoziert sie. Er kann sich schwer bremsen und schießt leicht über das Ziel hinaus. B. hat Mühe, seine Handlungen und Bewegungen zu organisieren und braucht hier und dort Hilfestellung.

In der Einzelstunde werden Materialien angeboten, die die taktile Wahrnehmung verbessern sollen. Dem Vibrator stand er erst skeptisch gegenüber, begann dann aber bald, verschiedene Laufstärken auszuprobieren. Unter dieser Stimulation wurde B. ruhiger und entspannte sich sichtlich. Er selber sagte einmal: „Ich spüre mein Blut fließen." Mit Rasierschaum schmiert und malt B. inzwischen sehr gerne, er wünscht ihn sich immer wieder. Außerdem scheint es sehr wichtig zu sein, daß B. die Geräte ausreichend lange für sich allein hat, um sich darauf einzustellen, was in der Gruppensituation weniger möglich ist. So schaukelt B. z. B. ausgesprochen gerne und lange in allen Variationen. Beim Schaukeln entspannt er sich und kommt zu einer innerlichen Ruhe. Dabei entwickelt er dann auf Grund von Anregungen verschiedene Spiele, z. B. Säckchen während des Schaukelns aufsammeln und in einen Behälter werfen, Ringe aufstecken beim Schaukeln, Rasierschaum auf dem Boden verteilen usw. Bei all diesen Aktivitäten muß er seine Bewegungen auf ein Ziel ausrichten, muß die Bewegungen anpassen, planen und steuern. B. ist für solche Tätigkeiten sehr leicht zu motivieren, und die zunehmende Sicherheit hilft ihm auch, in der Gruppensituation besser mit den Geräten und den anderen Kindern zurechtzukommen. B. gerät immer wieder leicht in Panik, wenn er die Kontrolle über eine Situation verliert, wenn gewissermaßen etwas mit ihm geschieht, ohne daß er es einordnen kann, wenn er die Steuerung und Orientierung verliert. Dies fällt besonders bei partnerschaftlichen Tätigkeiten, wie beispielsweise beim Sich-ziehen-lassen auf dem Rollbrett auf.

Im Laufe der Therapie beginnt er immer mehr zu experimentieren. Er baut sich Hindernisse auf, arrangiert die Geräte so aneinander, daß er sein Ziel erreicht. Früher ärgerte sich B., wenn ihm etwas nicht gelang, und er hörte auf. Jetzt beginnt er zu überlegen, was er anders machen kann, sucht noch andere Lösungsmöglichkeiten, teilweise über das Ausprobieren, teilweise aber auch über das Überlegen. Sein Handlungsplanen hat sich deutlich verbessert. B. ist zufriedener und selbstbewußter geworden, kann Frustrationen besser ertragen. Er kommt auch mit anderen Kindern besser zurecht, kann sich ihnen mitteilen, muß sie nicht mehr „bekämpfen". Er kann warten, bis er an die Reihe kommt und seine Wünsche zugunsten anderer zurückstellen. Er beginnt auch zu Hause mit anderen Kindern zu spielen. B. hat Freude am Bauen, hat dabei gute Ideen. Einfache Regeln kann er einhalten. Auch in der Schule sind nach dem einen Jahr Therapie Fortschritte zu verzeichnen, obwohl hier keine speziellen Therapieangebote gemacht wurden. Er macht seine Schulaufgaben bereitwilliger, wehrt sich nicht mehr gegen das Schreiben und Lesen, gibt sich Mühe, obwohl es ihm noch schwerfällt. Im Rechnen braucht er noch konkretes Anschauungsmaterial. Auch hat er noch Schwierigkeiten, wenn er sich auf eine neue „Rechenart" umstellen soll. Er soll zum Jahresende wieder ins 1. Schuljahr zurückversetzt werden, damit er das bisher Erreichte stabilisieren kann. Den Anforderungen im 2. Schuljahr ist er noch nicht gewachsen.

Literatur

Affolter F (1987) Wahrnehmung, Wirklichkeit und Sprache. Neckar-Verlag, Villingen/Schwenningen

Augustin A (1977) Beschäftigungstherapie bei Wahrnehmungsstörungen. Verlag Modernes Lernen, Dortmund

Augustin A (1979) Aufgaben und Möglichkeiten der Beschäftigungstherapie in der Pädiatrie. In: Jentschura, Janz G. (Hrsg.) Beschäftigungstherapie, Bd. 2. Thieme, Stuttgart, S 119–196

Ayres J (1976) Southern California Sensory Integration Test SCSIT. Western Psychological Services, Los Angeles

Ayres J (1979) Lernstörungen, Sensorisch Integrative Dysfunktion. Springer, Berlin

Ayres J (1984) Bausteine der kindlichen Entwicklung. Springer, Berlin

Bauer A (1986) Minimale cerebrale Dysfunktion und/oder Hyperaktivität im Kindesalter. Springer, Berlin

Berger E (Hrsg) (1977) Minimale cerebrale Dysfunktion bei Kindern. Huber, Bern

Bielefeld E (1991) Tasten und Spüren. Ernst Reinhardt Verlag, München

Bobath B (1962) Die Grundlagen der Behandlung des cerebral gelähmten Kindes. Pädiat Fortbild Prax 61

Bobath K (1969) Die Neuropathologie der infantilen Zerebralparese. In: Diagnostik und Therapie zerebraler Bewegungsstörungen im Kindesalter. Bartmann, Frechen, S 83–112

Bobath K (1970) Die moderne Behandlung der zerebralen Bewegungsstörung und ihre Bedeutung für die körperliche und geistige Entwicklung des Kindes. Mat Med Nordmark 22

Bobath K (1971) Frühbehandlung und ihre methodischen Grundlagen. In: Matthias HT, Brüster H, Zimmermann V (Hrsg.) Spastisch gelähmte Kinder. Thieme, Stuttgart, S 173–178

Defersdorf R (1991) Drück mich mal ganz fest. Herder, Freiburg

Döhring W u. W (Hrsg.; 1993) Sensorische Integration. Verlag Modernes Lernen, Dortmund

Ehrat F, Mattmüller-Frick F (1987) POS – Kinder in Schule und Familie. Schriftenreihe Erziehung und Unterricht, Bd 32, Haupt, Bern

Frostig M (1963) Entwicklungstest zur visuellen Wahrnehmung. Beltz, Weinheim

Frostig M (1973) Bewegungserziehung, neue Wege der Heilpädagogik. Reinhardt, München

Frostig M (1974) Wahrnehmungstraining zur visuellen Wahrnehmung. Crüwell, Dortmund

Frostig M (1981) Teilleistungsstörungen: Ihre Erkennung und Behandlung bei Kindern. Urban & Schwarzenberg, München

Kiphard E (1979) Motopädagogik. Verlag Modernes Lernen, Dortmund

Kiphard E (1983) Mototherapie, Bd. I und II. Verlag Modernes Lernen, Dortmund

Lempp R. (Hrsg., 1979) Teilleistungs-Störungen im Kindesalter. Huber, Bern, Stuttgart

Piaget J (1975) Das Erwachen der Intelligenz beim Kinde, 2. Aufl. Klett, Stuttgart

Prekop I u. Schweitzer C (1991) Unruhige Kinder. Kösel, München

Rohen JW (1978) Funktionelle Anatomie des Nervensystems. Schattauer, Stuttgart

Schilling F (1974) Körper-Koordinationstest für Kinder KTK. Beltz, Weinheim

Zimmer R, Volkhammer M (1984) Motoriktest für vier- bis sechsjährige Kinder MOT. Beltz, Weinheim

6 Kognitiv-verhaltenstherapeutische Interventionen bei hyperaktiv-aggressiven Kindern

Hans G. Eisert

Psychologiestudium in Hamburg, Forschungstätigkeiten in Lausanne und Frankfurt im Bereich heilpädagogischer Psychologie. Promotion zum Dr. phil. zum Thema hyperaktive Kinder, leitender Psychologe der Klinik für Psychiatrie und Psychotherapie des Kindes- und Jugendalters am Zentralinstitut für Seelische Gesundheit, Mannheim. Forschungen und Veröffentlichungen über die Therapie hyperaktiver Kinder und zur Therapie-Evaluation im allgemeinen. In der Ausbildung von ärztlichen und psychologischen Verhaltenstherapeuten tätig.

6.1 Hyperaktive Kinder und ihre behandlungsbedürftigen Probleme

Aus einem Krankenblatt

Aufnahmeanlaß: Der 7jährige Junge kommt wegen motorischer Unruhe, Umtriebigkeit, Unkonzentriertheit und leichter Ablenkbarkeit in der Vorschule. Er rede viel, könne nicht stillsitzen und störe den Vorschulunterricht. Er gerate leicht in Streitigkeiten mit anderen Kindern und zerstöre öfters Gegenstände. Seit einem vierteljährigen Besuch der ersten Grundschulklasse im Herbst habe er einen Freund, vorher habe er noch nie richtige Freunde gehabt, da er immer wieder mit seinen Spielkameraden in Streit geraten sei. Dabei habe er eine gute Auffassungsgabe und sei an sich begabt, lediglich seine Unkonzentriertheit und Unruhe würden seine Leistungen beeinträchtigen. In packenden Spielsituationen könne er sich auch für längere Zeit mit einer Tätigkeit beschäftigen.

Aus dem psychologischen Befund: In einem Intelligenzverfahren erzielt er einen IQ von 102. Sein Verhalten dabei: zuerst sehr ruhig, versteht Anweisungen, wird dann von Minute zu Minute unruhiger, kontrolliert nicht mehr, fragt zwischendurch nach allem möglichen. Distanzlos, faßt alles an, montiert den Körperkoordinationstest auseinander, ist kaum zu halten, grimassiert.

Das dürfte die typische Beschreibung eines hyperaktiven Kindes sein: Zappelphilipp und Hans-Guck-in-die-Luft zugleich.

Die *Leitsymptome* Aufmerksamkeitsstörung, gesteigerte, situationsunangemessene Motorik, kognitive Impulsivität, emotionale Labilität sind weder geeignet noch dazu ausersehen, die Probleme, die viele dieser Kinder in ihrem Alltag haben und machen, hinlänglich zu beschreiben. Schwierigkeiten ergeben sich schon daraus, daß „Aufmerksamkeitsstörung", eine Allzweck-Zuschreibungskategorie, bemüht wird, die – wenn man Eltern und vor allem Lehrer befragt – regelmäßig zu hohen Quoten von so gekennzeichneten, d. h. unkonzentrierten Kindern führt. Offenbar sind Unkonzentriertheit bzw. Aufmerksamkeitsstörung Passepartout-Begriffe, die wesentlich auch dazu dienen, Unzufriedenheit mit einem Kind, Probleme im Umgang mit ihm, auszudrücken. Um so mehr ist der Hinweis auf das Ausmaß des Problems vonnöten. Etwa 1–2 % der Grundschüler werden so kinderpsychiatrisch diagnostiziert und damit auch für besonders behandlungsbedürftig erachtet, etwa 6mal mehr Jungen als Mädchen, wenn man u. a. Kriterien, wie sie die Internationale Klassifikation psychischer Störungen (ICD-10) vorgibt, ergänzt durch einige psychologische Meßverfahren, Lehrer- und Eltern-Schätzskalen anwendet und zudem fordert, daß das hyperkinetische Verhalten gleichermaßen zu Hause, in der Schule und möglichst auch in der Klinik auszumachen sein sollte.

Die Symptome des hyperkinetischen Syndroms als Kürzel für die Schwierigkeiten der Patienten können zudem nicht ausreichend vermitteln, was etwa mit „aufmerksamkeitsgestört" in einem bestimmten Alter gemeint ist. Impulsivität, einem 6jährigen zugeschrieben, dürfte andere Verhaltensweisen implizieren als wenn ein 12jähriger so gekennzeichnet wird. Der Kliniker ist in einem erheblichen Maße auf seine subjektiven Normen angewiesen, seine Erfahrung, wie 8jährige so normalerweise sind, wenn er eine solche Auffälligkeit von Symptomwert konstatiert. Schließlich: gar zu leicht verführen Begriffe wie „motorische Unruhe" und „Aufmerksamkeitsstörung" zu einem Denken in Eigenschaften, d. h. zeitlich überdauernden Charakteristika einer Person – mit u. U. negativen Folgen für das so gekennzeichnete Kind: gestern konnte er es doch noch, der will nur nicht ... Die Wechselhaftigkeit des Verhaltens ist beinahe ein konstituierendes Element der Diagnose. Dies im Auge zu behalten, ist pädagogisch und therapeutisch bedeutsam.

Oft ist das Verhalten durch eine hohe Situationsspezifität ausgezeichnet. Wann tritt Hyperaktivität besonders hervor? Wenn Eltern und Lehrer Forderungen stellen (und vom Kind Befolgen erwartet wird), in Situationen also, in denen Regeln von außen vorgegeben werden, wenn Zurückhaltung, regelhafte Zusammenarbeit gefordert sind, beim Spiel mit Gleichaltrigen etwa, beim Einkaufen im Supermarkt. Fernsehen, Alleinspielen hingegen bereiten weniger Schwierigkeiten (Barkley 1982; Eisert 1987a). Geradezu ein Provokationstest für hyperaktives Verhalten ist die Hausaufgabensituation mit der

Mutter: eine der wenigen Gelegenheiten, vermehrt Interaktionsauffällig-keiten zu beobachten, nicht nur um des Konstatierens willen, sondern um in dieser ganz konkreten, gemeinhin von allen Beteiligten leidvoll erlebten Situation zu intervenieren, dies in der Absicht, die Mutter-Kind-Beziehung zu verbessern (vgl. Eisert 1987a).

Der eingangs wiedergegebene Ausschnitt aus einem Krankenblatt hat ein wesentliches Problem angedeutet, das weitgehend als Folge hyperaktiven Verhaltens aufzufassen ist. Das sind die sozialen Schwierigkeiten, die diese Kinder haben. Sie kommen mit anderen nicht zurecht, sind isoliert, werden zurückgewiesen, als auffällig-problematisch erlebt. Vor allem: Hyperaktive Kinder können ihr Verhalten nicht als Reaktion auf diese erfahrene Zurück-weisung ändern. Klassen mit einem hyperaktiven Kind erfahren vermehrt negative Reaktionen seitens ihrer Lehrer. Hyperaktives Verhalten löst auch bei Mitschülern eher unangepaßtes Verhalten aus. Vor allem: Ablehnung durch Gleichaltrige erhöht das Risiko späterer psychosozialer Auffälligkeit. Bei der Behandlung besonders zu berücksichtigen ist, ob aggressive Verhal-tensweisen auftreten. Die Befunde zeigen überdeutlich: Aggressivität im Kindesalter hat eine schlechte Prognose. Aggressivität kommt als Merkmal eine zeitliche Stabilität zu, wie sie ansonsten nur der Testintelligenz eigen ist (zur Literatur s. Eisert 1987b; Loeber 1985). So macht es denn auch einen erheblichen Unterschied, ob kindliche Hyperaktivität mit Aggressivität ge-paart ist. Während Hyperaktivität vor allem schulische Leistungsdefizite zur Folge hat, erhöht Aggressivität darüber hinaus das Risiko aggressiven und delinquenten Verhaltens in der Jugend. Anzumerken ist, daß das bisherige diagnostische Instrumentarium eine Unterscheidung von Hyperaktivität und Störung des Sozialverhaltens schwierig macht.

Man kann davon ausgehen, daß in klinischen Gruppen Hyperaktivität und Aggressivität oft verquickt sind (Hinshaw 1987; Loney 1987). Und hyper-aktiv-aggressive Kinder haben die schlechteste Prognose. Behandlungsprio-rität ist gegeben. Tabelle 1 deutet die Langzeitwirkungen hyperaktiven Ver-haltens allgemein an.

Neuere – und das bedeutet im allgemeinen: methodisch rigorosere Unter-suchungen – bieten ein eher noch düstereres Bild der langfristigen Folgen der Hyperaktivität (Fischer et al. 1993a). So etwa, daß 50–70 % der hyperaktiven Kinder Verhaltensprobleme im allgemeinen und Symptome der Hyperakti-vität im besonderen nach wie vor bei Erreichen des Erwachsenenalters auf-weisen (Fischer et al. 1990). Dies sind Untersuchungen an amerikanischen hyperaktiven Kindern und insofern sicherlich nicht ohne weiteres auf unsere Verhältnisse übertragbar. In Ermangelung vergleichbarer europäischer Stu-dien seien sie jedoch angedeutet auch weil sie Hinweise liefern könnten, wel-che psychosozialen Faktoren, die mit der kindlichen Hyperaktivität einher-

bzw. vorausgehen können, für unterschiedliche Auswirkungen sorgen. Verallgemeinert: Variablen, die auf Familiendysfunktion verweisen, vereint mit solchen, die das Ausmaß der kindlichen Störung aufzeigen, sagen negative Langzeitfolgen vorher. Das pädagogisch-therapeutische Handeln muß daher auch darauf gerichtet sein, wenn immer möglich die elterliche Kompetenz zu steigern und die Familienkohäsion zu verbessern. (Zu einigen Hinweisen siehe Eisert 1999).

Gar zu leicht übersehen – was Wunder, angesichts des den Gegenüber erst einmal in Anspruch nehmenden expansiven Verhaltens – werden emotionale Probleme des Kindes: Sein geringes Selbstvertrauen im Gefolge ständiger negativer Erfahrungen im Umgang mit anderen und im Leistungsbereich. Nicht selten hat es so gelernt, hilflos zu reagieren: Schnell aufzustecken, weniger Aufgaben zu bewältigen, bei der ersten Schwierigkeit verstimmt, unruhig-gereizt oder aggressiv-ausagierend zu reagieren (Milich & Okazaki 1991). Am negativen Selbstbild etwas zu ändern, muß ein wesentliches Ziel der Intervention sein. Darauf zu achten ist auch, ob Hyperaktivität mit einer affektiven Störung einhergeht (siehe die Übersicht bei Biederman u. Newcorn 1991). Überzufällig häufig tritt die hyperkinetische Störung mit Teilleistungsschwächen zusammen auf.

Wozu wird dies hier alles nochmals angeführt? – Weil damit nicht nur angedeutet wird, von welchen Kindern wir sprechen, sondern vor allem auch, welche vielfältigen Problembereiche involviert sind, welches Ausmaß an Behandlungsnotwendigkeit gegeben ist, welche Ausdauer vonnöten ist, und wie vermessen es wäre, zu meinen, man könne den Problemen dieser Kinder in ihrer Sozialökologie mit irgendeiner Intervention ein für allemal, in zwanzig bis dreißig Sitzungen etwa, beikommen. Bescheidenheit ist angezeigt.

Angezeigt ist auch, darauf hinzuweisen, wo der empirischen Literatur zufolge die eigentlichen Schwierigkeiten der Kinder liegen, und sei es, weil wir als Therapeuten der Erklärungsmuster für unser Handeln bedürfen. Damit sind nicht die Ursachen der Hyperaktivität gemeint, da trifft man sich gemeinhin

Tab. 6.1: Langzeitfolgen kindlicher Hyperaktivität

- Keine schweren psychiatrischen Erkrankungen
- Nur etwa 20% sind in der frühen Jugend problemfrei
- Zu Beginn des Erwachsenendaseins erfüllen nach wie vor ein Drittel die Kriterien für eine hyperkinetische Störung
- Mehr Schwierigkeiten mit Alltagsbelastungen
- Schul- und Ausbildungsprobleme, Leistungsprobleme, Leistungsmängel, geringer beruflicher Erfolg
- Schlechtes Auskommen mit Gleichaltrigen

---

in der Metapher, Hyperaktivität sei der letzte gemeinsame Weg einer Vielfalt von verursachenden Bedingungen. Vielmehr: Woran fehlt es denn bei dieser Störung?

6.2 Hyperaktivität als dysregulatorische Störung – eine handlungsanleitende psychologische Modellvorstellung

Verschiedene Autoren begreifen Hyperaktivität als dysregulatorische Störung (Gualtieri et al. 1983), bei der auf den verschiedenen Ebenen, der physiologischen, des Verhaltens und des Denkens, es dem Kind nicht gelingt, sich situativen Anforderungen jeweils anzupassen. Vier Aspekte kennzeichnen nach Douglas (1983, 1988) diesen zentralen Defekt der Selbstregulation: 1) hyperaktive Kinder zeigen wenig Bereitschaft, andauernd Aufmerksamkeit und Mühe in anfordernde Aufgaben zu investieren; 2) sie sind weitgehend unfähig, impulsives Reagieren zu hemmen; 3) es gelingt ihnen nicht, Aktivierung oder Wachheit („Arousal") den situativen Anforderungen jeweils anzupassen; 4) sie suchen im besonderen Maße unmittelbare Gratifikation. Verzögerte Verstärkung, Aufschub von Zuwendung, Belohnung – wird besonders schlecht ertragen. Auf diesen Nenner lassen sich mit Virginia Douglas (Douglas 1983; 1988) die kaum noch zu übersehenden Einzelstudien bringen, die Defizite hyperaktiver Kinder bei Aufgaben zeigen, bei denen ein ‚Monitoring', Wahrnehmungsdifferenzierung, Gedächtnis, logisches Suchen und psychomotorische Kontrolle verlangt wird.

Bedeutsam ist, daß nicht die Informationsverarbeitung an sich gestört ist. Die Defizite treten vielmehr hervor, wenn die Anforderungen gesteigert werden: wenn z. B. Menge und Komplexität der zu verarbeitenden Information anwächst, Geschwindigkeit und Dauer gesteigert wird, Gründlichkeit gefordert ist. Dann zeigen Hyperaktive im Vergleich zu unauffälligen Kindern erhebliche Leistungseinbußen. Wird die zu verarbeitende Information gemindert, läßt man die Kinder nach ihrem Tempo arbeiten, wird Hilfestellung gegeben, mehr Unterstützung gewährt, so mindern sich die Auswirkungen dieser selbstregulatorischen Störung.

Virginia Douglas (z. B. 1983) hat die Auswirkungen dieser basalen Probleme, die wiederum auf die Grundprobleme zurückwirken, beschrieben (Abb. 6.1). Eben angedeutet: Die geringe Daueraufmerksamkeit, das vorschnelle Reagieren, die unzureichende selektive Aufmerksamkeit – Unwesentliches wird nicht von Wesentlichem unterschieden – verhindern eine altersgemäße metakognitive Entwicklung, d. h. das Kind lernt nicht, über sein Denken nachzudenken, geplant vorzugehen, Probleme seinem Alter entsprechend zu lösen. Es erfährt ständig Mißerfolge im Kognitiven wie im Sozialen. Es läßt sich schließlich auf nichts mehr ein, wirft sich im Unterricht unter den Tisch, benötigt eine halbe Stunde, um das richtige Heft aus dem Ranzen zu ziehen. Diese Vorstellungen geben einen eher allgemeinen Hintergrund für unsere kognitiv-verhaltenstherapeutische Intervention ab; wie auch die allgemeine Beschreibung des Vorgehens von Douglas (Douglas 1980; Douglas 1988) Ausgangspunkt für die Entwicklung unseres Behandlungsprogramms war.

Bei allem Forschungsaufwand – das ist kritisch anzumerken – ist die Natur der hyperkinetischen Störung noch keineswegs hinlänglich geklärt. Zunehmend bezweifelt wird jedoch (z. B. Barkley 1997; 1990; Tannock 1998; Whalen 1989), ob die Kennzeichnung als Aufmerksamkeitsstörung angemessen ist. Jedenfalls scheinen die ganz realen Probleme mit dem Bei-der-Sache-bleiben, der nicht situationsangemessenen Motorik und dem vorschnellen Handeln ganz wesentlich auch motivationaler Art zu sein. Das übergreifende Problem ist eher eine unzulängliche Selbststeuerung auf dem Hintergrund einer für zentral erachteten mangelhaften Verhaltenshemmung (Barkley 1997). Und dafür gibt es einen pathophysiologischen Hintergrund (vgl. Fuster 1989). Die Implikationen für eine pädagogisch-psychotherapeutische Intervention mit dem Kind sind deutlich: Nicht etwa Konzentrationsübungen haben denn auch im Vordergrund zu stehen. Vielmehr gilt es, diese Selbststeuerung zu verbessern, Handlungsabbrüche zu reduzieren, dem hyperaktiven Kind oder Jugendlichen dazu zu verhelfen, die Dinge besser auf die Reihe zu kriegen, d. h. sein Verhalten anhaltend zu überprüfen, einzuschät-

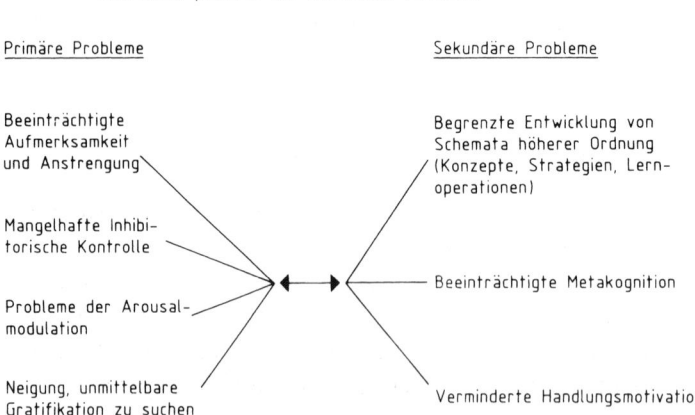

Abb. 6.1 Das Modell der Aufmerksamkeitsstörung von Virginia Douglas (aus Douglas, 1983).

zen und den situativen Anforderungen entsprechend zu modulieren. Elementare Voraussetzung dafür, daß es zu diesen Veränderungen kommt, ist, daß das bis dahin hyperaktive Kind unmittelbar und nachhaltig erfährt, daß es sich lohnt, sich so, wie der Therapeut es nahelegt, zu verhalten.

6.3 Die kognitiv-verhaltenstherapeutische Intervention

6.3.1 Die multimodale Behandlung

Unsere multimodale Behandlung verbindet eine kognitiv-verhaltenstherapeutische Intervention, bei der ansatzweise auch die schulischen und sozial-emotionalen Defizite der hyperaktiven Kinder im Grundschulalter angegangen werden, mit einer Stimulanzientherapie. Dazu kommt intensive Elternarbeit und – wenn möglich – Lehrerberatung. Die Wirksamkeit der Behandlungskomponenten, vor allem die Notwendigkeit der medikamentösen Therapie, werden jeweils kontinuierlich mit Hilfe einer Reihe von Meßverfahren (direkte Verhaltensbeobachtung, Eltern/Lehrer-Schätzzahlen, Daueraufmerksamkeitstests) geprüft (Eisert et al. 1982).

In der Familie versuchen wir, das Sich-gegenseitig-unter-Druck-Setzen zu unterbrechen, indem wir an umschriebenen Verhaltensausschnitten ansetzend u. a. einfache Techniken der Verhaltensmodifikation vermitteln. Mit der Schule bemühen wir uns darum, eine fast immer drohende Aus- oder Umschulung zurückzustellen und eine positivere Einstellung des Lehrers dem Kind gegenüber zu bewirken. Beim Kind trachten wir zunächst einmal danach, daß es sich überhaupt wieder auf Spielerisches und Schulisches einläßt. Damit es in der Folge weniger impulsiv reagiert, vermitteln wir ihm Strategien, die ihm dazu verhelfen sollen, bisher kritische soziale und Leistungssituationen besser zu bewältigen.

6.3.2 Zur Arbeit mit den Eltern

Um Veränderungsbereitschaft bei allen Beteiligten zu wecken, sind die Hausaufgaben ein probates Mittel, geht es dabei doch oft stundenlang, teils handgreiflich, allemal mit mütterlichem und kindlichem Leid verbunden, zu. Die Hausaufgabensituation erlaubt es dem Kliniker, die Probleme wieder in ihren Zusammenhang zu stellen, aus dem sie ihm erst einmal losgelöst in einem Untersuchungszimmer präsentiert werden. Die problematische Mutter-Kind-Interaktion wird bei den Hausaufgaben auch außerhalb des familiären Rahmens sehr schnell deutlich. Gemeinsam wird eine Videoaufzeichnung von Kind und Mutter bei den Hausaufgaben betrachtet. Die Beteiligten äußern sich, wie sie sich in bestimmten Situationen gefühlt haben, was ihnen dabei durch den Kopf gegangen ist, was man anders machen könnte, und wie der andere wohl darauf reagieren würde. Der Pädagoge/Therapeut macht Vorschläge, was man üben könnte, damit es anders wird: Wie man das Kind, besser sein Verhalten, loben kann, seine Selbständigkeit fördert, überhaupt erst einmal die Situation strukturiert. Dazu wird ein fester Arbeitsplatz vereinbart, eine bestimmte Zeit, ein Hausaufgabenheft geführt. Das sind die üblichen Stimuluskontrolltechniken, die auch dazu beitragen, daß die Hausaufgaben wieder an Attraktivität gewinnen. Allgemeines Ziel ist, das Kind allmählich zum Hauptverantwortlichen für das Erledigen der Hausaufgaben zu machen.

In Elterntrainings werden Eltern oft aufgefordert, eine bestimmte Zeit täglich mit ihrem Kind beim Spiel zu verbringen und es für angemessenes Verhalten dabei jeweils zu loben. Die Mütter, die zu uns kommen, machen sehr oft deutlich – und darin sind sie sich mit ihrem Kind einig –, daß sie nicht (mehr) bereit sind, miteinander zu spielen, und wenn es denn dazu käme, was es da zu loben gäbe. Gekürzt: wir lassen u. a. die Mutter anfangs in eine Liste regelmäßig eintragen, welches kindliche Verhalten sie an diesem Tag erfreut hat. Und wir machen sie in gemeinsamen Spielsituationen darauf aufmerksam, welche Verhaltensweisen ihres Kindes uns lobenswert erscheinen. Das Äußern positiver Gefühle wird direkt geübt, der Mutter dabei geholfen, eine zu ihr passende Ausdrucksweise zu finden, die dann, u. U. auf Zetteln fixiert, ihr zu Hause eine Hilfe und Erinnerung sein kann. Anfänglich führen die Eltern Buch darüber, wie oft sie ihr Kind an einem Tag gelobt haben.

Die Mütter äußern dem Therapeuten gegenüber oft negative Gedanken pauschalierender Art über sich selbst: Was sie doch für schlechte Mütter sind; nie werden sie mit ihren Kindern zurechtkommen ... Der Therapeut tut gut daran, nicht darüber hinwegzuhören oder beruhigend, tröstend darauf einzugehen. Angemessener ist es, diese Äußerungen sofort aufzugreifen, sie in Frage zu stellen, allemal was ihre generelle Gültigkeit angeht; dies deshalb, weil sie das Verhalten der Mutter ihrem Kind gegenüber oft steuern. Sie sorgen für Niedergeschlagenheit oder auch Wut und Ärger, für Gefühle, die wiederum zu unangemessenem Umgang mit dem Kind führen. Etwa, wenn die sich automatisch in vielen Situationen einstellenden Gedanken und die durch sie ausgelösten Gefühle verhindern, das Kind bei erwünschtem, situationsangemessenem Verhalten zu erwischen. Die Mutter ist so mit sich selbst beschäftigt, daß sie das Verhalten des Kindes nicht angemessen wahrnimmt; ihm jedenfalls dafür keine Zuwendung zuteil werden läßt. Es ist wichtig, diese dysfunktionalen negativen Gedanken ihres automatischen Charakters zu entkleiden. Der Mutter muß dabei geholfen werden, ihr häufiges Auftreten bewußt zu registrieren, ihre Auswirkungen auf Stimmung und Verhalten zu erkennen und sie durch angemessenere Gedanken zu ersetzen. Schließlich ist sie, bei allen Schwierigkeiten mit einem ‚schwierigen' Kind, trotz unangemessenem Erziehungsverhalten in einigen kritischen Situationen, keine „total unfähige Mutter", wie ihr immer wieder in den Gedankenstrom einfließt (und ihr gelegentlich auch von ihrer unmittelbaren Umgebung zu denken nahegelegt wird).

Neben dieser *kognitiven Neubenennung*, einem wesentlichen Element der kognitiven Therapie von Beck (Beck et al. 1992; zur Technik vgl. Hautzinger 1993) ist, wenn Wut und Ärger als Auslöser aggressiven Verhaltens der Eltern dem Kind gegenüber eine erhebliche Rolle spielt, eine *„Stressimpfung'* (Novaco 1993) angezeigt. Die Eltern lernen dabei, zuerst in wenig belastenden, dann zunehmend alltagsnäheren Situationen Wut und Ärger auslösende Stimuli zu erkennen und damit besser umzugehen. Notwendig erscheint oft auch, die Kommunikation der Ehepartner untereinander und das gegenseitige Unterstützen bei der Erziehung zu fördern; nur setzt dies die Bereitschaft der Eltern voraus, sich auf ein Bemühen darum einzulassen. Ein unaufdringliches, Schritt-für-Schritt-Vorgehen ist überhaupt geboten, und dies vom ersten Kontakt an, schon eingedenk der Erfahrung, daß übliche Elterntrainings bei dieser Klientel oft hohe Abbruchraten zu verzeichnen haben. Die Eltern sehen sich oft vielseitigem Druck ausgesetzt, der sie gar zu schnell dazu führen kann, wo dies möglich ist, aus dem Felde zu gehen.

6.3.3   Der „Förderunterricht"

Wenn, der Konzeptualisierung der hyperkinetischen Störung zufolge, Probleme der Selbstregulation im Vordergrund stehen, nicht zuletzt auch solche der Motivation, so wird eine kognitiv orientierte Intervention nahegelegt, bei der es weniger gilt, die Aktivität des Kindes zu reduzieren, als vielmehr ihm dazu zu verhelfen, sein Verhalten besser zu steuern, d. h., sich an „soziale Skripten" zu halten: ein Verhalten an den Tag zu legen, daß – bei fast immer gegebener, möglicher Verhaltensvielfalt – in den Rahmen des situativ jeweils Erwarteten hineinpaßt, zum Beispiel bei Omas Geburtstag. Handlungsabbrüche zu reduzieren, die Aufmerksamkeit anhaltender zu zentrieren, Impulse besser zu kontrollieren – das sind die – noch sehr allgemeinen – Ziele der Intervention. Sie ansatzweise zu erreichen, dazu dient eine Art Förderunterricht, zu dem das Kind etwa siebzehn- bis zwanzigmal kommt, die ersten fünf bis sechs Sitzungen allemal ohne Beteiligung anderer Kinder. Anfänglich verleugnet es zumeist alle Schwierigkeiten. Zu sehen lernen, was ihm alltäglich Probleme bereitet, ist eine Sache, eine andere für das Kind erfahrbar zu machen, daß wir ihm bei deren Bewältigung behilflich sein können. Das Kind lernt, dank dem Therapeuten, der das Vorbild abgibt, indem er laut denkt, wie man mit Schwierigkeiten umgehen kann, sie zuerst einmal erkennt, verschiedene Lösungsmöglichkeiten überlegt und abwägt, abschätzt, ob sie angemessen sind, die Richtigkeit der Lösung kontrolliert, schließlich sich selbst für seinen Erfolg bestätigt. Und zwischendurch kommt es darauf an, mit Fehlern und Schwierigkeiten und daraus erwachsenden Unlustgefühlen umzugehen, ohne daß die Handlungskette unterbrochen wird. Bei diesem sog. Selbstinstruktionstraining als einem wesentlichen Element unserer kognitiv-verhaltenstherapeutischen Intervention lernt das Kind, in handlungsanleitender Weise zu sich selbst zu sprechen, das macht ihm erst der Pädagoge/Therapeut vor, indem er laut denkt. Der Schüler übernimmt dies, und schließlich wird das laute Denken ausgeschlichen, eben leise gedacht – immer an den Stellen, an denen zuvor impulsiv reagiert wurde. Tabelle 2 deutet die allgemeinen, d. h. nicht aufgabenspezifischen Problemlösungsschritte an. Anfänglich stehen einfache psychomotorische Aufgaben im Vordergrund, um handlungsanleitendes Zu-sich-Sprechen einzuüben. Sie unterfordern das Kind zunächst eher. Das ist geboten, um den mißerfolgsgewohnten, leistungsängstlichen und verweigernden Kindern um jeden Preis Erfolgserlebnisse zu sichern. Gleich nach den Aufgaben – den zunächst wenig schulähnlichen Aufgaben – folgen Spiele, vorwiegend solche, die eine gewisse Vorausplanung verlangen. Später werden Interaktionssituationen eingeführt. Um Generalisierung wahrscheinlicher zu machen, werden die an zunächst ganz spezifischen Aufgabentypen erworbenen kognitiven Strategien bei vielfältigen Aufgaben, in unterschiedlichen Situationen, mit unterschiedlichen Personen – Eltern, Lehrer, Gleichaltrige – eingeübt. Für dieses kognitiv-verhal-

Tab. 6.2: Konzeptuelle Selbstinstruktion

1. Problem-Definition:
   „Zunächst einmal muß ich genau wissen, was ich tun soll."
2. Problem-Annäherung:
   „Dabei muß ich alle Möglichkeiten beachten und überdenken."
3. Zentrieren der Aufmerksamkeit:
   „Ich soll nur an das denken, was ich gerade mache."
4. Überprüfen, Fertigwerden mit Fehlern:
   „Ja, wenn ich einen Fehler mache, muß ich beim nächsten Mal gründlicher aufpassen und genauer nachdenken. Dann wird es sicher besser."
5. Überprüfen, Verstärkung:
   „Oh, das habe ich gut gemacht, gut aufgepaßt."

tenstherapeutische Programm haben wir ein (unveröffentlichtes) Manual entwickelt. [Zur Evaluation s. Eisert et al. (1982); Eisert u. Eisert (1987)]

Ein solches Vorgehen wird der kognitiven Verhaltensmodifikation zugerechnet: Verhaltensmodifikation, weil das Kind systematisch belohnt wird, um es bei der Stange, und interessiert zu halten, kognitiv: Weil vermittelt wird, wie man mit Problemen umgehen kann, nicht gleich impulsiv drauflosgehen muß. Wenn man den Lehrer über das Vorgehen unterrichtet, kann man auch sichern, daß das Gelernte in den Unterricht eingeht – das Kind seine neuerworbenen Fertigkeiten auch da einsetzt, wo es wichtig ist, außerhalb des Behandlungszimmers.

6.3.4 Aggressives Verhalten als Folge fehlerhafter Informations-verarbeitung – Wie man mit Wut und Ärger besser umgehen kann

Kindliche Hyperaktivität geht oft mit aggressivem Verhalten einher. Wie können wir die Kinder dahin führen, sich besser zu steuern, nicht gleich aggressiv auszuagieren?

Aggressives Verhalten hat seine Ursache oft weniger darin, daß derjenige, der sich so verhält, nicht über andere Verhaltensweisen verfügt, wie wir ihm das oft unterstellen, wenn wir ihm prosoziale Fertigkeiten vermitteln wollen. Häufig kennt derjenige, der sich in einer Situation aggressiv verhält, durchaus alternative Verhaltensweisen, er legt sie nur nicht in dem Augenblick an den Tag; dies z. T., weil er einem Informationsverarbeitungsfehler aufsitzt: In einer kritischen Situation nur bestimmte soziale Zeichen wahrnimmt, dem Gegenüber zuschreibt, förmlich von ihm erwartet, daß der ihm feindlich gesonnen sei. Und das führt – andere Verhaltensweisen werden gar nicht ins Kalkül gezogen – schnurstracks zu aggressivem Verhalten (Dodge 1985). Das aggressive Verhalten und seine Vorläufer Wut und Ärger, werden weniger von einer Situation, einem Ereignis an sich ausgelöst, als vielmehr durch deren weitgehend automatisiert ablaufende kognitive Verarbeitung. Um diese Ketten von Gedanken und Gefühlen, die zur Aggression führen, zu unterbrechen, lernt das Kind im ersten Schritt die Gedanken, seine physiologischen Reaktionen und Verhaltenskomponenten von Ärger kennen – was dem vorhergeht; sodann, mit welchen alternativen Verhaltensweisen dem bei- bzw. zuvorzukommen ist. Im zweiten Schritt werden diese kognitiven und Verhaltensfertigkeiten eingeübt und schließlich im dritten Schritt in zunehmend belastenderen, d. h. realeren Situationen angewandt. Das Ertragen immer stärkerer Stressoren, d. h. zuvor Wut und Ärger provozierender Situationen, wird geübt (zur Lit. s. Eisert 1987b). Eine solche „Streß-Impfung" – kognitive Umstrukturierung, also Änderung der Interpretation bisher mit Aggression verknüpfter Situationen, Selbsteinschätzung: Wie habe ich das gemacht? Woran erkenne ich provozierende Situationen? Wie ärgerlich bin ich? Entspannungstechniken (u. a. tiefes Atmen) und imaginative Techniken (u. a. Vorstellungen, die mit Beruhigung einhergehen) birgt Inhalte, die vor allem durch Lernen am Modell und Rollenspiel vermittelt werden. Auf Provokationen lernt das Kind und v. a. der Jugendliche u. a. mit Hilfe von Selbstinstruktionen angemessener zu reagieren: „Den Burschen werde ich nicht beachten" (Feindler u. Ecton 1986; Lochman u. Curry 1986).

6.4   Abschließende Bemerkungen

Zum Entwicklungsstand sozial-kognitiver Interventionsprogramme (vgl. Eisert 1987b) sei hier nur angemerkt, daß die neuerworbenen kognitiven Problemlösungsfertigkeiten sich nicht, beinahe von selbst in ein sozial angemessenes Verhalten umsetzen. Auch wenn hyperaktiv-aggressive Kinder gerade im Rollenspiel ihre Kompetenz demonstriert haben, Alltagssituationen besser bewältigen zu können, so sichert dies noch nicht, daß sie sich kurze Zeit später, auf dem Heimweg nämlich, auch so verhalten. Auch deshalb, um Verhaltensgeneralisierung wahrscheinlicher zu machen, sind Eltern und Lehrer einzubeziehen. Um das Kind dazu anhalten zu können, die Problemlösungsstrategien anzuwenden, müssen sie erst einmal die Bedeutung dieser Strategien für sich selbst erkennen, sie selbst erlernen und anwenden. Ein unzulänglicher Behandlungserfolg mag gelegentlich auch seine Ursache darin haben, daß das Kognitive betont, das Verhaltenstherapeutische, die systematische Verstärkung, hingegen bei der Intervention vernachläßigt wird. Mit einiger Naivität scheint unterstellt zu werden, daß das hyperaktive Kind, erst einmal so behandelt, doch aus sich heraus erkennen müsse, was ihm die gerade vermittelten Problemlösungsfertigkeiten, diese kognitiven Strategien, doch alles in Schule und Elternhaus einzubringen vermögen, wenn es sich ihrer dort erst einmal bedient. Nein, es bedarf v. a. zu Beginn der Behandlung schon der systematischen Verstärkung, nicht unbedingt materieller Art (mit Süßigkeiten), sondern sozialer (mit Zuwendung) und der mit Aktivitäten (u. a. auch gemeinsame Aktivitäten beispielsweise mit dem Vater oder der ganzen Familie, wenn sie denn vom Kind als verstärkend erlebt werden). Denn wäre das übliche Ausmaß an Verstärkung, das die Sozialökologie des hyperaktiven Kindes bereithält (bzw. vor der Eskalation der Probleme bereitgehalten hat), ausreichend, so müßte man sich beinahe fragen, wieso es überhaupt zur Behandlungsnotwendigkeit gekommen ist.

Der relative Mißerfolg einer Intervention mag auch darin begründet sein, daß das Kind anschließend auf starre Rollenerwartungen trifft; daß ihm so begegnet wird, als verhielte es sich nach wie vor hyperaktiv-aggressiv – mit dem Ergebnis, daß die alten Verhaltensmuster wieder aktiviert werden. Ursachenzuschreibungen und Erwartungen, die die Umgebung dem Kind gegenüber hegt, sind demnach tunlichst von vornherein zu berücksichtigen. Es könnte auch gefährlich sein, das Kind, nur weil es inzwischen über die notwendigen sozialen Fertigkeiten verfügt, zu früh (wieder) in Gruppensituationen zu bringen (Bierman u. Montminy 1993).

Belege dafür, daß durch kognitiv-verhaltenstherapeutische Interventionen allein dauerhafte Veränderungen eintreten, stehen weitgehend aus, es ist bisher nicht das Übliche, daß – wie bei unserer, allerdings multimodalen Behandlung hyperaktiv-aggressiver Kinder – Ausschulung und Nichtversetzung vermieden werden konnten (Eisert et el. 1982; Eisert u. Eisert 1987) oder daß sich – ebenfalls bei einer klinischen Gruppe von Kindern mit antisozialem Verhalten nach der Behandlung und 1 Jahr später – bedeutsam mehr der sozial-kognitiv Behandelten im normalen Bereich prosozialen Verhaltens bewegen und sich in dieser Hinsicht einer nondirektiv behandelten Kontrollgruppe überlegen erwiesen (Kazdin et al. 1987).

Das sind noch recht grobe Techniken, über die wir verfügen. Sie berücksichtigen noch nicht hinlänglich das Entwicklungsniveau des Kindes, das zeigt sich schon, wenn ähnliche Strategien über einen breiten Altersbereich angewandt werden. Den Modellvorstellungen, etwa zur Abfolge der Problemlösungsschritte, ermangelt es noch des spezifischen entwicklungspsychologischen Unterbaus (vgl. Brown 1987).

Gar zu oft, allemal bei unsensiblem, reflexhaften Umgang mit den Programmen: Wenn der Pädagoge/Therapeut sich vom Manual so programmieren läßt, daß er auf die sich situativ ergebenden Bedürfnisse des Kindes nicht mehr einzugehen vermag, dürften auch gelegentlich Defizite behandelt werden, deren Vorhandensein gar nicht zuvor – in einer diagnostischen Phase – belegt ist. Der Therapeut, der sich dieser Programme bedient, ist noch über Gebühr auf seine Erfahrung und Intuition angewiesen.

Eine narzistische Kränkung muß er schließlich noch ertragen, sind doch unsere pädagogisch-psychotherapeutischen Interventionen – auf die Gruppe hyperaktiv-aggressiver Kinder (nicht auf einzelne) bezogen – in ihrer kurzfristigen Wirkung bestenfalls einer Stimulanzientherapie gleichwertig, auch wenn keiner behaupten wird, daß eine medikamentöse Behandlung zur Steuerung von Verhaltensproblemen ausreicht. Ausschulung und ähnliches Ungemach zu vermeiden hilft sie jedoch oft, während unsere Interventionen nicht so schnell greifen.

Literatur

Abikoff H (1987) An evaluation of cognitive behavior therapy for hyperactive children. In: Lahey BB, Kazdin AE (eds) Advances in Clinical Child Psychology, Vol. 10. Plenum Press, New York, pp 171–216

Barkley RA (1990) Attention deficit hyperactivity disorder. A handbook for diagnosis and treatment. Guilford Press, New York

Barkley RA (1997) Behavioral inhibition, sustained attention, and executive functions: Constructing a unifying theory of ADHD. Psychological Bulletin 121: 65–94

Beck AT, Rush AJ, Shaw BF, et al (1992) Kognitive Therapie bei Depression. Psychologie Verlags Union, Weinheim

Biederman J, Newcorn (1991) Comorbidity of attention deficit hyperactivity disorder with conduct, depressive, anxiety, and other disorders. American Journal of Psychiatry 148: 564–577

Bierman KL, Montminy HP (1993) Developmental issues in social-skills assessment and intervention with children and adolescents. Behavior Modification 17, 229–254

Brown RT (1987) Attention deficit disorders. In: Reynolds C, Mann H (eds) Encyclopedia of special education. Wiley, New York, pp 145–148

Campbell SB, Werry JS (1986) Attention deficit disorder (hyperactivity). In: Quay HC, Werry JS (eds) Psychopathological Disorders of Childhood. Wiley, New York, pp 111–155

Dodge KA (1985) Attributional bias in aggressive children. In: Kendall PC (ed) Advances in Cognitive-Behavioral Research and Therapy, Vol. 4. Academic Press. Orlando, Florida, pp 73–110

Douglas VI (1980) Treatment and training approaches to hyperactivity; Establishing internal or external control. In: CK Whalen & B Henker (eds) Hyperactive Children. The Social Ecology of Identification and Treatment. Academic Press, New York, pp 283–317

Douglas VA (1983) Attentional and cognitive problems. In: Rutter M (ed) Developmental Neuropsychology. Churchill Livigstone, Edinburgh, pp 280–329

Douglas VA (1988) Cognitive deficits in children with attention deficit disorder with hyperactivity. In: Bloomingdale L, Blommingdale J (ed) Attention deficit disorder: Criteria, cognition, and intervention. Pergamon Press, New York, pp 65–82

Eisert HG, Eisert M, Schmidt MH (1982) Stimulanzientherapie und kognitive Verhaltensmodifikation bei hyperaktiven Kindern. Zeitschrift für Kinder- und Jugendpsychiatrie 10: 195–215

Eisert HG (1987a) Die Hausaufgabensituation als Ansatzpunkt für Verbesserungen in der Mutter-Kind-Interaktion. In: Speck O, Peterander F, Innerhofer P (eds) Kindertherapie. Interdisziplinäre Beiträge aus Forschung und Praxis. Reinhardt, München, pp 252–260

Eisert HG (1987b) Sozial-kognitive Interventionen bei aggressiven Kindern. In: Petermann F (ed) Verhaltensgestörtenpädagogik. Neue Ansätze und ihre Erfolge. Marhold, Berlin, pp 7–29

Eisert HG (1999) Hyperkinetisches Syndrom. In: Steinhausen H-C, v. Aster M (eds) Handbuch der Verhaltenstherapie bei Kindern und Jugendlichen. 2., überarbeitete Aufl. Psychologie Verlags Union, Weinheim, pp 131–159

Eisert M, Eisert HG (1987) Auf dem schwierigen Weg zu einem klinisch validen Behandlungsprogramm für hyperaktive Kinder. In: Speck O, Peterander F, Innerhofer P (eds) Kindertherapie. Interdisziplinäre Beiträge aus Forschung und Praxis. Reinhardt, München, pp 277–282

Evans SW, Evans WE (1991) Psychostimulant effects on academic and behavioral measures for ADHD junior heigh school students in a lecture format classroom. Journal of Abnormal Child Psychology 19: 537–552

Feindler EL, Ecton RB (1986) Adolescent anger control: Cognitive-behavioral techniques. Pergamon Press, New York

Fischer M, Barkley RA, Fletcher KE, Smallish L (1993) The adolescent outcome of hyperactive children: predictors of psychiatric, academic, social, and emotional adjustment. Journal of the American Academy of Child and Adolescent Psychiatry 32: 324–332

Fischer M, Barkley RA (1990) The adolescent outcome of hyperactive children diagnosed by research criteria: Academic, attentional, and neuropsychological status. Journal of Consulting and Clinical Psychology 58: 580–588

Fuster JM (1989) The Prefrontal Cortex: Anatomy, Physiology, and Neuropsychology of the Frontal Lobe. 2nd ed. Raven Press, New York

Gualtieri CT, Hicks RE, Mayo JP (1983) Hyperactivity and homeostasis. Journal of the American Academy of Child and Adolescent Psychiatry 22: 382–384

Haenlein M, Caul WF (1987) Attention deficit disorder with hyperactivity: A specific hypothesis of reward dysfunction. Journal of the American Academy of Child and Adolescent Psychiatry 26: 356–362

Hautzinger M (1993) Kognitives Neubenennen. In: Linden M, Hautzinger M (eds) Verhaltenstherapie. Techniken und Einzelverfahren. Springer-Verlag, Berlin, pp 187–292

Hinshaw SP, Erhardt D (1991) Attention deficit-hyperactivity disorder. In: Kendall PC (ed) Child and Adolescent Therapy. Cognitive-behavioral procedures. Guilford Press, New York, pp 98–128

Hinshaw SP, Hinshaw D (1991) Attention-deficit hyperactivity disorder. In: Kendall PC (ed) Child and Adolescent Therapy. Cognitive-hebavioral procedures. Guilford Press, New York, pp 98–128

Hinshaw SP (1987) On the distinction between attentional deficits/hyperactivity and conduct problems/aggression in child psychopathology. Psychological Bulletin 101: 443–463

Kazdin AE, Esveldt-Dawson K, French NH, Unis AS (1987) Problem-solving skills training and relationship therapy in the treatment of antisocial child behavior. Journal of Consulting and Clinical Psychology 55: 76–85

Lochman JE, Curry JF (1986) Effects of social problem-solving training and self-instruction training with aggressive boys. Journal of Clinical Child Psychology 15: 159–164

Loeber R (1985) Patterns and development of antisocial child behavior. In: Whitehurst GJ (ed) Annals of Child Development, Vol. 2. JAI Press, Greenwich, CT, pp 77–116

Loney J (1987) Hyperactivity and aggression in the diagnosis of attention deficit disorder. In: Lahey BB, Kazdin AE (eds) Advances in Clinical Child Psychology, Vol. 10. Plenum Press, New York, pp 99–135

Milich R, Okazaki M (1991) An examination of learned helplessness among attention deficit hyperactivity disordered boys. Journal of Abnormal Child Psychology 19: 607–623

Novaco RW (1993) Stressimpfung. In: Linden M, Hautzinger M (eds) Verhaltenstherapie. Techniken und Einzelverfahren. Springer-Verlag, Berlin, pp 295–299

Pelham WE jr (1986) Behavior therapy. In: Sleator EK, Pelham WEj (eds) Attention deficit disorder (Dialogues in Pediatric Management, Vol. 1, No. 3). Appleton-Century-Crofts, Norwalk, CT, pp 127–161

Rapport MD (1991) Attention deficit disorder with hyperactivity. In: Hersen M, Hasselt VB (eds) Behavior therapy with children and adolescents. Wiley, New York, pp 325–361

Tannock R (1998) Attention deficit hyperactivity disorder: Advances in cognitive, neurobiological, and genetic research. Journal of Child Psychology and Psychiatry 39: 65–99

Whalen CK (1989) Attention-deficit hyperactivity disorder. In: Ollendick TH (ed) Handbook of Child Psychopathology. Plenum Press, New York, pp 131–169

7 Überlegungen zur Therapie hyperaktiver und aggressiver Kinder

Ulrike Lehmkuhl

Univ.-Prof. Dr. med. Dipl. Psych. Ärztin für Neurologie und Psychiatrie, Kinder- und Jugendpsychiatrie und Psychotherapie sowie Ärztin für Psychotherapeutische Medizin, Psychoanalyse, Lehranalytikerin (DGIP und DGPT), Leiterin der Klinik für Psychiatrie, Psychosomatik und Psychotherapie des Kindes- und Jugendalters der Charité, CVK, der Humboldt-Universität zu Berlin.

7.1 Einleitung

„Aggressives Verhalten" ist zu einem vieldiskutierten Thema geworden. Der bereits länger zurückliegende Streit zwischen den Vertretern der Psychoanalyse, die Aggressionen vor allem als Folge von tiefsitzenden seelischen Konflikten ansahen, und den Vertretern des Behaviourismus, für die aggressives Verhalten hauptsächlich auf Lernprozessen in der Beobachtung und Nachahmung von Verhalten anderer beruhte, war schon eine Weile abgeebbt, als Ergebnisse aus der Tierverhaltensforschung, insbesondere die Arbeiten von Konrad Lorenz, die Diskussion neu entfachten. Inzwischen sind die Versuche zur Definition und Erforschung „aggressiven Verhaltens" im Hinblick auf determinierende und auslösende Faktoren in der Persönlichkeit, der Situation, der gesellschaftlichen Struktur u. ä. kaum noch überschaubar.

Aggressives Verhalten fordert den Erzieher heraus, es stellt ihn in Frage und trifft ihn meist ratlos. Dies erleben Eltern, Lehrer und andere Erzieher im tagtäglichen Umgang mit Kindern. Ratschläge des „Fachmannes" enthalten Aufklärung über die Ursachen und Zusammenhänge des aggressiven Verhaltens, aber für die konkrete Situation reichen sie nicht aus. Die Kluft zwischen der alltäglichen Praxis einerseits, die ständig zu Reaktionen auf kindliches Verhalten und oft zum Eingreifen auffordert, und der therapeutischen Reflexion über tiefliegende seelische Probleme und Kausalzusammenhänge andererseits muß ungezählte Male von Eltern, Lehrern, Erziehern überbrückt werden.

Voraussetzung für solche Vermittlungsprozesse ist das Suchen nach ganz anderen Informationen und Daten, als es in der psychologischen Forschung und Praxis üblich ist. Um eine Diagnose stellen zu können, muß ich über das Kind andere Dinge wissen, als in einer sog. kritischen Situation „richtig" mit ihm umzugehen. Soll ich z. B. ein mißgelauntes Kind, wenn es nach Hause kommt, in den Arm nehmen, damit sich die Verstimmung löst, oder explodiert es erst recht bei Körperkontakt?

Das hyperkinetische Kind ist im Verhalten durch motorische Unruhe, Aufmerksamkeitsstörungen, mangelnde Impulskontrolle und leichte Erregbarkeit gekennzeichnet. Das Syndrom tritt vor dem 7. Lebensjahr in Erscheinung und betrifft mit unterschiedlichem Schweregrad bis zu 4 % der Kinder. Jungen sind häufiger betroffen als Mädchen. Diese Kriterien sind in dem international gebräuchlichen multiaxialen Klassifikationsschema (MAS) nach Rutter, Shaffer und Sturge (deutsche Version Remschmidt, Schmidt 1994) festgelegt, das auf der von der Weltgesundheitsorganisation erarbeiteten 10. Version der internationalen Krankheitsklassifikation (ICD-10) fußt. Er werden drei Varianten des hyperkinetischen Syndroms unterschieden: die Vergesellschaftung der Verhaltensproblematik mit umschriebenen Entwicklungsrückständen in der Sprache, Motorik oder anderen Lernbereichen. Insbesondere die Verknüpfung mit Störungen im sozialen Verhalten erschwert den betroffenen Kindern die Lebensbewältigung zusätzlich.

Die Behandlungsmaßnahmen haben die Ansatzpunkte:

– Die psychotherapeutische Behandlung und spezifische erzieherische Führung.
– Die medikamentöse Behandlung.
– Die diätetische Behandlung.

Letztere scheint nur in Einzelfällen eine Besserung zu ermöglichen, während spezielle Erziehungshilfe und Psychotherapie – vorrangig sind dabei in den 90er Jahren verhaltenstherapeutische Ansätze – sowie die Pharmakotherapie (insbesondere mit Stimulantien) sich als wirksamste Behandlungszugänge erwiesen haben. Allerdings wurde und wird von Seiten der Deutschen Gesellschaft für Kinder- und Jugendpsychiatrie und Psychotherapie immer wieder vor dem unkritischen Einsatz von Methylphenidat gewarnt (Nissen 1981; Schmidt und Esser, 1985; Lempp, 1991). Nur wenige der umfangreichen Studien zum HKS berücksichtigen systematisch die Frage nichtmedikamentöser Behandlungsmöglichkeiten (Pisterman et al., 1992; Döpfner und Sattel, 1991). Berger (1993) plädiert dafür, auch bei Kindern mit einem HKS „den Zusammenhang von inneren Phantasien, Triebregungen und Objektrepräsentanzen mit dem subjektiven Körpergefühl und der psychophysischen Bedeutung der Motilität" zu beachten und für die psychoanalytische Behandlung zu nutzen. Sie verweist auf August Homburger, der 1926 im ersten deutschsprachigen Lehrbuch der Kinderpsychiatrie schreibt: „Aber wer einmal gelernt hat, Bewegungserscheinungen auf das Ganze des Seelenlebens zu beziehen, wird … immer von neuem über die Fülle der Zugänge zum Seelischen staunen, die sich ihm allenthalben eröffnen". Diesem Thema ist Heft 2 der Zeitschrift „Kinderanalyse, 1993" gewidmet. Hyperaktive Bewegungsunruhe eines Kindes könnte als „Ausdruck einer unbewußten, somatischen Abwehr verstanden werden, die dazu dient, sich vor der Wahrnehmung innerer Ängste, schmerzhafter Konflikte und vernichtender Phantasien zu schützen" (Berger, 1993).

So unterschiedlich das Verstehen des Symptoms eines hyperkinetischen Kindes sein mag, so gelten doch immer die Qualitätsstandards für Diagnostik und Behandlung. Sie verlangen neben der Exploration der Eltern eine direkte Einschätzung über das Verhalten in der Schule durch den Lehrer oder die Lehrerin. Als unverzichtbar wird auch ein diagnostisches Interview mit dem Kind betrachtet. In dieser Situation müssen hyperkinetische Verhaltensweisen nicht beobachtbar sein. Somatisch-neurologische Untersuchungen werden dringend empfohlen (Stellungnahme der DGKJPP, 1999). Der Schwerpunkt der Diagnostik liegt eindeutig auf einer spezifischen Erfassung der hyperkinetischen Symptomatik unter Einschaltung mehrerer Informationsquellen. Es ist auf eine mögliche Komorbidität zu achten. Die Behandlung ist als multimodale Therapie konzipiert, bei der Aufklärung und Beratung der Eltern, des Kindes und der Lehrer als unverzichtbarer Bestandteil der Behandlung definiert werden. Psychotherapie, psychosoziale Interventionen sowie Pharmakotherapie sollen bei entsprechender umschriebener Indikation durchgeführt werden. Die Effizienz der durchgeführten Maßnahmen ist anhand definierter Verlaufskriterien ständig zu überprüfen und soll spezifische Bereiche wie z. B. Impulsivität, schulische Entwicklung und Beziehung zu Gleichaltrigen erfassen (Döpfner und Lehmkuhl, 1993).

7.2 Individualpsychologische Gedanken zum Thema „Sorgenkinder"

Bereits 1924 findet sich in der *Internationalen Zeitschrift für Individualpsychologie* von Erwin Wexberg ein Artikel mit dem Titel „Erziehung der Erzieher". Er leitet seinen Text ein mit den Worten „Wer voraussetzungslos an die Frage der Kindererziehung herantritt, muß sich zunächst über die Situation des Kindes innerhalb seiner Umgebung im klaren sein". Bereits 1914 hatte Furtmüller in einem Artikel festgestellt: „Je mehr die Erzieher lernen werden, die unauffälligen und alltäglichen Äußerungen des Kindes in ihrer vollen psychologischen Tragweite zu verstehen, um so seltener werden die abnormalen Äußerungen werden." Beide Zitate belegen, daß sich die Individualpsychologie von Beginn an mit Fragen der Kindesentwicklung und -erziehung, mit ihren vielfältigen Einflußfaktoren besonders beschäftigt hat. Der in „Heilen und Bilden" erschienene Beitrag Adlers (1914) „Zur Erziehung der Eltern" faßt aus individualpsychologischer Sicht die möglichen negativen Auswirkungen des Erziehungsverhaltens zusammen: Störend seien vor allem die „Uneinigkeit der Eltern und die einseitigen, oft unbewußten Ziele und Absichten des Vaters oder der Mutter", das Bemühen der Eltern „der eigenen Unsicherheit durch übertriebene Erziehungskünste zu entkommen", eine übertriebene autoritäre Haltung sowie die Bevorzugung oder Verzärtelung eines Kindes. Das Kind würde vor allem aus einem Gefühl der Zurückgewiesenheit, der persönlichen Unsicherheit, aus der Furcht vor der zukünftigen Rolle und vor dem Leben machtvolle, „übertriebene Regungen nach Geltung, Liebe und Zärtlichkeit entwickeln, deren Befriedigung fast nie gelingt, geschweige denn sofort".

Adler nimmt hier wichtige Kenntnisse über den Einfluß des Erziehungsstils auf das Verhalten der Kinder vorweg. Aus der Überzeugung, daß dem Erziehungsverhalten der Eltern für die Entstehung neurotischer Störungen eine entscheidende Bedeutung zukommt, entwickelte Adler eine Methode der Heilerziehung und Erziehungsberatung. Die Technik der Kinderpsychotherapie richtet sich mehr nach den Bedürfnissen des jeweiligen Kindes als nach starren Regeln, d. h. einer fest umschriebenen therapeutischen Technik. Die Eltern werden in jedem Fall in die Behandlung mit einbezogen; zumindest ein Teil der Therapiesitzungen findet in ihrer Gegenwart statt, da Adler ihren Einfluß auf den Therapieerfolg als entscheidend ansah. Störungen in der Interaktion der Eltern mußten sich seiner Meinung nach negativ auf die Entwicklung des Kindes auswirken: „Wenn die Ehe unglücklich ist, bestehen für das Kind viele Gefahren. Die Mutter ist vielleicht nicht bereit, den Vater in das Familienleben miteinzuschließen; es ist auch möglich, daß sie das Kind ganz für sich alleine haben möchte. Wenn Kinder Unstimmigkeiten zwischen den Eltern entdecken, sind sie sehr geschickt darin, diese gegeneinander auszuspielen. Die erste Kooperation unter anderen Menschen, welche das Kind erlebt, ist die Kooperation seiner Eltern. Wenn ihre Kooperation schlecht ist, können sie nicht hoffen, ihm beizubringen, selber kooperativ zu sein" (Adler 1931). Adler erkannte hier die große Bedeutung familiendynamischer Faktoren für die Ausbildung von Kinderfehlern und späteren neurotischen Verhaltensweisen, die heute mit den Begriffen der Koalition und Loyalität beschrieben werden, und er muß damit als ein wichtiger Vorläufer neuerer familientherapeutischer Ansätze gelten. Die von ihm gesehene Bedeutung der Kontrolle und Macht innerhalb von Familiensystemen werden von Simon

u. Stierlin (1984) als für die Familientheorie und -therapie zentrale Begriffe diskutiert: „Machtstrukturen und Machtkämpfe werden von Anbeginn der familientherapeutischen Literatur beschrieben; alle Autoren sind sich einig, daß Machtfragen einen wesentlichen Aspekt familiärer Dynamik darstellen". So fand Adler (1931), daß „ein Kind, das entmachtet worden ist, das sein kleines Königreich verloren hat, besser als andere die Bedeutung der Macht, der Autorität versteht. Wenn es heranwächst, nimmt es gern an der Ausübung der Autorität teil und übertreibt die Wichtigkeit von Regeln und Gesetzen. Alles soll mit Regeln gelenkt werden und alle Regeln sollen unveränderlich sein; die Macht soll immer in den Händen bleiben, die dazu berechtigt sind".

Da die Individualpsychologie den sozialen Kontext des Verhaltens betont, stellt Adlers Methode der Psychotherapie für den einzelnen Patienten nur einen Teilaspekt eines umfassenderen Behandlungskonzeptes dar. Die anderen Teile bestehen aus den Organisationen für therapeutische Erziehung, die er entwarf und in Wien gründete (Ganz 1953; Ellenberger 1985) sowie in einer intensiven Öffentlichkeitsarbeit, die Vorträge, Informationsschriften und Fortbildungsveranstaltungen für Lehrer und Eltern einbezog. Adler legte den Schwerpunkt auf die Heilerziehung. Der präventive Aspekt war für Adler ein wesentlicher Bestandteil seiner Überlegungen und Absichten. Er richtete deshalb Beratungsstellen für Lehrer und Familien ein. Ellenberger (1985) beschreibt den Beratungsablauf wie folgt: „Man machte den Lehrern die Probleme der schwierigen Kinder auf der Grundlage individualpsychologischer Überlegungen verständlich. Bald wurde klar, daß auch Beratungsstunden notwendig waren, an denen Eltern teilnehmen konnten; sie wurden zweimal wöchentlich unentgeltlich in einem Klassenzimmer abgehalten. Vor der Beratungsstunde bereitete der Lehrer eine Akte über das Kind vor, und Adler oder sein Stellvertreter sprach immer zuerst mit der Mutter, dann mit dem Kind und zuletzt mit dem Lehrer." Adler versuchte, die Probleme im häuslichen Milieu zu lösen, das Kind im Elternhaus zu behandeln und das soziale Umfeld mit einzubeziehen. Adlers Sichtweise des elterlichen Erziehungsverhaltens findet sich durch empirische Arbeiten bestätigt (Hebborn-Brass 1983): Erziehungsstile werden differenziert nach Vernachlässigung, übermäßig nachgiebiger, übermäßig harter und widersprüchlicher Erziehung, oder bei Becker (1964) in drei orthogonale Dimensionen unterteilt: „Förderung versus Hemmung der kindlichen Selbstverwirklichung", „emotionale Wärme versus Feindseligkeiten" und „gelassene Abständigkeit versus ängstliches Verwickeltsein".

Zur Unterstützung benachteiligter Kinder wurden Horte eingerichtet, in denen das Kind nach der Schule pädagogisch betreut wurde. 1929 wurde bereits in 26 Schulen Beratungsarbeit unentgeltlich angeboten. Die von Spiel, Birnbaum und Scharmer initiierte, 1931 eröffnete Versuchsschule lag in einem der

ärmsten Viertel Wiens. Auf dem „Stundenplan" standen sowohl Gruppen-
als auch Einzelgespräche und regelmäßige Elternarbeit. Die Klassen wurden
in Arbeitsgruppen von 5–7 Schülern aufgeteilt und die gegenseitige Hilfe
systematisch gefördert (Ellenberger 1985).

Da deutlich wurde, daß therapeutische Erfolge bei jüngeren Kindern rascher
und wirkungsvoller erzielt werden konnten, wurden aus prophylaktischen
Gründen Kindergärten eingerichtet, die nach den Prinzipien der Individualpsychologie geleitet wurden. Ganz (1953) stellte fest, daß die Kinder weniger
stark diszipliniert wurden, um die Selbständigkeit zu fördern. Das Ziel der
therapeutischen Arbeit bestand darin, das Kind für die Anforderungen des
Lebens vorzubereiten, was nicht als Anpassungsprozeß oder „Dressur"
mißverstanden werden sollte, sondern als eine Aktivierung schöpferisch-
kreativer Möglichkeiten. Die richtige Art der Erziehung bestünde darin
„(das) Kind sobald wie möglich zu einem selbständigen Mitarbeiter zu machen" (Adler 1931).

Adler stellte das Symptom in einen kommunikativen Kontext. Es hat seine
Wurzel jedoch im jeweiligen biographischen Hintergrund des Kindes, in den
frühkindlichen Erfahrungen, die seinen Lebensstil prägten.

7.3 Historischer Rückblick

Bereits 1923 war in der *Internationalen Zeitschrift für Individualpsychologie*
der „Entwurf eines individualpsychologischen Fragebogens zum Verständnis
und zur Behandlung schwer erziehbarer Kinder" veröffentlicht worden. Ziel
war es, aufgrund dieser Fragen ein umfassendes Bild der Persönlichkeit des
Kindes zu gewinnen. Es wurden so unterschiedliche Bereiche erfaßt wie
Art der Symptomatik, auslösende Faktoren wie Milieuveränderungen, Schul-
beginn, Schulversagen, Lehrerwechsel, Geburt von Geschwistern, frühere
Entwicklungsstörungen oder -auffälligkeiten, körperliche Erkrankungen,
familiäre Belastungen und das Erziehungsverhalten der Eltern, um einen
ganzheitlichen Eindruck von dem Kind zu gewinnen. Darüber hinaus bestand jedoch auch der Versuch, die Innenwelt des Kindes zu erhellen: Welche
Vorlieben hat es, kehren bestimmte Erinnerungen, Träume und Gedanken
wieder, hat es ein geringes Selbstvertrauen, erlebt es nur Mißerfolge, wie reagiert es hierauf, wie gestaltet es Kontakt zu Gleichaltrigen und welche besonderen Begabungen oder Leistungen stehen ihm zur Verfügung? Die individualpsychologischen Berater und Therapeuten versuchten, das Kind mit
seinen Verhaltensänderungen im sozialen und biographischen Kontext zu
erfassen, und legten Wert auf das Erkennen dieser komplexen Zusammenhänge, wie dies heute mit dem Konzept einer multifaktoriellen Krankheits-

genese bei vielen psychosomatischen und psychogenen Störungen auch empirisch belegt werden konnte.

Die Individualpsychologie differenzierte sehr früh zwischen einer Vorbeugung seelischer Entwicklungsstörungen, die hauptsächlich Aufgabe der Erziehung sein sollte, und einer Behandlung schon eingetretener Schäden durch heilpädagogische und psychotherapeutische Maßnahmen. Adler selbst hat keine zusammenfassende Darstellung psychogener Störungen bei Kindern und Jugendlichen ausformuliert. Es waren u. a. Friedmann (1926), Lazarsfeld (1926), Löwy (1926a,b), Künkel (1930, 1931, 1934), Seelmann (1926) und Wexberg (1926, 1928), die sich intensiv mit Fragen der Entwicklungsstörungen bei Kindern und Jugendlichen auseinandersetzten. Sie entwickelten sowohl Beratungsansätze für die Bezugspersonen als auch heilpädagogische und psychotherapeutische Behandlungsstrategien für die Problemkinder.

In seinem 1931 erschienenen Buch „Sorgenkinder" unternimmt Wexberg den Versuch einer systematischen Darstellung der individualpsychologischen Theorie der Kindesentwicklung mit ihren Varianten und Störungen sowie den erziehungs- und handlungspädagogischen Grundlagen. Wexberg geht von einem anlagebedingten Aktivitätsgrad aus, „ob es von Natur aus schüchtern und passiv oder aktiv und unternehmungslustig ist", d. h. das Kind ist „in der Wahl seiner Mittel nicht frei". Dieser Grundgedanke – die Eltern-Kind-Interaktion wird von Beginn an durch Verhaltenseigenschaften des Kindes entscheidend mitbestimmt – konnte durch empirische Befunde von Thomas u. Chess (1977) bestätigt werden. Diese individuellen Temperamentsunterschiede bedingen, daß Kinder mehr oder weniger schwierig in ihrer Erziehung sind. Wexberg geht zunächst auf „fünf Faktoren der Umgebungseinflüsse" ein. Er nahm damit die heute allgemein anerkannte Multikonditionalität psychischer Störungen vorweg. Die als entscheidend angesehenen Bereiche sind: organische Disposition, kognitive Begabungsstruktur, Erziehungsstil und Persönlichkeitsmerkmale der Erziehungsperson, psychosoziale Belastungen sowie das Geschlecht des Kindes. Der individualpsychologische Grundgedanke der „Erziehung zur Selbständigkeit" verlangt ein ermutigendes, nicht demütigendes oder strafendes Verhalten, um dem Kind Vertrauen in die eigenen Fähigkeiten zu vermitteln.

7.4 Fallbeispiele

Der 7½ jährige Thomas wird auf Drängen der Schule vorgestellt: er sei leicht ablenkbar, motorisch unruhig und konzentrationsgestört. Er reagiert insbesondere gegenüber seiner Mutter sehr aggressiv. Aufforderungen kommt er nur bedingt nach. Andererseits wird er in Einzelsituationen als lernwillig und begeisterungsfähig erlebt. – In der Schule ist T. durch massives Stören des Unterrichts aufgefallen. Seine Unfähigkeit, sitzen zu bleiben, sei im Unterricht nicht mehr tragbar. In der Klasse verweigert sich T. zunehmend. Gegenüber anderen Kindern verhält sich der Junge ungestüm und aggressiv. Er drangsaliert seine Mitschüler, zerstört ihr Spielzeug und ihre Lernmittel. Innerhalb der Familie löst sein Verhalten heftige Auseinandersetzungen der Eltern aus. T. wird fast täglich geschlagen. Der Junge reagiert mit Weglaufen und autoaggressivem Verhalten. Schlafstörungen und Einnässen komplettieren die Symptomatik.

T. stammt aus einer Familie, die zur sozialen Unterschicht zu rechnen ist. Beide Eltern boten schwache schulische Leistungen. Eine Alkoholproblematik ist verbreitet. – Die Schwangerschaft war unerwünscht (nach 3 Fehlgeburten). Erheblicher Nikotinabusus. Von der Mutter werden nach einer unauffälligen Geburt keine Entwicklungsverzögerungen bemerkt, lediglich die Sprache lasse zu wünschen übrig. Das unverändert bestehende Einnässen wird nicht als Symptom gewertet. Bereits im Kindergarten gab es ähnliche Schwierigkeiten wie jetzt im Klassenverband. Aggressive Auseinandersetzungen mit anderen Kindern standen der Integration von T. in der Gruppe entgegen.

Die körperliche Untersuchung ergibt Hinweise auf eine diskrete organische Hirnschädigung bei erschwerter Gangprüfung und Problemen im Bereich der Koordination. Das EEG bietet ebenfalls Hinweise auf eine Reifungsverzögerung.

Bei der testpsychologischen Untersuchung findet sich ein intellektueller Entwicklungsrückstand von 1,5 Jahren. Es liegt eine Lernbehinderung vor. Projektive Testverfahren verdeutlichen das unruhige, überschießend-expansive Verhalten des Jungen. T. zeigt eine bessere Beziehung zum Vater, obwohl dieser ihm mit Strenge und Härte begegnet. Die Beziehung zur Mutter ist eher ambivalent. Aufgrund ihres unberechenbaren, oft wenig verläßlichen Verhaltens wird sie als negativ empfunden. Man muß davon ausgehen, daß T. in seiner primären, familiären Umwelt keine klaren Strukturen und keine festen Regeln vermittelt werden konnten.

In Einzelsituationen zeigt sich, daß T. Zuwendung genießt, sein hyperaktives Verhalten abnimmt, die Aufmerksamkeitsspanne erweitert werden kann. In entsprechend reizarmer Umgebung könnte sich T. gut entwickeln.

Während des stationären Aufenthaltes bei uns erleben wir T. als psychosozial auffällig. Er ist ungebremst in der Auseinandersetzung mit gleichaltrigen Kindern. Er kann sich nur schwer auf andere einstellen. Er wird als laut, lebhaft und aggressiv erlebt. Sein ungestümer Bewegungsdrang löst bei Schwächeren Angst aus. Pädagogische Einflußnahme wird durch mangelhaft ausgeprägte Konzentrationsfähigkeit sowie verminderte Ausdauer erschwert. Sehr langsam beginnt T., sich unter entsprechender heilpädagogischer Betreuung an Regeln zu gewöhnen. Gleichzeitig wird eine medikamentöse Therapie mit Methylphenidat-HCL durchgeführt. Unter dieser kombinierten Therapie wird T. führbarer, lenkbarer und insgesamt umgänglicher. Die Einschlafstörungen nehmen ab. Die Einnäßfrequenz sinkt. T. ist auf diese spürbaren Erfolge sehr stolz. Seine ausgeprägte Begeisterungsfähigkeit und Lernwilligkeit helfen T. allmählich, über Erfolge mehr Selbstvertrauen zu entwickeln.

Die Zusammenarbeit mit den Eltern gestaltet sich sehr problematisch. Sie überhäufen T. mit Geschenken und Versprechungen, die sie nicht einhalten können. Der einfach strukturierte Vater kann in seiner unbeholfenen Art der expansiven Symptomatik seines Sohnes nur durch Schläge begegnen. Die Mutter ist eher gemütvoll, aber pädagogisch ungeschickt. Sie setzt einerseits T. kaum Grenzen, andererseits reagiert sie letztendlich auch mit übergroßer Härte. T. ist in einer familiären Umgebung aufgewachsen, die einer emotionalen Deprivation Vorschub leistete und auf dem Boden einer frühkindlichen, vermutlich pränatalen Hirnschädigung zu erheblichen Verhaltensauffälligkeiten führte. Die Folge ist eine Minderbegabung, die eine Beschulung in einer Sonderschule für Lernbehinderte erforderte.

Trotz intensiver Bemühungen gelingt es uns während des stationären Aufenthaltes nicht, die Reaktion der Eltern auf T. zu verändern. Wir bemühen uns deshalb, T. aus der desolaten Familiensituation herauszulösen, um ihm für die nächsten Jahre eine feste, pädagogisch orientierte Hilfe im Rahmen einer heilpädagogischen Einrichtung zu vermitteln. Intensive Elternarbeit ist unverändert erforderlich, um die Reintegration in die Familie vorzubereiten und möglich werden zu lassen.

Behandlungssequenz von T.: T.'s Verhalten in der Schule ist von massivem Stören geprägt. Er bewegt sich ständig von Tisch zu Tisch. Die längste Zeit, die er bei persönlicher Zuwendung sitzend und zeichnend verbringt, beträgt 5 Minuten. Bei seinen Wanderungen spielt er ständig mit Bleistift oder Knetfiguren, die er laufend ummodelliert. Fluggeräusche für die Rakete aus Knete begleiten die Szene.

Soweit unsere Vorinformation.

T. leidet unter seiner Außenseiterrolle und äußert selbst den Wunsch, sein Verhalten zu ändern. In der Kleinstklasse der Klinikschule gestaltet sich die Situation schon unproblematischer, trotzdem ist und bleibt für T. ein großes Problem sein Bewegungsdrang, der ihn auch in dieser Gruppe rasch in Bedrängnis bringt. Andererseits ist zu beobachten, daß T. immer wieder versucht, sich an Regeln zu halten. Bei intensiver Einzelzuwendung arbeitet T. eifrig, sorgfältig, zielstrebig und selbständig. Er befolgt Anweisungen und nimmt Anregungen auf.

Um diese kleinen Erfolge zu stabilisieren, arbeiteten wir quasi bei jeder sich ergebenden Gelegenheit mit T., um Konzentration und Ausdauer zu verbessern. Als Hilfsmittel benutzten wir Spiele, die sich in viele kleine, d. h. überschaubare und erarbeitbare Teilstücke zerlegen lassen, um so Erfolge zu ermöglichen und zu garantieren. Wir arbeiten mit T. im Anfang nicht länger als 5 Minuten, da er diese Leistung ja auch schon spontan erbringen kann. Eine allmähliche Steigerung auf 15 Minuten war möglich. Ein erstes Ziel ist es, nicht vom Spiel aufzuspringen, sondern beim Spiel zu bleiben. In dieser Phase wird ein sehr einfaches Puzzle eingesetzt, das in der geplanten Zeit mit Sicherheit bewältigt werden kann. T. ist so stolz auf seine Leistung, daß er allmählich mehr Selbstvertrauen entwickelt und längere Spiel- und Übungssequenzen möglich werden. Da seine Entmutigung langsam schwindet, kann er sich andererseits besser konzentrieren und steigert seine Erfolge. Er arbeitet schneller, konzentrierter und kann auch schwierige Aufgaben bewältigen. Die sichtbare Zunahme der Puzzlesteine ist für T. quasi die Meßlatte. Als es T. schließlich gelingt, während unserer 30minütigen Spielvisite nicht zu stören, sondern aktiv an dem gemeinsamen Spiel „Spitz paß auf" teilzunehmen, feiern wir ein kleines Fest. Auch ist das Vertrauen in unsere Hilfe so gewachsen, daß er ein Nichtgelingen ohne aggressiven Ausbruch hinnehmen kann. Dieser Punkt ist nach einer etwa 8wöchigen intensiven, d. h. täglichen heilpädagogischen Arbeit erreicht. Rückmeldungen über Ge- und Mißlingen durch die Erzieher bedeuten ständige Hilfen. Allmählich ist die Übertragung der als zunächst aversiv von T. erlebten leistungsorientierten Situation in der Schule möglich. Auch hier werden die Lernziele in kleine Zwischenschritte zerlegt, um Erfolge möglich zu machen. Schwierig ist für uns das Wissen, daß T. nicht unbegrenzt bei uns bleiben kann, und eine ambulante Weiterbetreuung nicht möglich sein würde. Der Übergang in ein heilpädagogisches Kinderheim gelingt, bringt jedoch auch zunächst Rückschritte in seinen schon erreichten Fertigkeiten. Sehr deutlich ist bei T., daß er nicht nur mit, sondern auch für den Therapeuten arbeitet.

T. wurde gleichzeitig mit Methylphenidat behandelt; auf dies Medikament sprach T. gut an und erlebt es als Unterstützung.

Ich möchte nun ein weiteres Beispiel anführen: Petra wird 10½ jährig bei uns vorgestellt. Sie lebt in einem Kinderheim. Kurz zuvor ist ein Schulausschluß erfolgt, weil das Mädchen den Unterricht derart stört, daß der Lehrer die anderen Kinder nicht mehr unterrichten kann. P. weigert sich, über weitere Schwierigkeiten oder Probleme zu sprechen und zieht es vor, ins Wartezimmer zu gehen. Schon ein Kindergartenbesuch ist wegen aggressiver und destruktiver Tendenzen des Mädchens nicht möglich gewesen. Zeitgerechte Einschulung. Ambulante Betreuung durch verschiedene Beratungsstellen über Jahre lassen sich den Akten des Jugendamtes entnehmen. P. entstammt desolaten familiären Verhältnissen. Nur das älteste von sechs Kindern, die P.'s Mutter geboren hat, ist weißhäutig. Die übrigen sind Mischlingskinder mit negroiden Zügen. – Von Nachbarn und von der Lehrerin sind immer wieder Anzeigen beim zuständigen Jugendamt eingegangen, weil der Verdacht auf Kindesmißhandlung besteht. Die Mutter wird einschlägig bestraft. P. selbst hat nie gegen die Mutter vor einem Richter ausgesagt. Belegt ist, daß das Mädchen blaugeschlagen in die Schule kam. Zusammen mit der nächst jüngeren Schwester mußte sie stundenlang auf Bürsten knien. Die Eingliederung in ein heilpädagogisches Kinderheim gelingt letztendlich nicht, weil die Mutter jegliche Zusammenarbeit boykottiert. Inzwischen liegt das Sorgerecht beim zuständigen Jugendamt.

P. bekommt Tobsuchtsanfälle, wenn ihr etwas nicht behagt. Sie hat Kinder und Erwachsene gleichermaßen bedroht. Sie wirft Kindern heißes Essen ins Gesicht, bedroht sie mit einem Messer. P. kann nicht länger im Kinderheim betreut werden. Der Notarzt „versorgt" sie zunächst nachts mit einer Beruhigungsspritze. Im Heim verbreitet P. Angst und Schrecken. Sie klaut sowohl dort als auch in Geschäften. Sie glaubt nicht, daß sie nicht in den Haushalt ihrer Mutter zurückkehren kann. Das provozierende und aggressive Verhalten zieht unweigerlich die Aufmerksamkeit aller auf P., was sie auch erreichen will. P. hat inzwischen gelernt, daß sie mit diesem Verhalten Erwachsene „fertigmachen", also eine gewisse Macht ausüben kann. Die neuerliche Eskalation von Schwierigkeiten ist durch zunehmende Unsicherheiten im Hinblick auf die eigene Zukunft bedingt. Über die weitere Entwicklung des Mädchens ist uns nichts bekannt.

Die massive soziale Schädigung von Petra kündigt sich bereits in der Anamnese der Mutter an.

Die hier kurz geschilderten Fälle sind typisch für die aggressiven Kinder, die uns in der Kinderpsychiatrie vorgestellt werden. Die Reihe ließe sich beliebig fortsetzen. Wir lernen die Kinder oft erst in einem Stadium kennen, in dem ambulante Hilfe zu spät kommt. Die eigentlich so wichtige Arbeit mit den Eltern gelingt nur selten; die Beziehungen sind verkrustet; zu lange sind Eltern und Kind schon gegeneinandergeprallt, und jede Partei hat ihre bisherigen Erfahrungen immer wieder bestätigt gefunden. Das Selbstbild der Kinder ist von dem oft gehörten Satz: „Der taugt sowieso nichts" geprägt. Kinder, die opponieren und gleichzeitig schwere Ich-Störungen aufweisen, verfallen von Zeit zu Zeit unweigerlich in heftige Wutausbrüche, begleitet von einem Verlust jeglicher Selbstbeherrschung. Sie schlagen, beißen, treten und werfen nach allem ringsum; sie spucken, schreien und fluchen und begleiten all dies mit zusammenhanglosen, sinnlosen Schlägen nach Menschen und Dingen ohne ersichtlichen Grund (Adler 1922; Lehmkuhl u. Lehmkuhl 1987).

Das Kind in all seinen Ausdrucksformen legt eine totale Destruktivität an den Tag, begleitet von völliger Hemmungslosigkeit. Ein Kind, das in solchen Augenblicken jede bisherige Beziehung zu den Erwachsenen seiner Umgebung verliert, erlebt, daß seinem Ich alle Kanäle der Kommunikation blockiert werden. Durch dieses Phänomen sind wir – die Erzieher – machtlos. Weder die Furcht vor Folgen oder vor dem Gesetz oder auch Autorität oder Respekt scheinen eine Wirkung zu zeigen. Selbst Affekte wie Liebe und Freundschaft sind unterbrochen, was besonders schwer zu ertragen ist. Diese Notsituationen erfordern direktes Einschreiten durch Handeln, was für „fortschrittliche" Erzieher und Psychotherapeuten eine schwere Aufgabe ist. Für Erzieher und Eltern mit normalen Kindern gibt es nur eine einzige vergleichbare Situation, nämlich Gefahr für sehr kleine Kinder. Der Unterschied zwischen einer vernünftigen und einer strafenden Mutter liegt nicht darin, was sie in einem solchen Notfall tut, sondern wie sie es tut und wie sie sich nachher verhält. Der Erwachsene darf sich keine Gegenaggression leisten, auch kein Gramm mehr an Gegenkraft, als unbedingt erforderlich ist, um das angestrebte Ziel zu erreichen. Er muß ruhig, freundlich und liebevoll bleiben. Er wird mit ruhiger Stimme auf das Kind einreden, um die Wogen der Erregung zu glätten. Der Erzieher wird weder drohen noch beschuldigen, weder ermutigen noch beleidigen, weder verlocken noch bestechen.

In allen Situationen des Umganges mit diesen Kindern müssen der „Beziehungsaspekt" und der „Handlungsaspekt" beachtet und berücksichtigt werden. Eindeutiges, konsequentes Verhalten des Erziehers ist die wichtigste Voraussetzung für das Meistern der Krisen. – An dieser Stelle sei daran erinnert, daß wir verbale und körperliche Aggression unterscheiden. Mit körperlicher Aggression ist Gefahr für andere verbunden. Sie bedarf dringend der Intervention.

Es ist zwingend erforderlich, bei allen Überlegungen immer das Selbstbild des Kindes, das Selbstbild des Erziehers und die Interaktion zwischen beiden zu berücksichtigen.

Sinnlose Strafen verbieten sich von selbst. Situationen, die das Kind aus eigener Kraft nicht mehr beherrschen kann, müssen vom Erwachsenen so entschärft werden, daß das Kind nicht Schuldgefühle behält. Nur dann werden weiterführende Gespräche zu einem späteren Zeitpunkt möglich sein. Die Sinnlosigkeit eines solchen Wutausbruches kann z. B. deutlich gemacht werden durch den Hinweis auf das zerstörte Lieblingsspielzeug etc. Diese beschädigten Gegenstände repräsentieren die Realität, die dem Kind ja auch vermittelt werden muß. Eine angemessene Wiedergutmachung wäre z. B. das Anfertigen einer Collage für das Gruppenzimmer, wenn dieses „gelitten" hat. Es kann nicht das Ziel sein, daß sich ein Kind für ein derartiges Verhalten abgelehnt oder bestraft vorkommt. So bekäme lediglich seine Pathologie neue Nahrung. Die Aufgabe der „Umerziehung" des Kindes zu einer anderen Betrachtungsweise des eigenen Symptoms ist verwickelt und zeitraubend. (Mit „Umerziehung" ist gemeint, daß das Kind lernt, sich selbst und seine Symptome zu verstehen). Es ist nicht leicht für die Erzieher, immer konsistent zu bleiben und alles „einzustecken", was an Haß und Aggressionen, an wirklich schmerzhaften Schlägen und Kratzern, an narzißtischem Ärger über den Verlust der Beziehung zum „Patienten" und der Macht über ihn auf sie zukommt. Auch die natürliche Abscheu gegen Schmerz, Gegenaggression und simple Erschöpfung kommt hinzu.

Die Frage der „therapeutischen Beziehung" steht im Raum: Welche Auswirkungen hat ein physisches Eingreifen des Erwachsenen auf das Verhältnis zum Kind? Aggressive Kinder unterscheiden sich von „nur" neurotischen Kindern. Der Zusammenhang dieser motorischen und emotionalen Störungen zu einem geschlossenen Lebensstil ermöglicht den engen Kontakt, der notwendig ist, um die „Zwischenfälle" – wie oben geschildert – zu meistern.

7.5 Das spezielle Problem der hyperaktiven und aggressiven Kinder

Die Arbeit mit diesen Kindern verlangt einen besonders intensiven Einsatz, der in aller Regel vom Elternhaus nicht geleistet werden kann. Diese Kinder brauchen ständige Aufmerksamkeit, quasi ein Hilfs-Ich und ein Hilfs-Überich, die ihm ermöglichen, Alltagssituationen angemessen zu bewältigen. Vom Erzieher wird gleichzeitig Einfühlung und Verständnis, aber auch Korrektur und Grenzziehung verlangt.

Kinder, die in besonderem Maße sowohl durch das Abweichen der sozialen Wahrnehmung und Informationsverarbeitung wie auch Ablehnung durch andere Kinder gekennzeichnet sind, sind jene Kinder, die sowohl aggressiv als auch hyperaktiv sind (Milich u. Dodge 1984). Unsere Aufgabe ist es, den Kindern die reziproken Beziehungen von sozialer Fehlwahrnehmung und kognitiven Defiziten, Verhaltensauffälligkeiten und Zurückweisung durch andere erkennbar zu machen, um dann das Verhalten zu ändern. Jede Phase des Alltags ist eine Herausforderung an die Gesamtstrategie, die der ungeteilten Aufmerksamkeit der Erzieher bedarf. Die Verhängung von Strafe setzt die Funktionsfähigkeit einer recht komplexen kognitiven Struktur und eines Kontrollsystems beim Individuum voraus, da die Bestrafung eine energieliefernde Unterstützung darstellen soll. Wo immer dieses System nicht zuverlässig funktioniert, kann Bestrafung verheerende Folgen haben. Wenn wir an die Beschaffenheit der Ich-Struktur bei den aggressiven Kindern denken, ist leicht einzusehen, daß die Funktionsfähigkeit dieser komplexen Ich-Struktur, die eine Strafe erst zur nützlichen Erfahrung werden läßt, fehlt. Diese Kinder werden allgemein mit komplexen Situationen in ihrem Leben nicht fertig. Die Anwendung der Bestrafung ist in ihrem Fall undenkbar, zumindest in den frühen Stadien der Behandlung. Diese Kinder sind darauf angewiesen, daß wir ihnen Grenzen setzen, ihnen helfen, diese einzuhalten und mit ihnen angemessen umzugehen. Ich erinnere an den Einsatz von sog. Verstärkerplänen (Näheres dazu im Beitrag von H. G. Eisert, S. 105 ff); den Kindern werden überschaubare Aufgaben gestellt, die erfüllbar sind und so zur Ich-Stärkung beitragen.

Damit ein Kind eine Strafe richtig als erzieherische Maßnahme und nicht als bewußt feindseligen Akt der Zurückweisung und Aggression seitens des Erwachsenen empfindet, ist es wichtig, daß das Kind zu folgendem fähig ist:

1. es muß die Absicht des strafenden Erwachsenen richtig erfassen (Vertrauen notwendig);
2. es muß die augenblicklich unangenehme Empfindung mit dem Beitrag in Verbindung bringen, den es selbst durch sein vorangegangenes Verhalten geleistet hat;
3. es muß das gegenwärtige Erlebnis der Bestrafung in eine klare Struktur bringen, um es später in einem Augenblick der Versuchung als verhindernden Faktor anwenden zu können.

Die oben geschilderten Kinder erfüllen – zumindest in der Anfangsphase – diese Bedingungen nicht. Sie haben früher so häufig Bestrafungen erlebt, daß positive Verstärkungen sinnvoller erscheinen. Ansonsten ist eine weitere Steigerung ihrer Gegenfeindseligkeit unumgänglich. Diese Kinder sind nicht in der Lage, das Mißbehagen, das sie im Augenblick unter dem Einfluß der Bestrafung empfinden, mit zuvor begangenen Taten in Zusammenhang zu bringen. Sie reagieren auf Bestrafung wie auf einen feindseligen Akt der Umwelt. Sie unterdrücken vollkommen jeglichen Anteil, den sie selbst daran haben mögen, und betrachten die Bestrafung nur als einen Vorwand für künftige Vergeltung. Sie kehren die logische Kette zwischen Schuld-Verursachung, schmerzlicher Erfahrung und Reaktion auf Bestrafung ins Gegenteil um. Bestrafung ist für diese Kinder nicht das Ende einer Kausalkette, sondern der Beginn. Das Wesen ihrer Ich-Störung macht es ihnen unmöglich, aus früheren Erlebnissen nützliche Lehren für ihr zukünftiges Verhalten zu ziehen. Diesen Kindern fehlt weiterhin die Fähigkeit, Schmerz und Frustration hinzunehmen, ohne dadurch aus der Fassung zu geraten. Es mangelt ihnen an einer haltgebenden Struktur, die ihre aggressive Energie binden könnte. Eine Hauptursache der Ich-Störung ist in der frühen Deprivation fast all dieser Kinder zu suchen (vgl. dargestellte Fälle).

Solche Art Strafen sind in diesem Sinne Wiedergutmachungsmaßnahmen der Kinder zur Verminderung ihrer Schuldgefühle, Aggressionen und Scham. Als Beispiel sei genannt, etwas für die anderen Kinder, die auch gelitten haben, zu tun, beispielsweise mit dem Erzieher zusammen einen Kuchen backen. „Drohungen" sind Warnungen vor möglichen Konsequenzen. Maßnahmen sind nicht überraschend, sondern angekündigt und damit kalkulierbar.

Diese intensive Therapie ist in vielen Fällen ambulant nicht zu leisten. Die Familien haben häufig einen langen Leidensweg hinter sich und benötigen eine „Verschnaufpause". Als Zwischenstation bleibt dann nur die vorübergehende Herausnahme des Kindes aus seiner bisherigen Umgebung, um neue Erfahrungen möglich werden zu lassen.

Ein bedeutsamer Vorteil therapeutischer Bemühungen in der Heimerziehung ist die Nähe des Therapeuten zum Kind und seiner Lebenswirklichkeit. In diesem Setting gelingt es, alltägliche und erzieherische Probleme zum Gegenstand der Therapie zu machen, indem gemeinsame Erlebnisse in der Therapie direkt von beiden Seiten thematisiert werden können. Für das Kind ist es leichter, seine Probleme in die Therapie einzubringen und die dort erarbeiteten Lösungen in seinem Alltag umzusetzen. In den gemeinsamen außertherapeutischen Handlungen von Therapeut und Kind kann sich die Basis für Verhaltensänderungen, zunehmendes gegenseitiges Verstehen und Vertrauen entwickeln. Dies ist besonders bedeutsam für die Therapie mit Kindern und Jugendlichen, die keinen „Leidensdruck" zeigen und professionellen Helfern teils verständnislos, teils sogar ablehnend gegenüberstehen. Der Therapeut muß durch seine Persönlichkeit und Ausstrahlung in der Lage sein, ein „echtes" und motivierendes Vorbild für die Kinder darzustellen. Kontakte des Kindes mit dem Therapeuten in sog. außertherapeutischen Situationen ermöglichen dem Kind, sich seiner Beziehung zu ihm auf unterschiedliche Weise zu vergewissern und ihn als einheitliche Person mit unterschiedlichen Aufgaben zu erleben.

Zum Abschluß möchte ich vor der falschen Hoffnung warnen, es gebe für alle pädagogischen und therapeutischen Probleme dieser Kinder Lösungen. Es können nur Anregungen für die Augenblicke sein, in denen notwendigerweise eingegriffen werden muß. Ich bin mir der Notwendigkeit bewußt, vom therapeutischen Standpunkt aus immer „zu wissen, was ich tue", wenn ich in bestimmtes Verhalten einzugreifen habe. Es ist ein heikles und notwendiges Problem, im Umgang mit aggressiven Kindern in einem Notfall eingreifen zu müssen.

Literatur

Adler A (1914) Zur Erziehung der Eltern. In: Adler A, Furtmüller C (Hrsg) Heilen und Bilden. Bergmann, München 1914, S 113–129 (Fischer, Frankfurt 1973)

Adler A (1922) Das Zärtlichkeitsbedürfnis des Kindes. In: Adler A, Furtmüller C (Hrsg) Heilen und Bilden, 2. Aufl. Bergmann, München 1922 (Fischer, Frankfurt 1973)

Adler A (1931) What life should mean to you. Little Brown, Boston (Wozu leben wir? Fischer, Frankfurt 1979)

Becker WC (1964) Consequences of different kinds of parental discipline. In: Hoffman ML, Hoffman LW (eds) Review of child development research. Russel, New York, p 169–208

Berger M (1993) „Und die Mutter blickte stumm auf dem ganzen Tisch herum". Anmerkungen zur Diskussion über das hyperkinetische Syndrom. Kinderanalyse 2: 131–149

Deutsche Gesellschaft für Kinder- und Jugendpsychiatrie und Psychotherapie (1999): Leitlinien. Hyperkinetisches Syndrom, i. V.

Döpfner M, Sattel H (1991) Verhaltenstherapeutische Interventionen bei hyperkinetischen Störungen im Vorschulalter. Z Kinder-Jugendpsychiat 19: 254–262

Döpfner M, Lehmkuhl G (1993) Zur Notwendigkeit von Qualitätsstandards in der Kinder- und Jugendpsychiatrie. Z Kinder-Jugendpsychiat 21: 188–193

Ellenberger HF (1985) Die Entdeckung des Unbewußten. Diogenes, Zürich.

Entwurf eines individualpsychologischen Fragebogens zum Verständnis und zur Behandlung schwer erziehbarer Kinder (1923). Int Z Individualpsychol 2: 1–7

Friedmann A (1926) Individualpsychologische Heilpädagogik. In: Wexberg E (Hrsg) Handbuch der Individualpsychologie. Bonset, Amsterdam 1966, S 336–366

Furtmüller C (1914) Alltägliches aus dem Kinderleben. Int Z Individualpsychol 1: 53–58

Ganz M (1953) The psychology of Alfred Adler and the development of the child. Routledge & Kegan Paul, London

Hebborn-Brass U (1983) Die Bedeutung der Individualpsychologie Alfred Adlers für die heutige Kinder- und Jugendpsychiatrie. Z Kinder-Jugendpsychiat 11: 243–263

Homburger A (1926) Vorlesungen über Psychopathologie des Kindesalters. Wissenschaftliche Buchgesellschaft, Darmstadt 1972

Künkel F (1930) Jugendcharakterkunde. Bahn, Konstanz (16. Aufl. 1982)

Künkel F (1931) Charakter, Wachstum und Erziehung. Hirzel, Leipzig

Künkel F (1934) Charakter, Leiden und Heilung. Hirzel, Stuttgart (Neuauflage 1976)

Lazarsfeld S (1926) Familien- oder Gemeinschaftserziehung. In: Wexberg E (Hrsg) Handbuch der Individualpsychologie. Bonset, Amsterdam 1966, S 323–335

Lehmkuhl U, Lehmkuhl G (1987) Der Beitrag der Individualpsychologie Alfred Adlers zum Verständnis der frühen Störungen. Prax Psychother Psychosom 32: 119–127

Lempp R (1991) Nachwort in: Hartmann J (Hrsg.) Zappelphilipp Störenfried. Hyperaktive Kinder und ihre Therapie. Beck, München 100–118

Löwy I (1926a) Technik der Erziehung. Perles, Wien

Löwy I (1926b) Irrtümer der Erziehung. In: Wexberg E (Hrsg) Handbuch der Individualpsychologie. Bonset, Amsterdam 1966, S 276–288

Milich R, Dodge KA (1984) Social information processing in child psychiatric population. J. Abnorm Child Psychol 87: 471–490

Nissen G (1981) Kinderpsychiatrisches Gutachten zur Verschreibung von Methylphenidat bei hyperaktiven Kindern. Pädiatr Praxis 25: 209–218

Pisterman S, Firestone P, McGrath P et al. (1992) The role of parent training in treatment of preschoolers with ADDH. American J Orthopsychiat 62: 397–408

Remschmidt S, Schmidt MH (1994) Multiaxiales Klassifikationsschema für psychiatrische Erkrankungen im Kindes- und Jugendalter nach Rutter, Shaffer und Sturge, Huber, Bern, Stuttgart, Toronto

Schmidt MH, Esser G (1985) Psychologie für Kinderärzte, Enke, Stuttgart

Seelmann K (1926) Das nervöse und schwererziehbare Kind. In: Wexberg A (Hrsg) Handbuch der Individualpsychologie. Bonset, Amsterdam 1966, S 169–208

Simon FB, Stierlin H (1984) Die Sprache der Familientherapie. Ein Vokabular. Klett, Stuttgart

Thomas A, Chess S (1977) Temperament and development. Brunner/Mazel, New York

Wexberg E (1924) Erziehung der Erzieher. Int Z Individualpsychol 2: 41–45

Wexberg E (1926) Seelische Entwicklungshemmungen. Perles, Wien

Wexberg E (1928) Individualpsychologie. Eine systematische Darstellung. Hirzel, Stuttgart (3. Aufl. 1987)

Wexberg E (1931) Sorgenkinder. Hirzel, Stuttgart (2. Aufl. 1987)

8 Möglichkeiten des Kinder- und Jugendlichenpsychotherapeuten beim Umgang mit dem hyperkinetischen und aggressiven Kind

Hildegard Horn

Geb. Wiegand, geboren 1945 in Haßmersheim am Neckar. Nach dem Abitur 1965 in Heidelberg Studium an der PH mit den Fächern Deutsch, Geschichte und kath. Theologie, 1967 Zusatzstudium kath. Theologie für das Lehramt an Gymnasien. Bis 1983 als Lehrerin an Realschulen und Gymnasien tätig. 1977 Weiterbildung am Institut für analytische Psychotherapie von Kindern und Jugendlichen. Seit 1982 in freier Praxis tätig. Ab 1985 Dozententätigkeit am Institut für analytische Kinder- und Jugendlichenpsychotherapie in Heidelberg mit den Schwerpunkten Entwicklungspsychologie und psychologische Anthropologie.

8.1 Vorstellung der analytischen Kinderpsychotherapie

Kinder- und Jugendlichenpsychotherapeuten beschäftigen sich mit den Entstehungsbedingungen und den Heilungsmöglichkeiten kindlicher Neurosen und psychogener Störungen primärer und sekundärer Natur.

8.1.1 Annahmen über die Entstehungsbedingungen psychischer Störungen im Kindesalter

Nach unseren Vorstellungen entstehen psychische Störungen im Kindesalter durch Beeinträchtigungen von Antrieben und Bedürfnissen. Solche Beeinträchtigungen geschehen:

In quantitativer Weise

- durch Mangelerlebnisse wie Unerwünschtheit, Ablehnung, Vernachlässigung, Verlassenheit;
- durch Hemmungen im Sinne übermäßiger Einschränkungen und Verbote.

Die Mangelerlebnisse führen zu allgemeiner Gehemmtheit expansiver und explorativer Fähigkeiten und vor allem zu einem stark verminderten Selbstwertgefühl. Die Gehemmtheiten führen zu Überangepaßtheit mit zwischenzeitlichen Durchbrüchen der unterdrückten Impulse.

In qualitativer Weise
– durch Assoziation von Angst und Schuldgefühlen (Dührssen 1981), die sich an das Antriebs- und Bedürfniserleben koppeln und es dadurch qualitativ verändern,
– bei Umdeutungen des Antriebs- und Bedürfniserlebens von Wahrnehmungen und Vorstellungen durch Erwachsene, die das richtige Erleben des Kindes als falsch, blöde, kindisch, böse etc. abwerten und umdeuten. Es entstehen Störungen der Wahrnehmungs- und Urteilsfähigkeit im Erleben der eigenen Antriebe und Bedürfnisse sowie Störungen des Identitäts- und Selbstwertgefühls.

Eine quantitative und qualitative Beeinträchtigung des Erlebens geschieht durch Verdrängung in Situationen, die subjektiv als schwer ängstigend, beschämend oder demütigend empfunden werden. Die Verdrängung zeigt sich in Erinnerungslücken oder Affektlücken und die daraus entstehende Symptomatik durch Wiederkehr des Verdrängten.

Eine sekundäre Neurotisierung ist zu beobachten bei Kindern, die durch angeborene geistige Defekte oder erworbene Hirnschädigung eine erhöhte oder verminderte Angstbereitschaft, Hypermotorik, Entwicklungsverzögerung oder Reifungsdysharmonie aufweisen, was jeweils zu verschärften Realkonflikten führt, die bei entsprechend unrealistischen, meist zu hohen Erwartungen der Eltern zu einer zusätzlichen Neurotisierung führen.

Neurotische Reaktionen als unmittelbare, meist regressive Anpassung an kurz- oder mittelfristig wirkende pathogene Erziehungseinflüsse, Familienkrisen oder soziale Schwellensituationen sind bei Kindern häufig; sie lassen sich verhältnismäßig rasch beseitigen, wenn es gelingt, die pathogenen Einflüsse abzumildern.

8.1.2 Behandlungsstrategien bei unterschiedlichen Formen psychischer Störungen und Erkrankungen

Nachholen bisher nicht erlebter Zuwendung, Zuverlässigkeit und Wertschätzung in der Beziehung zum Therapeuten, wobei das Kind häufig in die Säuglingszeit regrediert und vom Therapeuten gewiegt, gehalten und gefüttert werden möchte. Das Kind muß dem Therapeuten sympathisch sein. Gerade in solchen Fällen muß eine sorgfältige Auswahl des Therapeuten getroffen werden.

Mobilisierung gehemmter Antriebe und Bedürfnisse durch Probierenlassen, durch Zulassen bisher nur im Ansatz gewagter Handlungen, Vorstellungen und Gedanken. Ziel ist die Herstellung eines Zustandes, wie er unter günstigeren Bedingungen hätte entstehen können. Die Eltern müssen darauf vorbereitet werden, daß der Patient zunächst wilder, frecher und anspruchsvoller wird.

Assoziierte Angst und Schuldgefühle sowie Umdeutungen werden rückgängig gemacht durch *korrigierende Erfahrungen* am Verhalten des Therapeuten, sowohl als realer Person als auch als Mitspieler im Phantasie- oder Rollenspiel. Um als Mitspieler sich spontan anders verhalten zu können, als es die Eltern des Kindes taten, muß der Therapeut über eine präzise Vorstellung verfügen, wie das Kind früher gewesen ist bzw. wohin es sich entwickeln kann. Vorstellungen über den ursprünglichen Charakter eines Kindes lassen sich intuitiv aus den nichtgehemmten Charakteranteilen, aus Gestik, Mimik und Motorik erschließen.

Bewußtwerdung auf dem Wege szenischer Darstellungen, durch die assoziative Verknüpfungen hergestellt werden zwischen den verdrängten Erinnerungsanteilen, die günstigenfalls wieder zu einem Gesamterleben zusammengefügt werden können.

Die Behandlung wird fokussiert auf den sekundären neurotischen Konflikt einerseits und eine intensive Beratung der Eltern andererseits, die darauf abzielt, sich mit den eingeschränkten Fähigkeiten ihres Kindes abzufinden. Für das Kind sind Neulernen und Nachlernen bisher nichtgemachter Erfahrungen in einer nachsichtigeren, geduldigeren, auf die spezifischen Behinderungen des Kindes eingehenden therapeutischen Atmosphäre wichtig.

Neurotische Reaktionen lassen sich häufig allein durch Beratung der Eltern beheben.

8.1.3 Rahmenbedingungen der analytischen Kinderpsychotherapie

In einem Behandlungszimmer, das Spielzeug, Kasperletheater, Puppen, Kaufladen, Spielzeugwaffen und kreatives Material (Knet, Ton, Malfarben, Fingerfarben) bereitstellt, wird dem Kind ein Raum zur freien Entfaltung geboten. Das Kind bestimmt, was gespielt wird. Durch Zurückhaltung in seinen Intentionen erweitert der Therapeut den Freiraum des Kindes. Die Zurückhaltung des Therapeuten führt zur Mobilisierung unterdrückter Impulse oder besser Angst- und Schuldgefühlen, eingeschliffener Verhaltensweisen und verdrängter Konflikte. Das Kind überträgt die von seinen Beziehungspersonen gewohnten Beziehungsmuster auf den Therapeuten, wobei oft eine Aufspaltung der Übertragung zwischen dem Therapeuten und den realen Elternfiguren erfolgt (Fahrig u. Horn 1986).

8.2 Hyperkinese und analytische Kinderpsychotherapie

Wenn hier von Hyperkinese die Rede ist, ist das Erscheinungsbild einer Symptomatik gemeint, die folgende Kernsymptome (Steinhausen 1982) aufweist:

- Hyperaktivität mit motorischer Unruhe, zielloser Aktivität, Zappeligkeit und der Unfähigkeit, still zu sitzen.
- Aufmerksamkeitsstörungen mit kurzer Aufmerksamkeitsspanne sowie hoher Ablenkbarkeit.
- Auffälligkeiten 'im emotionalen Bereich mit plötzlichen Stimmungsschwankungen, starker Erregbarkeit und niedriger Frustrationstoleranz.
- Impulsivität mit unüberlegten, vorschnellen, wenig kontrollierten verbalen und motorischen Reaktionen, mit unvorhersehbarem Verhalten und mangelnder Spannung.

Als Sekundärsymptome können auftreten:

- dissoziales Verhalten,
- Lernstörungen,
- Selbstwertprobleme.

Die hier aufgeführten Symptome sind uns in der Kinderpsychotherapie vertraut und können verschiedenen Neuroseformen zugeordnet werden. Da aber völlig gleichartig erscheinende Symptome neurotisch und nichtneurotisch bedingt sein können, muß im Einzelfall eine schlüssige psychodynamische Bedingtheit der Symptomatik durch unbewußte Konflikte nachgewiesen werden, bevor eine Indikation zur Anwendung tiefenpsychologisch fundierter und analytischer Psychotherapie gestellt wird. Dabei ist auch die Prognose der Familiendynamik zu berücksichtigen.

Im Blick auf das Krankheitsbild Hyperkinese ist die Indikation Psychotherapie nicht einfach zu stellen. Zumal die allgemeinen Vorstellungen über die Wirksamkeit psychotherapeutischer Behandlung bei Hyperkinese eher negativ sind und bis heute kaum fundierte Darstellungen positiver Ergebnisse vorliegen. So haben z. B. Werry u. Sprague (1970) und Cytrin et al. (1960) die relative Erfolglosigkeit psychoanalytischer Ansätze beschrieben.

Im folgenden werden dennoch einige Aspekte dargelegt, die unserer Meinung nach eine Indikation für analytische Psychotherapie in bestimmten Fällen für angezeigt erscheinen lassen.

Die Unsicherheit über die ätiologischen Faktoren und die Erkenntnis, daß in den meisten Fällen von Hyperkinese ein Hirnschaden nicht der zentrale ätiologische Faktor ist (Minde u. Cohen 1978), sowie die frappierende Ähnlichkeit dieses Krankheitsbildes mit uns bekannten Krankheitsbildern aus dem Bereich der Ich-Störung oder intentionalen Störungen, ermutigen uns auch im Falle der Hyperkinese ein gewisses Kompetenzgefühl zu entwickeln. In der Psychoanalyse wurde dem konstitutionellen und genetischen Faktor beim Verständnis der Psychodynamik einer psychischen Erkrankung schon immer ein hoher Stellenwert zugeordnet.

Freud (1905) war der Ansicht, daß die Neurosenwahl in erster Linie unabhängig von pathogen wirkenden Ereignissen von konstitutionellen Faktoren abhängig sei. Schultz-Henke (1940) sprach von der genotypischen Anlage, z. B. von angeborener Hypersensibilität und Hypermotorik, Hans von Lüpke (1984) sprach von angeborener „Dünnhäutigkeit", Fries (1953, 1977) kam auf Grund von prospektiven Verlaufsbeobachtungen über 40 Jahre hinweg zu der Postulierung einer angeborenen „sensomotorischen Reaktivität", wobei sie von einem „aktiven" und einem „ruhigen" Typ als Extremmöglichkeit ausgeht. Sie beschreibt den „aktiven" Typ als einen Menschen, der z. B. bei Frustration stärker mit überschießender Motilität und körperlicher Schreckhaftigkeit reagiert als der „ruhige" Typ. Bräutigam (1985) schreibt, bezugnehmend auf die Zwillingsuntersuchungen von Schepank (1973), daß die Neurosenstrukturen weitgehend erbgenetisch angelegt seien und ihre Manifestationen lediglich durch Umwelteinflüsse zustande kämen.

Die Bedeutung des genetischen Faktors bestätigen Studien von Morrison u. Stewart (1971) und Cantwell (1975), indem sie aufzeigen, daß das hyperkinetische Syndrom bei den biologischen Verwandten ersten und zweiten Grades sehr viel häufiger auftritt als bei Verwandten von adoptierten Kindern.

Als pathogene Milieufaktoren werden in diesen Untersuchungen von Morrison u. Stewart das gehäufte Auftreten von alkoholabhängigen Vätern und hysterisch strukturierten Müttern, verbunden mit einer unruhigen bis chaotischen Familienatmosphäre, genannt.

8.2.1 Hyperkinese und Ich-Entwicklung

Ausgehend von der Annahme einer schwierigen bis gestörten Ausgangssituation soll nun der Verlauf der Ich-Entwicklung besonders im Blick auf Steuerung der Motorik, Impulskontrolle, Entwicklung der Konzentrations- und Aufmerksamkeitsfähigkeit, der emotionalen Stabilität und ihrer Störmöglichkeiten dargelegt werden. Hier bietet sich das Konzept von Margret Mahler (1979) als Ausgangspunkt an, in dem die Bedeutung der Interaktion zwischen Säugling und Mutter in den ersten Lebensmonaten für die Entwicklung der Ich-Funktionen, der Motilität und Wahrnehmung beschrieben wird.

Von besonderer Bedeutung ist dabei eine auch von John Benjamin (1961) beschriebene Reifungskrise zwischen dem 2. und 3. Lebensmonat, die enzephalographisch nachweisbar ist. Sie ist gekennzeichnet durch einen allgemeinen Anstieg der Sensibilität gegenüber äußeren Reizen, der in dieser Phase nur durch die Intervention einer mütterlichen Person, die Spannung mildern hilft, bewältigt werden kann. Kann die Spannung nicht vermindert werden, wird der Säugling leicht von Reizen überwältigt, schreit und/oder zeigt andere motorische Manifestationen eines undifferenzierten negativen Affekts. Dieser Vorstellung nach besitzt der normale Säugling zunächst einen Reizschutz, der ab dem 3. Lebensmonat durch Schutz in der Beziehung, durch einen Reizschild (Mahler 1979), der die Mutter-Kind-Symbiose umhüllt, abgelöst wird. In dieser Phase werden Ich-Zustände beobachtet, die Schwankungen der Aufmerksamkeit zeigen, die das Kind abwechselnd seinen inneren Empfindungen und den symbiotischen, libidinösen Anziehungen zuwendet.

Die Aufeinanderfolge von Spannung und Entspannung fördert die Strukturalisierung.

Wenn Lustgefühle auf Grund äußerer sensorischer Wahrnehmungen sowie der Reifungsdruck die Besetzung nach außen gerichteter Anteilnahme steigern und im Innern eine sichere Verankerung in der Fähigkeit der Mutter, Sicherheit und Schutz zu gewährleisten, vorhanden ist, kann die Ausdehnung über den symbiotischen Bereich und damit die Entwicklung der Ich-Funktion der Wahrnehmung, Impulssteuerung etc. stattfinden.

Diese Entwicklung kann durch verschiedene Faktoren gestört werden. Beim hyperkinetischen Kind ist vorstellbar, daß ein organischer Defekt die Stärke des Reizschutzes beeinflußt oder es dem Kind nicht möglich macht, die Schutzfunktion der Mutter wahrzunehmen oder herauszufordern.

Eine angeborene Hypersensibilität kann die Ursache dafür sein, daß durchschnittliche Reize überwältigend wirken und die durchschnittliche Hilfestellung einer Mutter als Schutz nicht ausreicht.

Die psychische Befindlichkeit einer Mutter kann sie daran hindern, die Bedürftigkeit des Kindes wahrzunehmen und entsprechend zu reagieren.

Dieses Interaktionsgefüge ist so komplex, daß damit nur ein grob vereinfachtes Bild der möglichen Kombination vorgestellt werden kann.

In all diesen Fällen ist eine normale Ich-Entwicklung in der beschriebenen Weise nicht möglich.

Da es keine wirkliche Entspannung in der Beziehung gibt, kann auch keine Selbstrepräsentanz von Entspannung, von In-sich-Ruhen, von zur Ruhe kommen entwickelt werden. Was nicht in der Objektbeziehung erlebt werden kann, kann im Selbst nicht reproduziert werden (Kernberg 1978). Da das Hin- und Herpendeln der Aufmerksamkeit, gesichert in einem schützenden Beziehungsgefühl, nicht wahrgenommen werden kann, entwickelt das Kind nicht die Fähigkeit, bei einer Sache oder Person ruhig zu verweilen. Konzentrationsfähigkeit und Ausdauer kommen nicht zustande.

Das Erleben von Anspannung und Befriedigung ist nie ausgeglichen, so daß sich eine Frustrationstoleranz aufgrund von genügend positiven Erinnerungsinseln (Mahler 1979) nicht bilden kann. Es herrscht ein permanentes Appetenzverhalten vor (Bischof 1985).

Die Selbst- und Objektrepräsentanzen sind nicht ausreichend getrennt und stabil, so daß eine Neigung zur Spaltung vorherrscht.

Im Verhalten zeigt sich das in krassen Stimmungsschwankungen, Wutanfällen und extremer Erregbarkeit.

Blanck u. Blanck (1989) bieten in ihrem Buch „Jenseits der Ichpsychologie" mit der Einführung des Begriffs eines übergeordneten Ichs, das die Organisationsfunktion aller Ichfunktionen sowie der Es- und Überichansprüche innehat, ein Denkmodell an, das, angewandt auf Verursachungsfaktoren der hyperkinetischen und aggressiven Störung beim Kind über die bereits erwähnten theoretischen Vorstellungen hinaus, mehr Klarheit bedeuten kann. Demgemäß ist besser zu verstehen, daß ein Kind, dessen einzelne Ichfunktionen gut ausgebildet zu sein scheinen, sich dennoch nicht situationsgerecht in Sozial- und Leistungsbereichen verhalten kann, wenn eine defizitäre Gesamtorganisation angeborenermaßen und/oder in der frühen Interaktion erworben vorliegt.

Da im vorliegenden Fall das normale, instinktmäßige Verhalten der Eltern nicht zu einer befriedigenden Beziehung mit dem Kind führen kann, treten Unzufriedenheit, Ratlosigkeit, Ärger, Scham, Wut und Haß auf. Diesen Gefühlen wird häufig so begegnet, daß sie überkompensiert werden, daß Schuldgefühle und Wiedergutmachungsversuche zu beobachten sind.

Diese Elemente stören zusätzlich die schon nicht positiv funktionierende Beziehung und verkomplizieren sie. Es entsteht von vornherein ein Beziehungsmuster, das neurotisierend wirkt. Die Eltern können somit keine elterlichen Kompetenzgefühle (Papousek u. Papousek 1982), das Kind keine kindlichen Kompetenzgefühle entwickeln.

Es wäre lohnend, den sich hier anbahnenden Circulus vitiosus in der Eltern-Kind-Beziehung durch alle Entwicklungsphasen weiterzuverfolgen. Das Erscheinungsbild des hyperkinetischen Jugendlichen wäre dann um vieles verständlicher. Leider ist es aus Platzgründen hier nicht möglich.

8.2.2 Die spezielle Bedeutung der Aggression in der Entwicklung des hyperkinetischen und aggressiven Kindes

Im Verlauf der normalen Entwicklung wird Aggression durch positive Erfahrung neutralisierbar, beispielsweise gleichen Erinnerungen an Befriedigungserlebnisse gewisse Frustrationserlebnisse aus und sind in ichgerechter Weise einsetzbar.

Nach Hassenstein (1973) bedeutet das, daß Aggression als unentbehrliches Verhaltensinstrument zur Durchsetzung elementarer Bedürfnisse wie Sicherheit, Ruhe und Sättigung eingesetzt wird, darüber hinaus, um den Spielraum für das Selbständigwerden zu erobern und zu verteidigen.

Im Rahmen des Erkundens und Lernens wird mit Hilfe der Aggression Leistungsfähigkeit sowie alters- und phasengerechtes Sozialverhalten entwickelt. So entstehen ausreichende Kompetenz- und Identitätsgefühle, die wiederum ein erfolgreiches Fortschreiten in der Entwicklung gestatten.

Bei Kindern, die in ihrer Entwicklung, aus welchen Gründen auch immer, die Befriedigung der elementaren Bedürfnisse nicht ausreichend erleben konnten, hat Aggression hauptsächlich die Funktion, Sicherheit und Ruhe durchzusetzen. Mit fortschreitendem Alter und Verdrängung bzw. Abspaltung dieser frühen und elementaren Bedürfnisse wirkt die Unruhe und Aggressivität des Kindes immer ungerichteter und undifferenzierter, nicht konstruktiv und ichgerecht.

Der Circulus vitiosus der Frustrationserlebnisse durch die gestörte Kommunikation mit Eltern und Geschwistern und die Inkompetenzgefühle durch Schwierigkeiten im Leistungs- und Sozialbereich bewirkt zusätzlich eine Potenzierung der Unlustgefühle mit chronisch erhöhter Spannung und Reizempfindlichkeit. So entwickelt sich das Erscheinungsbild eines frustrationsintoleranten, zu Stimmungsschwankungen und Impulsivität neigenden Kindes.

Da in diesen Fällen Aggression hauptsächlich in ihrer defensiven bis destruktiven (Elhardt 1974) Funktion gebraucht wird und auch auf dieser Stufe fixiert bleibt, ist gut vorstellbar, daß sie nicht gleichzeitig zur Selbstwerdung und Welteroberung zur Verfügung stehen kann.

So ist das Selbst- und Welterleben dieser Kinder und Jugendlichen geprägt von Minderwertigkeitsgefühlen, Kummer, Traurigkeit und den entsprechenden Reaktionsbildungen.

8.2.3 Therapeutische Möglichkeiten bei früher Beziehungsstörung und sekundärer Neurotisierung

Wie aus dem bisher Dargelegten hervorgeht, ist die diagnostische Abgrenzung in den Fällen von Hyperkinese, in denen keine nachgewiesene organische Störung zu Grunde liegt, gegenüber Erkrankungsformen aus dem Bereich der frühen Ich-Störungen schwierig und nur mit Blick auf die möglicherweise stärkere Gewichtung des konstitutionellen und des genetischen Faktors für Prognose und Behandlung von Bedeutung.

Unserer Ansicht nach ist die Indikation für eine tiefenpsychologisch fundierte und analytische Kinderpsychotherapie neben anderen Therapienotwendigkeiten wie medikamentöse Behandlung, Körpertherapie und Verhaltenstraining gegeben, weil in den von uns behandelten Fällen die beschriebene Beziehungsstörung und eine sekundäre Neurotisierung vorliegen.

Das Kind oder der Jugendliche wendet kostbare Kraft auf, um Spaltung und Verdrängung aufrechtzuerhalten, um Verleugnung und Überkompensation zustande zu bringen.

Die Eltern benötigen entsprechende Kraft, um Scham, Ärger, Haß und Schuldgefühle zu verdrängen, zu verleugnen oder zu überkompensieren.

In der Therapie sollen sowohl Kinder und Jugendliche als auch die Eltern und sonstige Bezugspersonen die Möglichkeit geboten bekommen, ihre wirkliche Gefühlslage zu erleben, Einblick zu bekommen in ihre bislang nicht konstruktiv und positiv erlebbaren Lösungsversuche und, soweit möglich, angemessenere und befriedigendere Verhaltensweisen zu entwickeln.

Das dazu erforderliche Setting muß in diesen Fällen flexibel gehandhabt werden. Einerseits muß dem Kind ausreichend Gelegenheit geboten werden, im Symbol-, Rollen-, Kasper-, Sandspiel oder durch andere Medien sein Erleben darzustellen und Sicherheit und Ruhe in der Beziehung zum Therapeuten zu erleben, was streckenweise Einzeltherapie bedeutet.

Weiter ist es unerläßlich für den Therapeuten, mit Blick auf eine Beziehungsänderung zwischen dem Kind und seinen wichtigsten Bezugspersonen, die Interaktion zwischen den Betreffenden zu beobachten, zu deuten und im gemeinsamen Handeln zu verändern.

Gespräche mit elterlichen Personen allein dienen der Information und der Klärung des Beziehungsmusters.

8.3   Ein Fallbeispiel

In dem folgenden Fallbeispiel sollen anhand von Blitzlichtern aus dem Therapieverlauf sowohl die Darstellung der Gestimmtheit des Patienten und die Intervention der Therapeutin als Hilfs-Ich in schützender und strukturierender Funktion als auch einige Aspekte der Elternarbeit aufgezeigt werden.

Peter war bei Therapiebeginn 7 Jahre alt. Die auffallenden Symptome waren Hypermotorik, Unruhe, Schlafstörungen, Aufmerksamkeits- und Konzentrationsstörungen, Unfähigkeit, still zu sitzen, fehlender Kontakt und Kontaktwunsch Gleichaltrigen gegenüber, überschießende Aggressivität im Wechsel mit Ängstlichkeit und ticartiges Räuspern und Grunzen.
Die Therapie dauerte 3 Jahre und umfaßte 120 h Einzeltherapie bzw. Mutter und Kind zusammen, sowie 24 h begleitende Psychotherapie der Eltern, besonders der Mutter.

Zu Beginn der Behandlung stellte Peter über viele Stunden hinweg im Symbolspiel dar, wie ungesichert, ungeschützt und bedroht er sich permanent fühlte.

Er malte z. B. viele Urwaldbilder, die zunächst durch leuchtende Farben freundlich wirkten. Nach kurzer Zeit entgleiste das Ruhige, Freundliche und Geordnete immer wieder, und Chaos setzte ein. Alles Helle und Bunte wurde schwarz übermalt, Gegenstände, Tiere und Personen bekamen schreckliche Fratzen und begannen sich zu bekämpfen und aufzufressen.

Zu anderen Stunden brachte er Masters-Figuren mit und ließ sie gegeneinander kämpfen. Die Struktur des Spiels löste sich aber blitzschnell wieder auf. Im Nu war nicht mehr zu unterscheiden, wer Feind, wer Freund war. Es stand nur fest, daß es kein Entrinnen gab, weil Strahlen im Spiel waren, die alles durchdringen konnten. Es gab keine Beendigung des Kampfes, keine Entspannung, außer dem totalen Untergang aller.

Ins Spiel hineingezogen, spürte ich sehr schnell in mir die Gestimmtheit des Patienten. Die Unentrinnbarkeit versetzte mich in Panik und ließ mich, wie den Patienten, im Spiel hektisch und überschießend reagieren.

Die Stunden strengten mich übermäßig an, machten mich unkonzentriert, unaufmerksam und reizbar.

In der Gegenübertragung spürte ich deutlich die Unentrinnbarkeit, den Circulus vitiosus.

Bei diesem Kind konnte ich mich nicht, wie bei Kindern mit durchschnittlichen neurotischen Störungen, darauf verlassen, daß es unter den eingangs beschriebenen Rahmenbedingungen selbst ruhigere, angemessenere Verhaltensweisen geben würde.

Hier war ich gefordert als Schutz, Sicherheit und Entspannung gewährleistendes Hilfs-Ich und als Objekt, um an meinem Verhalten diese Funktion zu üben, mit dem Ziel, sie dann später selbst übernehmen zu können.

Ich ließ ihn in allen Stunden zunächst seine chaotischen und aggressiven Gefühle darstellen, griff dann aber zunehmend häufiger ein und setzte dem Zerstörerischen und Negativen aktiv Konstruktives und Positives gegenüber.

Zunächst wollte er mich immer wieder in das Chaotische und die Eskalation hineinziehen. Nach einigen Stunden registrierte er meine positive und konstruktive Haltung, ja forderte sie geradezu heraus, indem er mich bat, nach seinem hektischen und unstrukturierten Kasperspiel „etwas Ordentliches" vorzuspielen oder er unterbrach sein Spiel, lächelte mich an und wollte wissen, ob es schon zu schlimm sei, ob jetzt liebe Figuren kommen müßten.

Seine Ungeborgenheit in Beziehungen konnte er zur Therapiehalbzeit hin gut verbalisieren, indem er so nebenbei erwähnte, daß er seine Eltern nicht leiden könne und sie ihn wohl auch nicht. Nachdem ich wissen wollte, wen er denn überhaupt leiden könnte, meinte er: „Bis jetzt noch niemanden."

Die Kommunikationsstörungen zwischen ihm und den Personen seines Umfeldes stellte er in einer dramatischen Stunde dar.

Er schlug mir ein Spiel mit Rittern vor und gab genaue Anweisungen.

Immer wenn ich mich seinen Anordnungen gemäß verhalten wollte, lachte er mich aus oder schrie mich an, ich würde alles falsch verstehen. Ich bemühte mich intensiv um eine ungestörte Kommunikation. Er vereitelte sie immer wieder, indem er schrie: „Nichts ist so, wie es gesagt wird, lauter faule Tricks."

Die Situation eskalierte so, daß er mich und sich für verrückt erklärte.

Auch hier mußte ich mich aus dem Spiel herausnehmen und meine strukturierende, klärende und beruhigende Funktion über alles stellen.

In den Stunden mit Peter und seiner Mutter zusammen wurde die gestörte Kommunikation sehr deutlich. Sie drückte ihn z. B. überzärtlich an sich, während sie mit ihm schimpfte. In Einzelgesprächen mit den Eltern, besonders der Mutter, konnte durch Klärung des Beziehungsmusters eine Verhaltensänderung bewirkt werden. Die Familienatmosphäre entspannte sich.

Die Eltern konnten den Sohn realistischer sehen, konnten die Schwierigkeiten eher als gemeinsames Problem, für das adäquate Lösungen gefunden werden mußten, betrachten, statt mit uneffizienten pädagogischen Maßnahmen den Sohn zu überfordern und weiter zu frustrieren. Die Therapie ist fast beendet.

Die Stunden verlaufen inzwischen mit Einschränkungen ruhig und friedlich. Peter malte z. B. in den letzten Therapiestunden allein am Schreibtisch eine grüne Wiese mit einem bunten Regenbogen darüber, während ich am anderen Ende des Zimmers sitzen sollte, um auch ein Bild zu malen.

Die Hälfte der Stunde über wurde kaum gesprochen. Es war nur das ruhige Gleiten der Farbstifte zu hören. Nicht vorstellbar, daß derselbe Junge einmal kaum stillsitzen konnte.

8.4 Zusammenfassung

Die Möglichkeiten des Kinder- und Jugendlichenpsychotherapeuten beim Umgang mit dem hyperkinetischen und/oder aggressiven Kind ergeben sich aus seinem Verständnis dieser Erkrankungsformen. Die, aus welchen Ursachen auch immer, vorliegende Störung der Ich-Entwicklung mit den fatalen Folgen im Kontakt-, Leistungs- und Selbstwertbereich kann in bestimmten Fällen, nach genauer Feststellung der Indikation, mit den Methoden der analytischen Kinder- und Jugendlichenpsychotherapie unserer Erfahrung nach positiv beeinflußt werden.

Bei unterschiedlicher Gestaltung des Settings, ob Einzeltherapie mit dem Kind, ob Therapie mit Mutter bzw. Familie und dem Patienten, oder begleitende Psychotherapie der Eltern, wird allen Beteiligten Gelegenheit geboten, ihre momentane und gewordene Gefühlslage zu erleben, Einsicht zu nehmen in das pathogene Beziehungsmuster und mit Hilfe des Therapeuten und in der schützenden Beziehung zu ihm, den vorliegenden konstitutionellen Gegebenheiten mit ihren speziellen Folgen und Notwendigkeiten besser Rechnung zu tragen.

Unter möglicher Einbeziehung anderer Therapienotwendigkeiten wie medikamentöse Behandlung, Körpertherapie und/oder Verhaltenstraining soll eine Erlebens- und Verhaltensänderung herbeigeführt werden, die dazu beiträgt, das elterliche Kompetenzgefühl zu stärken und das kindliche Selbstwert- und Kompetenzgefühl entstehen zu lassen.

Weiterführende Literatur

Benjamin J (1961) The innate and the experiential in child developement. In: Lectures on experimental psychiatry. University of Pittsburgh Press, Pittsburgh

Bischof N (1985) Das Rätsel Ödipus. Piper, München

Blanck G u. R (1989) Jenseits der Ichpsychologie. Klett-Cotta, Stuttgart

Bräutigam W (1985) Was leistet die Psychotherapie in Psychologie-Psychologisierung-Psychologismus? Oldenburg, München

Cantwell D, P (1975) The hyperaktive child. Spectrum, New York

Cytrin L, Gilbert A, Eisenberg L (1960) The effectiveness of tranquilizing drugs plus supportive psychotherapy in treating behavior disorders of children. A double blind study of eighty out-patients. Am J Orthopsychiatry 30: 113–128

Dührssen A (1981) Psychogene Erkrankungen bei Kindern und Jugendlichen. Vandenhoeck & Ruprecht, Göttingen

Elhardt S (1974) Aggression als Krankheitsfaktor. Vandenhoeck & Ruprecht, Göttingen

Fahrig H, Horn H (1986) Wirkungsweisen der Kinderpsychotherapie. Springer, Berlin

Freud S (1905) Drei Abhandlungen zur Sexualtheorie. GW V. Imago, London

Fries ME (1977) Longitudinal study: Prenatal period of parenthood. Am Psychoanal Assoc 25: 115–140

Fries ME, Wodf PJ (1953) Some hypotheses on the role of the congenital activity type. Personality developement. Psychoanal Study Child 26: 172–194

Hassenstein B (1973) Verhaltensbiologie des Kindes. Piper, München

Kernberg O (1978) Borderline-Störungen und pathologischer Narzißmus. Suhrkamp, Frankfurt

Kernberg O (1988) Innere Welt und äußere Realität, Anwendungen der Objektbeziehungstheorie. Verlag Internationale Psychoanalyse, München

Kilian H (1989) Eine systemische Betrachtung zur Hyperaktivität – Überlegungen und Fallbeispiele. Praxis der Kinderpsychologie und Kinderpsychiatrie 3/1989: 90–96

Lempp R u. Pietsch-Breitfeld B (1989) Die Intelligenzstruktur hypomotorischer Kinder. Vergleichbare Untersuchung an 2229 HAWIK-Profilen. Praxis der Kinderpsychologie und Kinderpsychiatrie 3/1989, Vandenhoeck & Ruprecht, Göttingen–Zürich

Ludewig H (1991) Eine Übung in epistemischer Konfusion. Praxis der Kinderpsychologie und Kinderpsychiatrie 5: 158–166

Lüpke H von (1984) Prophylaxe und Therapie bei frühen Formen auffälligen Verhaltens. Risiko und Regulation in frühen Entwicklungsprozessen. In: Voss R (Hrsg) Helfen, aber nicht auf Rezept. Reinhardt, München

Mahler MS (1979) Symbiose und Individuation. Klett-Cotta, Stuttgart

Minde K, Cohen N (1978) Hyperactive children in Canada and Uganda. A comparative evaluation. J Am Acad Child Psychiatry 17: 476

Morrison JR, Stewart MA (1971) A family study of the hyperactive child syndrom. Biol. Psychiatry 3: 189

Papousek H, Papousek M (1982) Die Rolle der sozialen Interaktionen in der psychischen Entwicklung und Pathogenese von Entwicklungsstörungen im Säuglingsalter. In: Psychiatrie des Säuglings- und des frühen Kindergartenalters. Huber, Bern

Schepank H (1973) Erb- und Umweltfaktoren bei Neurosen. Nervenarzt 44: 449–459

Steinhausen HC (1982) Das konzentrationsgestörte und hyperaktive Kind. Kohlhammer, Stuttgart

Tyson PH, Tyson RT (1997) Lehrbuch der psychoanalytischen Entwicklungspsychologie

Werry JS, Sprague RL (1970) Hyperactivity. In: Costello C (ed) Symptoms of psychopathology. Wiley, New York

9 Theraplay für das aggressive Kind*

Ann M. Jernberg

1928 in Deutschland geboren, Emigration in die USA. Erwarb den Ph.B. und den Ph.D. an der Universität von Chicago. Beschäftigte sich in Forschung und Praxis mit der Behandlung von seelisch gestörten Vorschulkindern und mit der Beziehung zu den Eltern. Schaffung der direktiven Kinderspieltherapie „Theraplay" und Gründung eines eigenen Ausbildungs- und Therapiezentrums in Chicago. Erweiterung des Theraplay-Ansatzes auf andere Altersgruppen (alte Menschen, Erwachsene, Jugendliche und Ungeborene). Gestorben 1993.

9.1 Was ist Theraplay?

Theraplay ist eine direktive Spieltherapie, die die Psychologin Ann M. Jernberg 1964 begründete. Sie wurde ursprünglich als eine Psychotherapie für „Head-start"-Kinder (sozial benachteiligte Kinder, die von Staats wegen gefördert werden sollen) entwickelt, da diese kaum auf die gängigen nondirektiven Spieltherapien ansprachen. Zudem bestand Bedarf für eine Therapiemethode, die bereits nach kurzer Zeit wirksam werden sollte. Vorläufer und Anreger für einige Aspekte von Theraplay war der Psychologe Des Lauriers (1962), der mit schizophrenen Kindern arbeitete und feststellte, daß er mit einem eindringlichen und direktiven Vorgehen mehr Erfolg hatte als mit vorsichtigem und nondirektivem. Ann Jernberg erweiterte dieses Konzept der Eindringlichkeit um die Prinzipien Fürsorge, Herausforderung und Strukturierung, da sie in ihren Untersuchungen zum elterlichen Verhalten zeigen konnte, daß es diese 4 Bereiche sind, die gute Mütter und Väter ihren Kindern normalerweise angedeihen lassen. Somit erscheint es offensichtlich, daß Kinder in diesen vier Bereichen Anregungen brauchen, um sich zu erfolgreichen und positiven Menschen zu entwickeln.

Fürsorge (nurturing) bedeutet, daß das Kind haben kann, was es an Schutz, Pflege, Nahrung und liebevoller Fürsorge braucht, ohne daß es sich dafür

---

* Übersetzung und Bearbeitung der amerikanischen Originalfassung: Ulrike Franke, Heidelberg.

anstrengen muß oder für diese Grundbedürfnisse mißachtet wird. Die Theraplay-Therapeutin kann kleine Wunden pflegen, kann füttern oder auf dem Arm schaukeln und Wiegenlieder singen.

Eindringlichkeit (intruding) ist, wenn die Mutter beispielsweise beim Wickeln ihren Kopf zwischen den Beinen des Babys hervorkommen läßt. Die Theraplay-Therapeutin verwirklicht das Prinzip in Form von freudigen Überraschungen. Beispielsweise läßt sie das Kind über ihren Rücken nach unten hängen und „sucht" überall nach ihm. Mit einem aufgeregten „da bist du ja" entdeckt sie es schließlich. Sie quietscht vor Vergnügen und das Kind wird zwischen ihren Beinen hervorgezogen.

Herausforderungsaktivitäten (challenge) erlebt man oft bei Vätern, wenn sie beispielsweise der kleinen Tochter den Finger entgegenstrecken, so daß sie ihn fassen und sich hochziehen kann. Die Theraplay-Therapeutin bietet Arm- und Beindrückwettkämpfe an oder fordert das Kind zu einem Bohnen-Blas-Wettbewerb heraus. Dabei liegen sich beide bäuchlings gegenüber und blasen Bohnen hin und her.

Der Bereich *Strukturierung* (structuring) besteht aus Aktivitäten, in denen der Erwachsene Grenzen setzt, Zeit und Raum definiert, die Grenzen zwischen sich und anderen beschreibt und die Regeln für angemessenes Verhalten bestimmt. Obgleich dies alles sehr ernst klingt, ist Strukturierung meist sehr spielerisch. So beispielsweise in gewissen Spielen, wo man um Erlaubnis für etwas bittet und es dann bekommt. Strukturierung hat oft auch fürsorglichen Charakter – wenn man z. B. sicherstellt, daß sich ein tobendes Kind nicht verletzt: „Wir müssen nochmals hüpfen und springen. Du hast dir dieses Mal fast den Zeh angeschlagen."

Theraplay findet normalerweise 1 bis 2mal pro Woche statt und dauert jeweils 30 Minuten. Besonders bei älteren oder aggressiven bzw. hyperaktiven Kindern ist eine Kotherapeutin fast unentbehrlich.

9.2   Anwendung von Theraplay

Viele Kinder, die an das Theraplay Institute in Chicago überwiesen werden, lassen sich in eine der beiden folgenden diagnostischen Gruppen einteilen: Sie sind entweder scheu und zurückgezogen oder aggressiv.

9.2.1   Diagnostik

Die Diagnostik von Theraplay setzt sich zusammen aus den Beobachtungsdaten, den Ergebnissen aus dem Erstgespräch, aus der systematischen

Interpretation einer Video-Interaktionsaufnahme, der sogenannten MIM (s. u.) und der Feedbacksitzung.

Die Eltern des 8jährigen Jens, Britta und Helmut Müller, hatten auf Anraten des Kinderarztes bei der Theraplay-Therapeutin angerufen und mit ihr einen ersten Gesprächstermin ausgemacht. „Es wäre sehr wichtig, wenn Herr Müller bei diesem Gespräch auch dabei sein könnte" bat die Therapeutin. Sie läßt anklingen, daß er vor allem für die Diagnostiktermine unentbehrlich ist.

Eingangsgespräch

Die Therapeutin möchte von Herrn und Frau Müller möglichst viel über die Geschichte von Jens und seiner Welt erfahren. (Bei Adoptivkindern sollte erörtert werden, was es heißt, plötzlich in eine Adoptivfamilie „hineingeboren" zu werden.) Die Therapeutin interessieren die Hoffnungen und Erwartungen in der Schwangerschaft (bei Adoptionen interessieren die Erwartungen in das Kind), die vergangenen Freuden, wie auch die Enttäuschungen mit dem Kind, die Art der frühen Eltern-Kind-Beziehung und die allgemeine Ehe- und Familiensituation usw. Wichtig ist, daß die Eltern das Interesse und die Empathie der Therapeutin spüren. Nur dadurch gelingt es, Bindung und Vertrauen aufzubauen, was Voraussetzung für die Durchführung von Theraplay ist.

Aus der Anamnese erfährt die Therapeutin wichtige Fakten. Sie kann erste Hypothesen über das familiäre Interaktionsgefüge aufstellen, und wie es zu der Verhaltensauffälligkeit gekommen sein könnte. Sind die Umstände des Verlaufs der individuellen und gemeinsamen Geschichte verstanden und nachvollzogen, so hilft das, mögliche Schuldzuweisungen, die eine positive Entwicklung nur hindern, zu vermeiden.

Wir finden bei aggressiven Kindern häufig typische Interaktionsmuster, die meist schon in der frühen Kindheit ihren Anfang fanden.

Marschak-Interaktions-Methode (MIM)

Die MIM wurde konzipiert (Jernberg et al. 1982), um die Art der Beziehung zwischen zwei Individuen zu untersuchen. Meist wendet man sie für die Untersuchung der Eltern-Kind-Beziehung an, sie läßt sich aber auch in modifizierten Formen bei Ehepartnern, Lehrern und Schülern, Chef und Kollegen usw. einsetzen.

Herr und Frau Müller kommen an verschiedenen Tagen mit Jens zur MIM-Sitzung, um möglichen Konkurrenzsituationen vorzubeugen. Der Elternteil und das Kind sitzen nebeneinander an einem Tisch. (Bei Kleinkindern sitzt der Erwachsene, von einer Rückenlehne gestützt, auf dem Boden und hält das Kind auf dem Schoß oder nahe bei sich.) In diesen Sitzungen sollen Herr und Frau Müller eine Reihe von Aufgaben (Spiele) durchführen, die ausgesucht wurden, um die Hypothesen zu überprüfen, die die Therapeutin beim Eingangsgespräch aufgestellt hat. Etwa 6 bis 8

Aufgaben werden normalerweise aus folgenden fünf Bereichen ausgewählt (deutsch: Ritterfeld u. Franke 1994):
1. ein bestimmtes Verhalten herbeiführen;
2. Bindung fördern;
3. die Umwelt interessant machen;
4. Streß reduzieren;
5. Spielfreudigkeit.

Die Anweisungskarten liegen verdeckt auf dem Tisch. Jede beschreibt eine Aufgabe, die vorgelesen werden soll. Zum Beispiel: „Spielen Sie mit ihrem Kind ein Ihnen bekanntes Spiel", „Verlassen Sie den Raum für eine Minute", „Erzählen Sie dem Kind von den Zeiten, als es noch ein Baby war", „Malen Sie etwas, und fordern Sie das Kind auf, es nachzumalen", „Füttern Sie sich gegenseitig mit Rosinen" usw. Sorgfältig notiert die Therapeutin das verbale und nonverbale Verhalten von Elternteil und Kind oder benutzt zur Aufzeichnung – falls vorhanden – eine Videokamera.

Feedbacksitzung

Nachdem die Therapeutin die Videoaufnahme und ihre Notizen sorgfältig ausgewertet hat, setzt sie die Feedbacksitzung an, in der sie mit dem Ehepaar Müller das MIM anschaut, dabei auf Wichtiges hinweist und sich bei Unklarheiten rückversichert.

Für Adoptiveltern ist diese Sitzung besonders wichtig. Hier erfahren sie oft zum ersten Mal, daß die Adoptivmutter fast immer die Wut und Enttäuschung des Adoptivkindes über das Verlassenwordensein zu spüren hat. Oft beginnt der Ehemann erst jetzt zu begreifen, daß seine Frau ohne seine volle Unterstützung möglicherweise aus dem emotionalen Gleichgewicht gerät. Man muß es ihm ganz dramatisch und eindringlich beibringen, wie sehr es das Selbstvertrauen, die psychische Gesundheit und den inneren Frieden stören kann, Mutter eines Kindes zu sein, das ohne offensichtlichen Grund in solch einer ärgerlichen und destruktiven Art (Koller 1981) reagiert.

9.2.2   Therapie

Therapie in der 1.– 4. Woche

Die Eltern Müller können durch die Einwegscheibe die Therapeutin beobachten, die mit Jens spielt. Neben ihnen sitzt eine weitere Therapeutin, die die Therapie kommentiert, aufkommende Fragen diskutiert und hilft, Pläne mit Jens für die kommende Woche zu machen. Ist der Luxus einer weiteren Therapeutin nicht möglich, findet die Besprechung nach der Sitzung oder besser abends am Telefon bzw. an einem Extratermin statt. Die Eltern Müller lernen auch, Jens' Verhaltensweisen besser zu beobachten („Sehen Sie, wie schwierig es für ihn ist, Blickkontakt zu halten"), die Gründe für das Verhalten zu verstehen („Wenn man seine Erfahrungen berücksichtigt, wird verständlich, daß ihm Nähe wirklich Angst macht"), und zu lernen, die Theraplay-Grundeinstellungen mit nach Hause zu nehmen („Können Sie sich vorstellen, daß Sie ihn abends ins Bett bringen und ihm ein Lied vorsingen, auch wenn er das erst einmal ablehnt?")

Die erste Therapiestunde dient vorwiegend zum Kennenlernen. Die Therapeutin erforscht dabei die Zähne des Kindes, stellt die Anzahl der Zehen und der Sommersprossen fest, probiert die Kraft der Hände aus, bewundert den Muskelumfang der Beine usw. Das gleiche Kennenlernen finden wir bei frischgebackenen Eltern und ihrem Neugeborenen, daher ist es in einer ganz ausführlichen Form Teil der ersten Sitzung. Freudenrufe begleiten jede neue Entdeckung (Zehen, die sich so gut beugen lassen, Ohren, die so weich sind und wackeln, eine Nase, die „piep" macht, wenn die Therapeutin darauf tippt usw.) (Abb. 9.1). Eine Reihe von Aktivitäten folgt, die entsprechend den speziellen Bedürfnissen des Kindes nach Fürsorge, Eindringlichkeit, Herausforderung und Strukturierung herausgesucht werden.

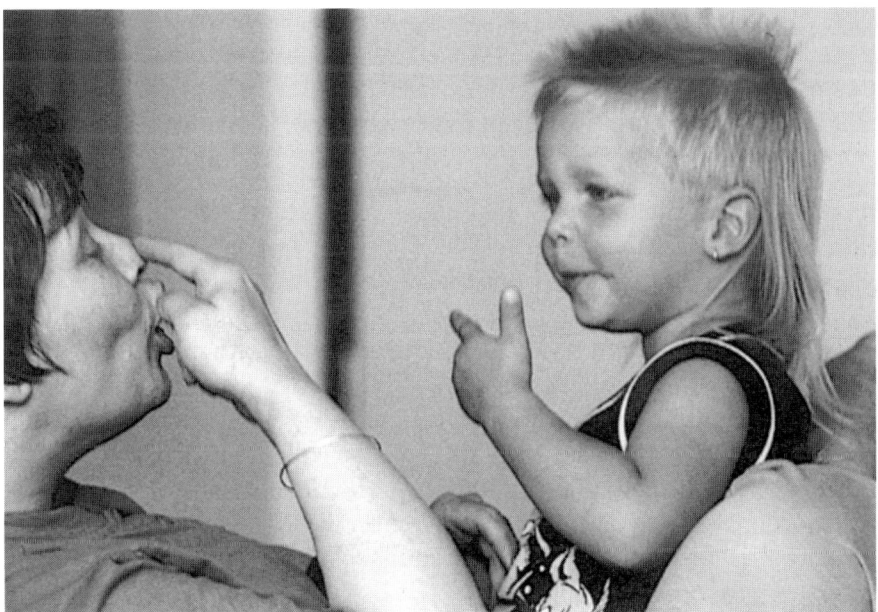

Abb 9.1 Was hat Jens alles mitgebracht? Augen? Ja. Aber auch die Stupsnase!

Therapie in der 5.–8. Woche

Die ersten 15 Minuten jeder Sitzung verlaufen nach dem Muster der Sitzungen 1–4, während der zweiten Hälfte kommt jedoch Herr oder Frau Müller mit in den Therapieraum, und alle machen gemeinsam Theraplay. Die Eltern lernen schließlich, geschickte „Theraplay-Therapeuten" zu werden, und, was noch wichtiger ist, sie lernen, wie sie sich körperlich und kinästhetisch und vor allem emotional auf Jens einstellen können. Wie viele andere Eltern berichten auch Herr und Frau Müller, daß sie vor dieser Phase am meisten Angst hatten, letztlich sei sie ihnen aber als der befriedigendste Aspekt der Theraplay-Erfahrungen erschienen.

In der Sitzung vor Beendigung der Therapie wird das Abschiedsfest geplant. Es ist ein Fest mit einem Rückblick auf die Freude und den Spaß, wie man den anderen über den Austausch von Persönlichem kennengelernt hat (Handabdrücke mit Fingerfarben beispielsweise). Abschließend werden einige Lieblingsspiele nochmals gespielt.

Nachsorge

Solange es angemessen erscheint, kommt die Familie erst vierteljährlich, später einmal jährlich zu Kontrollbesuchen. In diesen Sitzungen, die ganz spielerisch verlaufen, lernt man sich wieder erneut kennen. Die Therapeutin entdeckt dabei neue Errungenschaften, z.B. dickere Muskeln, ausgegangene Zähne, kürzere Haare, mehr Gewicht etc.

9.2.3 Wo kann Theraplay durchgeführt werden?

Theraplay im *Hause* des Kindes ist eine Modifikation des Theraplay-Konzeptes. Wegen der häufigen Ablenkungen, und weil die Sitzungen quasi im „Territorium" des Kindes stattfinden, kann die Durchführung schwieriger sein. Aber manchmal ist das die einzige Alternative.

In einer *klinischen Einrichtung* läßt sich Theraplay wegen der vielen Kombinationsmöglichkeiten mit anderen Therapien gut durchführen. Auch die Betreuer und andere Therapeuten können Theraplay-Aktivitäten mitübernehmen und so dem Kind ein dichtes Netz an positiven Erfahrungen vermitteln. Das ist besonders dann wichtig, wenn die Eltern nicht mitmachen können.

Theraplay kann auch in *Schulen* und während der Unterrichtszeit durchgeführt werden. Dabei geht die Therapeutin in die Klasse, holt sich das Kind heraus und arbeitet mit ihm in einem möglichst ruhigen, etwas abgelegenen Raum.

Theraplay in *Gruppen* ist eine geeignete Ergänzung zu Einzel-Theraplay (Rubin u. Tregay 1989, Rubin 1991, Moser 1993, 1997). Damit erhalten die aggressiven Kinder nach der Einzeltherapie Gelegenheit, das neugewonnene Selbstvertrauen in der Gruppe zu erproben und zu festigen. Für eine Gruppe faßt man entweder weitere Kinder zusammen, die sich in der gleichen Phase befinden, oder aber man nimmt Klassenkameraden und Freunde zu den Sitzungen dazu. Gerade bei Gruppen aggressiver Kinder sollte das Kind-Therapeut-Verhältnis 1 : 1 betragen. Am idealsten ist es, wenn die Eltern der Kinder, durch Rollenspiele und Einzeltherapie geschult, die Rolle der Kotherapeuten übernehmen. Dabei sitzen dann die Kinder bei den Erwachsenen auf dem Schoß im Kreis und machen Spiele (beispielsweise die Hand des anderen eincremen, ein anderes Kind loben und bewundern, ein anderes Kind unterstützen, damit es Frustrationen besser erträgt, gemeinsam singen usw.) (Brody 1993). Der/die Erwachsene kann manchmal auch für sein/ihr Kind sprechen. Günstig ist die Gruppe für aggressive Kinder auch deshalb, weil sie dabei die Fürsorge nicht nur von „ihrem" Erwachsenen, sondern auch von Gleichaltrigen bekommen.

9.3 Zur Psychodynamik des aggressiven Kindes

Dieses Kapitel beschäftigt sich sowohl mit dem leiblichen als auch mit dem adoptierten Kind.

9.3.1 Ursachen der Aggressivität

Das leibliche Kind

Menschen, die selbstbewußt, verantwortungsvoll und sich selbst akzeptierend aufwachsen sollen, brauchen vor allem in der Säuglingszeit das Gefühl, besonders einzigartig, geliebt und liebenswert zu sein. Dieses Selbstbild wird z. B. gefördert, wenn in den Augen der Mutter Zärtlichkeit und Fröhlichkeit widergespiegelt sind, die sie durch das Zusammensein mit dem Kind empfindet. Ihr Stimmklang drückt aus, wie froh und glücklich sie über seine Anwesenheit ist. Das drückt sie auch aus durch ihre zärtliche und liebevolle Art, mit der sie das Kind liebkost und hält. Durch die Art, wie sie lacht und mit ihm spielt, weiß das Kind, daß es ihr Freude macht.
Pränatale Forschungen zeigen, daß die Mutter, sogar noch vor der Geburt, dem Kind freudige oder enttäuschte Botschaften übermitteln kann. Glückliche Schwangerschaften ziehen mit großer Wahrscheinlichkeit gesündere Mutter-Kind-Bindungen nach sich (Leifer 1980). Konfliktreiche Schwangerschaften korrelieren häufiger mit niedrigem Geburtsgewicht (Bottari u.

McLaughlin 1984), mit unregelmäßiger Entwicklung des Babys (Connolly u. Cullen 1983), später bei jungen Erwachsenen mit Schizophrenie (Walsh 1978) und mit Suizidversuchen im Erwachsenenalter (Feldmar 1980). De-Casper u. Spence (1982) haben gezeigt, daß schon ein Fötus die mütterliche Stimme von anderen Stimmen unterscheiden kann: Die Autoren ließen in ihrem Experiment die Mutter pränatal ihrem Baby ein bestimmtes Gedicht vorlesen. Postnatal wurde es ihm neben anderen ähnlichen Sprechbeispielen vorgespielt. Da das Kind eine deutlich größere Saugaktivität bei der Stimme seiner Mutter zeigte, schloß man daraus, daß es sie wiedererkennt.

Wenn man davon ausgeht, daß gesunde, erfreuliche, erhebende frühe Erfahrungen helfen, ein positives Selbstbild und eine optimistische Weltanschauung zu gewinnen, was wäre, wenn der Eintritt in die Welt anders verliefe? Wenn nun die Zeit nach der Empfängnis aus irgendeinem Grunde mit einer Mutter beginnt, die unglücklich, ärgerlich oder ambivalent ihrer Schwangerschaft gegenüber wäre? Und wenn das Kind statt zärtlicher Versprechen oder süßem Singen brüske Worte und eine rauhe, harsche Stimme vernehmen würde? Und wenn es dann statt sanftem Hin- und Herschaukeln durch eine liebevolle Hand Schubse fühlte oder vielleicht überhaupt nicht berührt werden würde?

Wahrscheinlich haben diese Erfahrungen dem kleinen Kind bereits den Eindruck vermittelt, unwillkommener Eindringling zu sein. Nach der Geburt sind es vielleicht ähnliche Erfahrungen: Wenn es nicht freudig empfangen wird, beim Aufwachen kein Lächeln findet und von jemandem gebadet, gefüttert und gewickelt wird, der all dies nur als „zu erledigende" Aufgaben ansieht und ermahnt „halte still" oder „sei nicht so neugierig". Wahrscheinlich beschleicht es dann das Gefühl, ein nicht liebenswerter, nicht wertvoller Mensch, sondern eine unangenehme Last zu sein.

Solche Erfahrungen können entweder durch Probleme der Eltern bedingt sein oder aber im Kind liegen. Vielleicht ist die Mutter depressiv, gedankenverloren, körperlich krank oder in ihrer Ehe frustriert und ärgerlich. Oder vielleicht hat das Kind ein „schwieriges" Temperament – ein Wesen, das wenig vorhersehbar, schwer zu befriedigen und oft nicht zu beruhigen ist (Abrams u. Neubauer 1975; Alport 1961; Asher 1987; Thomas u. Chess 1977). Möglicherweise setzt sich das Problem auch aus Schwierigkeiten beider Seiten zusammen – aus dem kindlichen Anteil und dem seiner Eltern. Vielleicht könnte man Kind und Eltern auch als schlecht zusammenpassend bezeichnen. Dadurch werden die jeweiligen Bedürfnisse nicht ausreichend befriedigt, und die Kommunikation zwischen Eltern und Kind erscheint immer unbefriedigender. Und mit größerer Entfremdung entsteht ein immer breiterer Graben zwischen ihnen. Kein Wunder, wenn sich das Kind immer trauriger, oft allein und leer fühlt, und wenn es mit jedem Jahr ärgerlicher wird. Regt dieses Verhalten die Eltern sehr auf, folgen körperliche Bestrafungen; schlimmer ist noch, wenn der Anblick des Kindes die Mutter daran erinnert, daß es einen zu großen Raum in ihrem Leben einnimmt. Dann könnte es sein, daß sich die durch Traurigkeit bedingte Wut in ihm immer mehr aufstaut, und es beginnt, sie vielleicht auszuagieren. Ob nun der Mutter gegenüber oder aber bei Außenstehenden, z. B. bei der Kassiererin im Einkaufszentrum, oder bei Freunden, bei den Nachbarn, Klassenkameraden oder den Lehrern. Vielleicht agiert das Kind auch subtiler, indem es die Hausaufgaben eines anderen Kindes als seine ausgibt oder in Läden Zeitungen aus dem Ständer nimmt, um sie in seine Tasche gleiten zu lassen. Oder es läßt sich zu weniger subtilen Aktionen hinreißen, indem es in der Schule oder in der Kirche das Nachbarskind beschimpft. Oder es agiert schließlich direkt provokativ und aggressiv gegen jedermann, der ihm über den Weg läuft – mit Beißen, Schlagen, Stoßen und Beinstellen.

Solche aggressiven Verhaltensweisen sind u. E. typisch für die Kinder, die traurig, erniedrigt, leer und wütend sind. So fühlen sie sich, weil sie depressiv sind, und diese Depression erklärt sich aus der langen Mißachtung. Die unter der Wut liegende tiefe Depression, die aggressive Kinder empfinden und ausdrücken, wird nicht als offene Traurigkeit sichtbar. Irgendwelche Zweifel und Unsicherheiten auszudrücken, bedeutet für sie zu riskieren, das Gesicht zu verlieren. Für diese Kinder ist es äußerst wichtig, die Oberhand zu behalten, um unter allen Umständen Verletzbarkeit zu vermeiden.

Manchmal ist es nicht die elterliche Achtlosigkeit, die die Kinder aggressiv macht, sondern ihre Schwäche und Hilflosigkeit. Sie lassen die Kinder schon im frühen Alter quasi Elternfunktionen übernehmen. Mit diesen Rollen erleben sie eine unangemessene Machtzuweisung, sind überfordert und werden ungeschützt den Umwelteinflüssen ausgesetzt. Solch eine Konstellation tritt häufiger auf bei alleinerziehenden Müttern mit ihren Söhnen (ob der Vater nun real abwesend ist oder sich nur in seinen Beruf zurückgezogen hat).

Im Laufe der Zeit entwickeln manche Kinder das Gefühl, sie könnten den Gefahren am besten durch Angriffe begegnen, nach dem Motto „Angriff ist die beste Verteidigung". Im Grunde ihres Herzens sehnen sie sich aber nach der bedingungslosen Fürsorge, die ihnen vorenthalten wurde.

Wenn wir von möglicherweise schädigendem, elterlichen Verhalten sprechen, meinen wir nicht den ärgerlichen Ausbruch oder die spontane Strafaktion von Eltern, die unter momentanem Streß stehen. Die hier beschriebene Depression hat ihre Wurzeln in einer frühen und ständig schlecht funktionierenden Beziehung. Die Mutter, die von einem langen Einkauf genervt ist und ihr Kind anschreit oder ihm eine runterhaut, weil es sie ständig beim Kochen unterbricht, macht damit kein Kind so aggressiv, wie wir es hier beschrieben haben.

Ebensowenig wird ein Kind aggressiv, das beispielsweise einen Vater hat, der eine Zeitlang krank, schwach und nicht durchsetzungsfähig ist.

Jedoch nicht alle Kinder, die ständig aggressive Verhaltensweisen zeigen, haben solche Eltern. Einige leiden beispielsweise auch unter einer organisch bedingten verkürzten Aufmerksamkeitsspanne (Attention Deficit Disorder – ADD) (Douglas 1980; Keogh u. Margolis 1976) mit all den begleitenden Verhaltensweisen. Von früh an machten die Kinder die frustrierende Erfahrung, daß Menschen ungeduldig, unverständig sein können, und daß sie sich nicht so verwirklichen können, wie sie möchten.

Wenn Eltern und andere Interaktionspartner auf kindliche Hyperaktivität nur genervt, ablehnend und abwertend reagieren, kann auch dadurch aggressives Verhalten aufgebaut werden.

Das adoptierte Kind

Adoptierte Kinder haben manchmal auch die oben beschriebenen Verhaltensmuster der aggressiven Kinder, aber ihre zugrundeliegenden Gefühle sind ganz anders. Die Eltern hier sind weder depressiv, schwach, nichtverfügbar oder enttäuscht über das Kind, auch hat es kein grundsätzlich schwieriges Temperament, es paßt auch nicht schlecht zu seinen Eltern. Im Grunde genommen haben diese Kinder ein ruhiges Wesen, nur können Erzieher, Eltern oder Lehrer dies selten über längere Zeit beobachten. Obwohl die Mütter aufmerksam und liebend sind und eigentlich zu den Kindern passen, scheint irgend etwas nicht zu stimmen.

Wir nehmen folgendes an: Irgendwann einmal wurde diesen Kindern die Mutter genommen und sie wurden einer anderen Frau, der Adoptivmutter, übergeben. Man kann sich kaum vorstellen, welche Gefühle damit geweckt werden! Waren die Kinder vielleicht noch zu klein zum Sprechen, so waren sie nicht zu jung, um die Unterschiede in der Körperlichkeit der Frauen zu spüren – das Tempo ihrer Bewegungen, ihre Stimme, sogar die Schnelligkeit ihres Herzschlags, wenn sie herumgetragen wurden. Diese wahrgenommenen Unterschiede müssen Gefühle der Unsicherheit und die Angst geweckt haben, in einer unberechenbaren Welt verletzlich zu sein (Jernberg 1986, 1990). Es scheint, als ob einige dieser Kinder irgendwann einmal den Beschluß gefaßt haben: „Nie wieder werde ich jemandem trauen, insbesondere keiner Elternfigur. Nie wieder will ich einen Menschen nahe an mich heranlassen. Von jetzt an werde ich mein eigener Elternteil sein. Ich werde sie alle von mir wegjagen – Punktum."

Adoptivkinder verhalten sich teilweise wie andere aggressive Kinder auch, aber ihre Geschichte erklärt den Unterschied in der Art ihrer Aggression. Ihr Interesse kreist um das Ziel, Intimität zu vermeiden und hat weniger mit

Traurigkeit zu tun. Kommen sie in Versuchung, sich irgend jemandem nahe zu fühlen, reagieren sie wie Stachelschweine: sie schleudern ihre „Stacheln" in Richtung auf die „Versucher". Es spielt keine Rolle, wer ihre aktuellen Opfer sind, das eigentliche Objekt, das sie attackieren wollen, ist ihre Adoptivmutter. Es sind diese Mütter, die außerordentlich leiden, und die ganz besonders viel Unterstützung und Verständnis von ihren Ehemännern und den professionellen Helfern brauchen (Koller 1981; Jernberg 1986). Obgleich die Theraplay-Behandlung aggressiver Kinder immer gleichen Regeln folgt, ist es wichtig, daß der Therapeutin der Unterschied in der Geschichte des Kindes bewußt bleibt. Zusätzliche Arbeit mit den Adoptiveltern, wie wir sie beschrieben haben (s. 9.2.1 und 9.2.2), muß in den Behandlungsplan dieser Kinder mit aufgenommen werden.

9.3.2 Die Bedürfnisse des aggressiven Kindes

Wir gehen von der Hypothese aus, daß aggressive Kinder in frühen Jahren wenig achtungsfördernde, vertrauenerweckende Erfahrungen mit liebenden, sicheren, verfügbaren Eltern gemacht haben. Aus diesem Grunde nimmt sich Theraplay (Jernberg 1987; Jernberg u. Booth 1999) die ideale, frühe Eltern-Kind-Interaktion zum Vorbild und versucht fröhliche, beruhigende Begegnungen in normalen, glücklichen Situationen herzustellen. Theraplay konzentriert sich speziell auf folgende Aspekte der idealen frühen Interaktionen: Fürsorge (F), Eindringlichkeit (E), Herausforderung (H) und Strukturierung (S) = (FEHS).

Für das aggressive Kind sind Herausforderung und Eindringlichkeit nicht hilfreich, es braucht Fürsorge und Strukturierung (Abb. 9.2 und 9.3). Denn in einem gewissen Sinne ist sein Alltag schon viel zu eindringlich und herausfordernd. Es muß bei Theraplay erfahren, daß es Menschen gibt, denen man vertrauen kann und einen Ort, an dem man wieder klein, hilflos, sicher und geborgen sein kann. Ein aggressives Kind braucht natürlich nur ein Minimum an kraftvollen Aktivitäten, seine Therapeutin jedoch, die es aufmerksam machen und es auf sich einstimmen will, muß anfangs manchmal recht aktiv sein. Da das Kind das tiefe Bedürfnis nach Regression hat, sind es die passiven, weichen, sanften, ruhigen Aktivitäten, die diese Kinder am nachhaltigsten beeinflussen. Sie machen letztlich den Hauptteil der Sitzung aus, und das wird bei jedem Kind und in jeder Sitzung so sein.

9.3.3 Therapie mit aggressiven Kindern

Normalerweise fehlt die Zeit, aggressive Kinder mit traditionellen, zeitaufwendigen dynamischen Psychotherapieverfahren zu behandeln. Und falls es

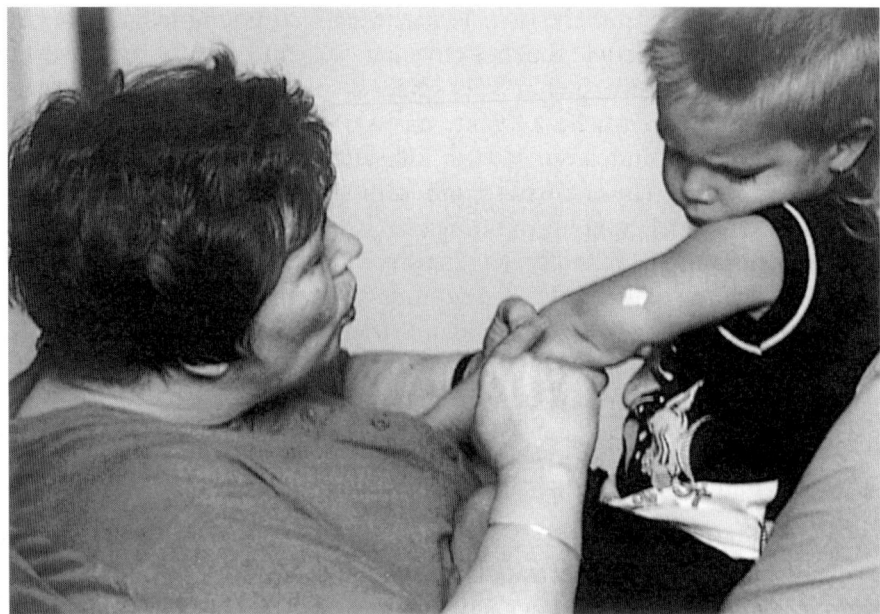

Abb 9.2 Die Therapeutin achtet sehr auf alle möglichen kleinen und größeren Verletzungen, cremt sie ein und singt dazu.

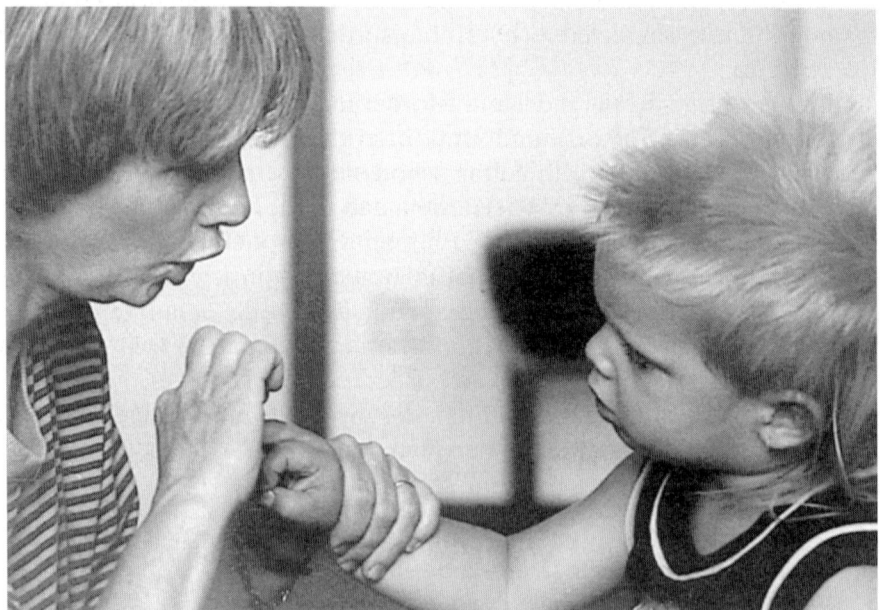

Abb 9.3 Eine klare Strukturierung bieten die Finger- und Zehenverse und Bewegungsspiele.

doch möglich ist, strapazieren diese Kinder ihre Therapeuten so stark, daß die Therapie oft erfolglos abgebrochen werden muß. Einem Kind, das mit Spucken oder zur Tür rennen reagiert, kann man kaum sinnvolle Interpretationen, wie sie in der traditionellen, nondirektiven Psychotherapie üblich sind, anbieten. Es ist auch außerordentlich frustrierend, sanft und nondirektiv mit ihm umzugehen. Verhaltensmodifikationen und ähnliche Ansätze können vielleicht oberflächlich das Verhalten eines aggressiven Kindes verändern, aber sie werden kaum den zugrundeliegenden Bedürfnissen gerecht, die die Aggression in den meisten Fällen hervorrufen.

Theraplay mit aggressiven Kindern

Im Laufe einer Sitzung wechseln aktive und passive, grob- und feinmotorische Spiele vorwiegend aus den Bereichen Fürsorge und Strukturierung.

Die Therapeutin reagiert auf die Aggressionen zwar prinzipiell verständnisvoll, aber klar nach der Regel „wir tun uns hier nicht weh". Notfalls wird die Hand des Kindes festgehalten „ich helfe dir, bis du wieder soweit bist" oder man setzt sich auf den tretenden Fuß. Damit übernimmt die Erwachsene nicht nur verbal die Verantwortung für das Kind und sein Handeln. Das ist wichtig, denn wenn das wilde, starke Gefühl mit ihm „durchgegangen" ist, wird es sich schuldig fühlen, jemanden angegriffen oder verletzt zu haben.

Verbale oder kleinere tätliche Angriffe werden entweder ignoriert oder aber aufgegriffen und zur Überraschung des Kindes in einen ganz anderen Kontext (reframing) gebracht („hej, du kannst aber gut spucken! Spuck hier mal auf die Matte. So, schau, daraus machen wir jetzt einen Vogel! Du hast einen Vogel gespuckt! Kannst du auch einen Hund spucken?" oder „du kannst aber dein Bein hoch schleudern! Mach' das nochmal, vielleicht geht's noch höher? – Ja, das war noch höher! Und jetzt nochmals, dann messen wir nach!").

Die Therapeutin begleitet das Kind bei seinen Wutanfällen, sie zeigt durch Körperkontakt ständig ihre tröstende Anwesenheit und läßt es in dieser unglücklichen Situation nicht allein.

Jede Sitzung endet mit ruhigem Füttern, einem leisen Wiegenlied oder ähnlichem.

Es ist nicht ungewöhnlich, sondern tatsächlich ein sehr gutes Zeichen, wenn das aggressive Kind ungefähr nach einem Drittel der Sitzung mit einem traurigen Gesicht reagiert, jammert und Tränen in den Augen hat oder auch bei weichen und fürsorglichen Aktivitäten schluchzt. Das bedeutet, daß die Therapeutin es in Berührung mit seiner Depression gebracht hat. Sie kann zwar seine Tränen abwischen, aber sie sollte sich nicht bemühen, sein Weinen zu verhindern. In den liebevollen Armen der Therapeutin erlebt das Kind die frühere Traurigkeit wieder oder es erinnert sich wieder, was da war und nun

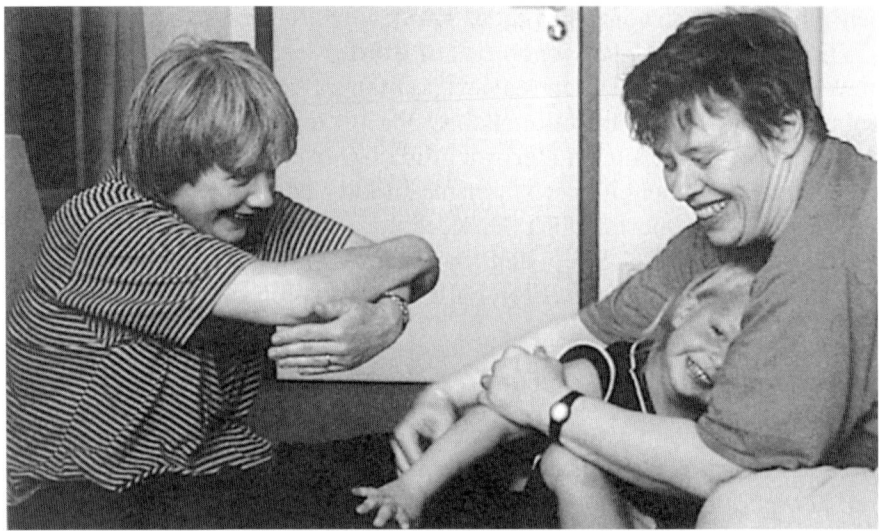

Abb 9.4 Jens macht es viel Spaß, aus der Umarmung einer Therapeutin in die ringförmig ausgebreiteten Arme der anderen zu hüpfen. Er war sehr geschickt und schnell. Sie konnte ihn nicht festhalten.

verloren ist. Eltern und Lehrer sollten diesem neuen Zustand gegenüber aufmerksam sein und ermutigt werden, dieses früher unterdrückte Gefühl ohne Kommentar und Nachfragen hinzunehmen.

9.4 Ein Fallbeispiel

Der 10jährige Bobby wurde uns von seinem Lehrer geschickt, weil er aggressives Verhalten zeigte. Seine Eltern sagten, er sei nicht erwünscht gewesen und habe an häufigen Koliken gelitten. Das provozierte heftige Reaktionen bei den Eltern. Dem Eingangsgespräch und der MIM mit Bobby und seinen Eltern folgt der Therapiebeginn. Die Therapeutin begrüßt ihn im Warteraum. Sie setzt ihn auf einen rollenden Bürostuhl und schiebt ihn sofort durch den Flur in Richtung des Theraplay-Raums, so daß er wenig Möglichkeiten hat, Fragen zu stellen oder zu protestieren. „Du Arschloch" beschimpft er sie, als sie ihn schiebt. „Oh, du sagst das so gut und so klar", antwortete sie, „versuch es nochmals." Er tut es. „Hoii, dieses Mal war es sogar noch besser. Laß mal sehen, oh, braune Augen. Hmmm. Weißt du, was das bedeutet? Das bedeutet, daß du superschlau bist. Hast du das gewußt?" Bewundernd plappert sie weiter, und nun ist er ruhig und schaut sie ehrfurchtsvoll an. Inzwischen hat sie ihn auf die Gymnastikmatte heruntergezogen und begonnen, seine Schuhe und Socken auszuziehen. „Damit hörst du sofort auf", befiehlt er ihr. „Tut mir leid, aber wir müssen unbedingt sehen, ob du wirklich die tollsten Zehen der Welt hast." Sie zieht den ersten Schuh und den Socken aus. „Ich wußte es," singt sie freudig. „Das *sind* die großartigsten Zehen der Welt! Sieh mal! Sieh mal, wie sie sich hinunterringeln, wenn ich den Teil da oben berühre. Hoioioi! Supertrick! Wo hast du denn das gelernt? Du bist wirklich ein geschicktes Kind, weißt du das?" Wieder vergißt er momentan durch sein Staunen sein kämpferisches Verhalten. Ihn erstaunt besonders, daß sie, anders als andere Erwachsene in seinem Leben, keine Angst vor ihm zu haben scheint. Sie zieht sich nicht zurück, wenn er angreift, sie fragt nicht, sie bittet nicht um Erlaubnis (z. B. „wäre es dir recht, wenn …", oder „würdest du gerne …", oder auch das vergewissernde „Okay"?). Sie scheint ihn als die Person zu mögen, die er ist und nicht wie „gut", oder höflich oder gut erzogen er ist.

Gegen Ende der halbstündigen Sitzung trinken die Therapeutin und Bobby mit zwei Trinkhalmen gemeinsam eine Dose Cola, denn sie hat von den Eltern erfahren, daß dies sein Lieblingsgetränk ist.

Die Sitzung über gibt sie den Eltern (die von einer Ecke des Therapieraums aus beobachten) Kommentare. „Bobby weiß überhaupt noch nicht, ob er das mag, was mit ihm hier passiert" – „so würde sich Bobby normalerweise nicht verhalten" – „so nah ist es ihm nicht angenehm" etc.

Im Laufe der Sitzungen 2–4 wurde die Beziehung zwischen Bobby und der Therapeutin immer vertrauter, und immer häufiger erlaubte Bobby ohne Protest, daß sie die Verantwortung übernahm. Es ist nicht leicht für ihn, die Kontrolle abzugeben, und manchmal wirft er ihr wieder eine Flut von Schimpfwörtern an den Kopf, um zu verhindern, daß sie ihm zu nahe kommt. In der 3. Sitzung sind seine Bemühungen dieser Art nur noch halbherzig. Trotz seines inneren Widerstands beginnt er langsam die Fürsorge und die persönliche Aufmerksamkeit zu genießen (Abb. 9.4). In der 4. Sitzung schaut er unerwartet gefügig, als ihn die Therapeutin auf ihren Schoß nimmt. In ihrer Hand hält sie einen Lutscher, an dem er lutscht. Während der 5. Sitzung erlebt er Augenblicke tiefer Traurigkeit, und in der 6. Sitzung schluchzt er, als sie ihm vorsingt. Wegen der Tiefe seiner Reaktionen sind die Eltern bisher noch nicht zum Mitmachen aufgefordert worden und weitere vier Sitzungen werden geplant. In der 7. Sitzung wirkt er fröhlicher, und die Eltern werden eingeladen, bei den Aktivitäten der letzten 15 Minuten jeder Stunde mitzumachen. In der 8. Sitzung wickeln sie ihn unter Anleitung der Therapeutin in eine Decke, knuddeln ihn und singen ihm etwas vor. Als sie ihn „auspacken", äußern sie ihre helle Freude an allen hübschen Dingen an ihm. Am Ende der 9. Sitzung waschen sie ihm die Füße in warmem Seifenwasser, trocknen sie sanft ab, pudern sie und bezeichnen ihn als das „netteste Kind der ganzen Welt". In der 10. Sitzung schmücken sie ihn mit einer Krone aus Seifenblasen, einer Armbanduhr aus Fingerfarben und einem Kragen aus Kreppapier. Als er sich im Spiegel betrachtet, grinst er. In dieser Sitzung wird das Abschiedsfest geplant, und in der 11. Sitzung trägt jeder einen Partyhut, und sie spielen ein Spiel, bei dem sie Bobby sagen, daß sie ihn lieben. Sie schreiben lange Botschaften mit Körperlotion auf seine Arme, sie staunen darüber, wie bezaubernd er als kleines Baby war, und Mutter und Vater erzählen sich gegenseitig, was sie an Bobby am liebsten mögen.

Beim Kontrollbesuch 3 Monate später freuen sich alle drei, wiederzukommen, obgleich sie und der Bericht der Lehrer aussagen, daß keine besonderen Schwierigkeiten zu Hause oder in der Schule aufgetreten sind.

5 Zusammenfassung

Theraplay ist eine Therapiemethode, die sich besonders für aggressive Kinder eignet, weil es auf deren, unserer Meinung nach zugrundeliegenden Depressionen ausgerichet ist. Theraplay ist körper- und personenbezogen, direkt und spielerisch. Theraplay verwickelt das Kind nicht in Diskussionen über seine unglückliche Vergangenheit. Theraplay erlaubt nicht, daß das Kind in der Therapiesitzung die Kontrolle übernimmt. Dadurch bekommt es Gelegenheit (oft zum ersten Mal), Gefühle und Empfindungen zu erleben, besonders solche, die im Zusammenhang mit Nähe stehen, die es vorher abgelehnt hat. Die Methode beruht im wesentlichen auf kompensatorischem Elternverhalten. Wenn möglich sollten Eltern ermutigt werden, bei den Sitzungen mitzumachen, so daß Theraplay nicht nur 30 Minuten in der Woche stattfindet, sondern auch im Alltag des Kindes.

Literatur

Abrams S, Neubauer P (1975) Object-orientedness: The person or the thing. Presented at the Meeting of the Psychoanalytic Association of New York

Alport G (1961) Pattern and growth in personality. Holt, Rinehart & Winston, New York

Asher J (1987) Born to be shy? Psychology Today 4: 56–64

Bottari M, McLaughlin F (1984) The relationships of psychological characteristics of pregnancy to postpartum adjustment and maternal perception of the newborn. Paper presented at the International Conference on Infant Studies, New York

Brody V (1993) The dialog of touch. Northvale: Aronson

Connolly J, Cullen J (1983) Maternal stress and the origins of health status. In: Call J. et al. (eds) Frontiers of infant psychiatry. Basic Books, New York, pp 273–281

DeCasper A, Spence M (1982) Prenatal maternal speech influences human newborns – auditory preferences. Paper presented at the 3rd Biennal International Conference on Infant Studies, Austin, Texas

Des Lauriers, A (1962) The experience of reality in childhood schizophrenia. Int. Univ. Press, New York

Douglas V (1980) Treatment and training approaches to hyperactivity: Establishing internal or external control. In: Whalen C, Henker B (eds) Hyperactive children the social ecology of identification and treatment. Academic Press, New York

Feldmar A (1980) The relationship between attempted suicide in early adulthood and mother's attemps to abort. Paper presented to Stritch School of Medicine. Loyola University, Chicago

Jernberg A et al. (1982) MIM manual: Adult-scholage child. Theraplay Institute, Chicago

Jernberg A (1986) Attachment enhancing for adopted children. In: Grabe PV (ed) Adoption recources for mental-health Professionals. Published by Mental Health Adoption Therapy Project. Children Aid Society in Mercir Country, 358 W. Market St. Mercir, Penna, pp 246–254

Jernberg A (1990) Bindungsförderung für adoptierte Kinder. Kindeswohl 3: 25–28

Jernberg A (1987) Theraplay – eine direktive Kinderspieltherapie. G. Fischer, Stuttgart (vergr.)

Jernberg AM, Booth P (1999) Theraplay. Helping Parents and Children Build Better Relationships Through Attachment-Based Play. San Francisco: Jossey-Bass

Kagan J (1984) The nature of the child. Basic Books, New York

Keogh B, Margolis J (1976) A component analysis of attentional problems of educationally handicapped boys. J Abnorm Child Psychol 4: 349

Koller TK (1981) Older child adoptions: A new developmental intervention program. Paper presented at the Annual Meeting of the American Psychological Association, Los Angeles

Leifer, M (1980) Psychological effects of motherhood. Praeger, New York

Moser K (1993) Gruppentheraplay in einem Integrationskindergarten. Theraplay Journal 7: 15

Moser K (1997) Keiner spielt mit Leo. Theorie und Praxis des Gruppen-Theraplay, in: L.O.G.O.S. interdisziplinär 3, 190–197

Ritterfeld U, Franke U (1994) Die Heidelberger Marschak Interaktionsmethode. G. Fischer, Stuttgart

Rubin P, Tregay J (1989) Play with them. Theraplay in classrooms. Thomas, Springfield

Rubin P (1991) Du kannst es! Theraplay Gruppen mit Kindern. Theraplay Journal 4: 4–7

Thomas A, Chess S (1977) Temperament and development. Bruner Mazel, New York

Walsh F (1978) Concurrent grandparent death and birth of schizophrenic offspring: An intriguing finding. Fam proc 17: 141

10 Personzentrierte Familienspieltherapie bei aggressiven Kindern
Neuere Konzeptkonturen

Franz Kemper

Während seines Psychologiestudiums fiel ihm 1960 das Buch von R. und A. Tausch „Kinderpsychotherapie im nichtdirekten Verfahren" (1956) in die Hände und faszinierte ihn. Auf Anregung und mit Unterstützung von Frau Prof. Dr. Erna Duhm machte er seine ersten spieltherapeutischen „Gehversuche". Der Rogers'sche Ansatz gefällt ihm so gut, weil er nicht ausgrenzt, sich gegen berufsständische Beschränktheiten wendet und den Blick auf das Allgemein-Menschliche freilegt, auf das, was auch im Alltag heilsam ist. Seit 1963 ist F. Kemper mit der Kindertherapie befaßt. Er ist Professor an der Hochschule für Sozialwesen in Mannheim und Ausbilder der GwG in Personzentrierter Psychotherapie mit Kindern und Jugendlichen.

10.1 Spieltherapie – unterwegs zu einem Behandlungsangebot für die ganze Familie

Spieltherapie hat – auch nach gut 6 Jahrzehnten – einen ungebrochenen Lebenswillen. Die spieltherapeutische Landschaft wird immer spannender und die Angebotspalette immer reichhaltiger. Um nur einige Beispiele für diese Entwicklung zu benennen: Costume play therapy (Marcus 1976), Developmental play therapy (Bell 1990), Fair play therapy (Peoples 1979), Imagery Interaction play therapy (Hellendoorn et al. 1989), Kurzspieltherapie (Reams 1988), Music play therapy (Moreno 1985), Systemic play therapy (Lewis 1986), Sociodramatic play therapy (Bartels 1987), Mythodramatische Spieltherapie (Guggenbuehl 1991). Spieltherapie stattet sich so immer mehr mit einem immer breiteren theoretischen, therapiepraktischen und differentiellen Fundus aus.

Zu diesem facettenreichen Angebot gesellt sich nun die Familienspieltherapie hinzu. Die kanadische Kollegin Mary Morris hat sie offensichtlich als erste 1978 unter der Firmierung „Family play therapy" in die einschlägige

Fachliteratur eingeführt. Familienspieltherapie findet dann – wenn auch noch zögerlich – zunehmend an Beachtung: Keith u. Whitaker 1981, Griff 1983, Schneewind u. Kuchenbecker 1984, Ariel 1986, Kemper 1988. Diese Arbeiten erwachsen weitgehend unabhängig voneinander und vorrangig im Kontext der Spieltherapie. Sie stellen den Versuch dar, eine „Spieltherapie mit der Familie" zu konzipieren. Sie werden von der Absicht getragen, das in der Spieltherapie vorfindbare theoretische und praktische Instrumentarium für die psychotherapeutische Arbeit mit der ganzen Familie nicht länger brach liegen zu lassen. Über das Spiel laufen in der Tat wichtige, vielfältige und subtile Anschlüsse an die Familie.

Die Ausweitung der Spieltherapie auf die Familie kommt in den Blick zum einen durch das Unbehagen über eine Familientherapie, die über weite Strecken dazu neigt, Kinder aus dem therapeutischen Geschehen auszuschließen und das Spiel geringzuschätzen und zu vernachlässigen (Keith u. Whitaker 1981; Massing 1987; Scharff 1989). Daneben regt sich aus spieltherapeutischen Reihen erheblicher Unmut mit einer Spieltherapie, die sich ihrerseits wiederum nur allzu wenig um die Familie gekümmert hat (Anthony 1980; Golden 1985).

Familienspieltherapie stellt eine Bereicherung im Konzert jener Ansätze dar, die sich von jeher darum bemüht haben, Eltern näher an die Spieltherapie ihres Kindes heranzuführen, sei es in Form der schlichten Anwesenheit der Mutter (u. a. Frédéric u. Malinsky 1984), der aktiven Einbeziehung der Eltern in der „Conjoint play therapy" (Safer 1965) oder in der Einübung von Eltern in Spieltherapie, wie es in der „Filialtherapie" (Guerney 1964) angestrebt wird.

Die Erfahrungsbasis von Familienspieltherapie ist noch recht bescheiden. Doch scheint sie sich – auch nach eigenen Fallstudien – als günstig zu erweisen bei psychosomatischen Problemen, bei Schulverweigerung, bei aggressiven Kindern und stotternden Kindern.

10.2 Aggressive Kinder in der Personzentrierten Familienspieltherapie

Die Behandlung aggressiver Kinder in der Nichtdirektiven bzw. Klienten/ Personzentrierten Spieltherapie habe ich darzulegen versucht (Kemper 1988). Jetzt will ich – ergänzend und anreichernd – die Grundlinie einer Personzentrierten Familientherapie skizzieren, wie sie sich mir nach jüngsten Erfahrungen darstellt. Es sind Strukturelemente, die geeignet erscheinen, den sich in der Entwicklung befindlichen Ansatz transparenter zu machen.

10.2.1 Die Empathie des aggressiven Kindes für seine Eltern

Auch wenn ich den Drangsalen – etwa durch Kurt (Kemper 1988) ausgesetzt bin und das vor allem zu Therapiebeginn –, gibt es immer wieder Zeiten, in denen Kurt mich und seine Eltern „in Ruhe" läßt. Mir ist, als wollte er sagen: „So, die brauchen jetzt mal Zeit für sich, ich spiele derweil."

Dies sage ich dem Kind dann auch, und ich bedanke mich: „Dann kann ich mit Mama und Papa reden, warum ihr herkommt". Und ich füge hinzu: „Du hörst ja mit und kannst auch dazukommen". Kurt nickt wie selbstverständlich.

In solchen Momenten – und möglichst im frühen Therapiestadium – sind mir u. a. diese Hinweise an die Eltern wichtig:

1. Die Kinder gehören dazu; ich habe nichts zu verheimlichen.
2. Auch aggressive Kinder empfinden für ihre Eltern viel Empathie; und ich schätze diese sehr.
3. Ich gebe den „inneren Stimmen" der Kinder meine Stimme.
4. Ich hole mir bei den Eltern und den Kindern „grünes Licht", daß ich diese Empathie in ihre Wahrnehmung hereinholen darf. Ich will sie nicht ungenutzt lassen.

Im übrigen: In der Familienspieltherapie begegne ich der Empathie der Kinder für ihre Eltern auf Schritt und Tritt.

10.2.2 Störungstheoretische Betrachtungen

Im familienspieltherapeutischen Kontext höre ich von den Eltern energischer als in der spieltherapeutischen Einzelbehandlung die Frage nach dem Warum. „Warum ist Kurt bloß so laut, aggressiv und so unwillig?", fragt Kurt's Mutter gequält, während der Vater sich an diese wiederholte Frage lediglich „dranhängt". Ich lade uns ein, dieser Frage, die mich auch interessiert, nachzuspüren. Ich setze hinzu: „Eine Antwort habe ich im Moment auch nicht. Sie haben Mut, diese Frage so deutlich zu stellen; man könnte ja mit dem Finger auf Sie zeigen. Genau das tue ich hier nicht".

Ich beziehe die Eltern in meine störungstheoretischen Überlegungen mit ein und werbe bei ihnen u. a. für eine dreifache Sichtweise:

1. Kurt müsse für sein aggressives Verhalten, zumal keine organische Grundlage ausmachbar sei, seine Gründe haben. Das ist jedenfalls die Vermutung. Ich schlage vor, daß wir uns in die innere Welt von Kurt führen lassen. Hier muß allem Anschein nach etwas in Ordnung gebracht werden, was durcheinander geraten ist.
2. Die Heilung der Aggression ist vermutlich an die Heilung von Beziehungen gebunden. Das ist eine Störungserklärung, die nicht nur den aggressi-

ven Kurt, sondern auch Vater und Mutter etwas angeht. Und ich mache die Eltern auf die „Fallen" aufmerksam: Wir weisen den aggressiven Kurt ab, während er mit uns zusammensein möchte. Wir schimpfen mit ihm, während er ein Lächeln von uns erhofft.

3. Ich lade die Eltern dazu ein, das aggressive Verhalten als Herausforderung zu lesen und als Anfrage: „Wie gehen wir daheim miteinander um?" Kurt lebt seine Aggression nicht umsonst. Sie hat einen Namen, und diesen sollten wir zu entschlüsseln versuchen. Vom aggressiven Kurt wegzublicken oder auf ihn hinzustarren, das hilft nicht zu ihm. Vielleicht muß Kurt seine Eltern „heimsuchen", um sein „Heim" zu finden: wo er willkommen, angenommen und geborgen ist.

An dieser Stelle ernte ich nicht selten Empörung bei den Eltern. „Er weiß doch, wo er hingehört", weist mich Kurt's Mutter zurecht. Ich stelle ihren Einwand nicht in Abrede, verweise aber darauf – durch Beispiele untermauernd –, daß ich sie – die Eltern – zu wenig auf der Innenseite von Kurt weilend erlebe.

Ich bekräftige: „Machen wir uns auf die Suche nach dem möglichen Sinn, den Kurt's Aggression möglicherweise hat. Vielleicht trifft Kurt damit einen empfindlichen „Nerv" der Familie. Wir werden sehen. Mein Part ist: Ich suche. Und ich sage Ihnen, wie wir suchen können. Ihr Part ist: Sie müssen mitsuchen. Sie kennen sich bei sich aus".

Während wir so miteinander reden, hört Kurt aufmerksam zu. Er äußert sich nicht. „Du bist da drinnen bei dir ganz ruhig", übersetze ich seinen Blick zu mir. Kurt nickt.

Ich finde es wichtig, allen Beteiligten meine Überlegungen transparent zu machen. Ich tue dies auch auf dem Hintergrund wiederholter Hinweise aus der einschlägigen Fachliteratur, wonach der Bedeutungsgehalt der Aggression eine große Vielfalt aufweist.

Meine Annahme ist: Wenn Kurt's Aggression im wesentlichen im Beziehungskontext entstanden ist und dort aufrechterhalten wird, dann liegt es nahe, diese Symptomatik auch in eben diesem Kontext zu behandeln. Dazu bietet sich Familienspieltherapie geradezu an.

10.2.3 Therapeutisches Spielen im Familiensetting

Ich rolle die Behandlung der aggressiven Leitsymptomatik vom Spielen her auf und nicht vom Reden über das Kind und vom Fragen, was es denn mit der Symptomatik auf sich hat. Ich beharre nicht darauf, daß ich die Familie erst näher kennenlernen muß.

Stattdessen biete ich Spielen an: „Spielen, das ist meine Art, Therapie zu machen". Die Eltern lade ich dazu ein: „Entweder einfach dabei zu sein und zuzuschauen". „Oder Sie können auch mitspielen, mit den Kindern oder auch allein". „Wenn die Kinder Sie zum Mitspielen auffordern, so bitte ich Sie, diesem Begehren stattzugeben".

Und ich verweise auf das Spieltherapiezimmer: „Es drückt aus, hier ist Spielen ‚in'. Bei mir sitzen die Kinder ‚in der 1. Reihe', sie sind die Regisseure. Ihr Spielbedürfnis bewerte ich als ein Grundbedürfnis". Und ich füge noch sehr bewußt hinzu: „Wer das Spielen der Kinder ernst nimmt, der nimmt die Kinder ernst". Und: „Mit ihnen spielen, das ist eine Form von Liebe und Zuwendung". Manche Eltern fühlen sich hier provoziert: „Ich spiele doch mit meinen Kindern". „Was wollen Sie?", kann ich hier zumeist ergänzen.

Ich bleibe bei dieser Frage, was ich will; hier bin ich den Eltern eine Erklärung schuldig. Ich sage ihnen, was ich mir vornehme, u. a.: – „Ich erläutere Ihnen, was ich im Spiel erkenne und verstehe, was es möglicherweise bedeutet, welche Botschaften es für uns hat"; – „Ich zeige Ihnen auf, was im Spielen nach Heilung ruft"; – „Ich bitte um Ihr Einverständnis, Ihr Spielverhalten korrigieren zu dürfen"; – „Ich lasse gewähren, weil ich weiß, daß Kinder dann – ohne Druck – die ‚Plätze' ihrer Freude und Verletzung aufsuchen. Das ist im übrigen bei Erwachsenen nicht anders".

Und ich informiere weiter: „Wir werden zwischendurch immer wieder Zeit haben zum Miteinanderreden. Ich werde Sie nicht schuldig machen für das, was schief gelaufen ist. Ich gebe keine Noten, und ich werde nicht taktieren und nichts erzwingen." Wichtig sind mir noch folgende Hinweise: „Sie müssen hier nichts Besonderes tun. Ich weiß: Spielen für heilende Zwecke ist für Erwachsene in aller Regel ungewöhnlich; sich auf das Spielen einzulassen und einen Blick für heilendes Spielen zu bekommen, das braucht etwas Zeit". Zu den lärmenden und aggressiven Kindern sage ich noch eigens: „Wenn Du willst, mußt Du hier nicht so einen Rabbatz machen; ich sehe dich auch so". Ich koste die überraschten Blicke des Kindes.

Es ist also ein Spielen, das vom Kind und der Familie ausgeht; – in einer für übliche Alltagsverhältnisse ungewöhnlichen Freiheit stattfindet; – die familiäre Wirklichkeit als Boden hat und von personzentrierten Grundhaltungen durchwirkt ist.

Die ganze mehrdimensionale und klinische Reichhaltigkeit von Spielen wird offenbar, wenn es in den Begriffen einer lebendigen Beziehung zwischen realen Personen betrachtet wird. Gemeinsames Spielen klärt dann nicht nur bestehende Beziehungswirklichkeit, es schafft auch neue. Und nicht zuletzt entlaste ich so das Kind als Symptomträger. Spielen steht im Mittelpunkt und nicht das Klagen von Erwachsenen über Kinder.

Therapeutisches Spielen im Familiensetting umfaßt viele Aspekte, die sich z. T. überlappen. Hier ein kurzer Aufriß.

1. Spielen reicht in die Familie hinein. Die Kinder wählen Spiele, welche die täglichen Verrichtungen daheim zum Thema haben: Kochen und Essen, Kinder hüten und Schulaufgaben machen, Putzen und Einkaufen, Kranksein und Spielen in der Familie.

Und die Kinder spielen, und wie sie spielen: schier unersättlich; auftrumpfend und füllig, dann auch wieder in zarten Tönen; variantenreich und mühelos mit plötzlichem Themen-/Szenenwechsel; einfach weil es ihnen Spaß macht und dann auch wieder programmatisch; mit urkomischen Einlagen und glänzenden Ideen; Spiel- und Realebene deutlich auseinanderhaltend; die Eltern und mich zu Hilfeleistungen heranziehend. Und manche Kinder verheiraten mich kurzerhand mit ihrer Mama: „So, du bist jetzt der Papa", sagt Kurt zu mir. Er fordert damit seinen Vater heraus: „Und wo bleibe ich?" Kurt ignoriert diese Frage, mit der der Vater – jedenfalls für meine Ohren – die Spielebene zu verlassen scheint; ich erlebe ihn traurig, isoliert und einsam.

Mein Eindruck ist: In solchen Spielen scheinen sich zuverlässige und valide Ausschnitte aus der familiären Wirklichkeit unmittelbar und rasch abzubilden. So ist die Mutter wirklich müde, aber keiner nimmt sie ernst. Koalitionsbildungen muß ich nicht erfragen, ich sehe sie mit bloßem Auge.

Meine Aufgaben allein für die Eltern sehe ich u. a. darin: sich für das Spiel (incl. Malereien etc.) zu interessieren und es schätzen zu lernen; sich dem Spielfluß des Kindes auszusetzen und sich nicht hinter Regeln zu verschanzen; die Spielebene anzunehmen (z. B. Mandarinenschalen als Zahlungsmittel beim Kaufmannsspiel zu akzeptieren; darauf zu achten, wie sich das Kind beim Spielen gerade fühlt und was sie, die Eltern, selbst dabei innerlich empfinden; die symbolischen Botschaften zu hören, so z. B. beim Kaufladen-Spiel: „Es ist so, als wenn Ihnen Kurt sagen will: Ich wünsche mir Eltern, von denen ich alles erhalte, was ich brauche". Wir besprechen sodann, was dies im konkreten Alltag daheim bedeuten könnte (wo die Eltern für Kurt da sind; wo sie auch Grenzen setzen müssen – der Kaufladen hat auch nicht den ganzen Tag auf; die Gefühle der Eltern zählen auch, etc.).

Über das Spielen strebe ich eine therapeutische Allianz mit der Familie an. Es ermöglicht mir die Teilnahme am ‚Spieltanz' der Familie.

2. Die Familie reicht in vielfältiger Weise auch in das Spiel hinein. Die Mutter will lieber Schule spielen und nicht Mutter-Kind-Spiel, wie es das Kind wünscht. Oder der Vater kann mit den Handpuppen nichts anfangen und drängt dem Kurt Kartenspielen und Fußballspielen auf. In beiden Spielen

ist Kurt dem Vater hoffnungslos unterlegen. Und Kurts Vater zeigt seine Übermacht auch ungeniert und bloßstellend. Kurt geht wutentbrannt und mit bloßen Händen auf seinen Vater los. Ich lenke seine Wahrnehmungen auf die Innenseite von Kurt und bedeute ihm, daß wir darüber noch reden müssen.

Mir fällt vor allem auf: Eltern mischen sich z. T. massiv in das Spielen ihrer Kinder ein. Es fällt ihnen schwer, sich meinen Anweisungen zu fügen, sich z. B. zurückzuhalten und das Kind nicht zu überspielen, seine Spielfreude anzunehmen. Hier habe ich in aller Regel viel und lohnende Arbeit.
An den Stellen, an denen Eltern Spielwünsche des Kindes zurückweisen, es im Spiel allein lassen oder das Spiel an sich reißen, merke ich aber auch ‚Spielverletzungen' bei Eltern.

3. Elternbezogenen Spielaspekten begegne ich auf Schritt und Tritt. Das gemeinsame Spielen mit ihren Kindern führt Eltern meist und sehr bald in ihre Kindheit und zu ihren Spielwurzeln zurück. Erinnerungen an Lieblingsspiele werden wach. „Erzählen Sie", ermutige ich. Kurt's Vater erlaubt sich allerlei Albernheiten (Kopfstand machen) und die Mutter ruht sich aus. Ich sehe, daß es ihnen gut tut und sage dies auch.

Mich interessiert sodann, wie wohl ihr ‚Spielraum' ausgesehen, wer diesen wie gefördert oder behindert hat und was von ihrem früheren Spielen ins Heute hineinreicht.
Nach und nach kommen auch die Eltern der Eltern in den Blick, was früher schön war und was nicht so erfreulich war. „Ich habe bei meinen Eltern nicht viel Spielverständnis gefunden", bekennt auf einmal Kurt's Vater, „und das passiert mir wohl jetzt auch bei Kurt". Er ist betroffen; Kurt's Augen werden immer größer. Ich ermutige den Vater, daß hier eine Änderung möglich ist und lade Kurt ein, seinem Vater – und auch seiner Mutter – zu zeigen, wie man mit Kindern spielt.
Von den eigenen Eltern zu hören, wie es ihnen früher als Kind ergangen ist, das ist Kurt wohl neu. An solchen Stellen wird Kurt ganz still, hell wach, innerlich bewegt. Mir ist, als wenn sich ein inneres Band zwischen allen drei spinnt.
Setzen sich bei den Eltern eigene ‚innere Verletzungen', Ängste in Bewegung, dann arbeite ich mit ihnen dahingehend, das innerlich anzunehmen, was ungut für sie war, ein Ja zum Nein zu sagen. Und an diese innere Offenheit und Versöhnung schließt sich der nächste Schritt an: Innerlich auch den aggressiven Kurt anzunehmen. „Das entlastet den Kurt und macht den Blick frei für das, was die Person von Kurt noch ausmacht", erläutere ich den Eltern. Für diese Arbeit lasse ich uns Zeit.

Meine jüngsten Angebote zur Aufarbeitung der elterlichen Spielgeschichte schließen ein: Spieltherapie mit den Eltern und Hypnoplay-Therapy (Shapiro 1988).

4. Spielen reicht in kindliche Grundbedürfnisse, Entwicklungs- und Wachstumsprozesse hinein. Das ist bei Kurt nicht anders. Seine intensiven Baby-Spiele ragen hier heraus. Seine Mutter kann ihn hier annehmen, wenn er sich ganz an ihre Seite kuschelt. Die anderen Themen (gut – böse; gerecht – ungerecht; Bindung – Lösung, etc.), die Kurt wiederholt und variantenreich durchspielt, komplettieren das Wachstumsbild bei Kurt. Es empfiehlt sich, die im Theraplay (Jernberg 1987) herausgearbeiteten Grundbedürfnisse Fürsorge (Nurturing), Eindringlichkeit (Intruding), Herausforderung (Challenge) und Strukturierung (Structuring) auch im familienspieltherapeutischen Setting gezielter und auf personzentrierter Grundlage einzusetzen.

5. Beziehungsbezogene Spielaspekte sind wesentlicher und faszinierender Bestandteil von Familienspieltherapie. Nach meinen Eindrücken entfaltet sich ein prozeßhafter Verlauf: Gemeinsames Spielen scheint es zu ermöglichen, in jene Beziehungs- und Entwicklungsphase einzutauchen, in der sich das Symptom zu entfalten begann. Mir ist, als würde sich diese Phase in zeitlicher Verdichtung hier spielend wiederholen. Ich darf hier in aller Regel nicht mitspielen. „Es ist eure Zeit und euer Spiel", sage ich zu Kurt und zu seiner Mutter (z. B. beim Baby-Spiel). Ich begleite die Familie, indem ich die Stimmen, die sich aus dem Spiel hörenlassen, zusammenführe – und das behutsam. Im Kontext solchen beziehungsbezogenen Spielens werden nach und nach sagbar: die Ängste z. B. der Mutter, ihr Kurt könnte später auf eine kriminelle Spur geraten; ihre Schuldgefühle, Kurt abzuschieben. Und in dem Maße, in dem es Kindern und Eltern möglich wird, sich spielend miteinander und nicht gegeneinander zu benehmen, wandeln sich vermutlich bedeutsame Aspekte des Zusammenlebens: Lärmen, Nichthinhören, Ausschließen etc. in der Familie treten zurück, die Innenstimmen – auch bei Kurt und seinen Eltern – melden sich deutlicher. Eine kleine Anregung tut Eltern oft ganz gut: „Sagen Sie ihrem Kurt: Ich bin froh, daß du da bist", bitte ich Kurt's Eltern.
Spiel eröffnet neue und facettenreiche Beziehung: Keiner in der Familie muß länger um Beziehung kämpfen; jeder bekommt sie vom anderen geschenkt. Eine solche Beziehung eifert nicht und ist nicht ungerecht. Sie muß nicht alles verstehen und erklären. Sie dient dazu, sich zu erforschen, sich selber zu finden. Sie läßt den anderen in seinem Sosein eben anders sein. Sie dient nicht dazu, darin festgehalten und abhängig in einem unguten Sinne zu werden.

Aus einer solchen Beziehung wiederum scheint ein Spielen zu erwachsen, das von innen her kommt, mit einer neuen Qualität versehen ist. Es teilt nicht mehr ein in Schwache – Starke, in Wissende – Unwissende, in Geschickte und Tolpatschige – jedenfalls nicht innerlich verletzend.
Spielverschreibungen fördern diesen Prozeß.

6. Symptombezogenes Spielen: Spielen, das von einer verstehenden Beziehung durchwirkt und von innen getragen ist, kapituliert nicht vor der Aggressionssymptomatik. Jetzt öffnet sich leichter Raum dafür, Spielen ganz unmittelbar mit der Aggression in Verbindung zu bringen. Im Spiel eingebettete Aggressionen erleichtern die ‚innere Berührung‘ mit dem Kind. Das merke ich bei Kurt deutlich, als wir in einer späteren Therapiephase miteinander boxen und er mich innerlich zuläßt. „Gegen wen boxen wir denn?“, frage ich ihn. Noch ehe Kurt antworten kann, entfährt es der Mutter: „Der drischt auf mich ein“. Kurt nickt und legt noch einen Gang zu. „Die Hiebe gelten deiner Mama, die ich jetzt an ihrer Stelle abkriege“, sage ich. Seine Augen sind feucht. Und ich bitte ihn: „Sag ihr, was sie nicht mehr machen soll, und was du von ihr wünschst“.
Es gibt nun reichlich Platz für imaginative Arbeit mit den Eltern: „Sie träumen von Ihrem Kurt, der nicht mehr so ausflippend und aggressiv ist“. Oder wir können uns aggressions-dramatische Szenen aus dem Alltag vornehmen und dazu eine lustige Geschichte erfinden, z. B. „Der wutentbrannte Kloß im Mülleimer“. Spieldramatische Anregungen finden sich bei Scherf (1973). Diese Spiele sind in aller Regel einfach; sie machen Spaß und sind gehaltvoll.

7. Entspannungs- und trancebezogene Spielaspekte: Schätzen gelernt habe ich die tranceähnlichen Zustände, die sich im Spielen – auch im Familiensetting – nicht selten beobachten, induzieren und therapeutisch nutzen lassen. Das sind zum einen die ganz stillen Spiele: Die Kinder schaukeln wie gedankenverloren auf dem Schaukelstuhl, sind im Tagträumen versunken. Oder es sind zum anderen jene Spiele, in denen sich die Kinder körperlich fast bis zur Erschöpfung verausgaben. Kurt bevorzugt letztere Kategorie (via Boxen, Fußball). Das sind Momente, in denen ich Kurt – gewissermaßen an seinem Bewußtsein vorbei – ansprechen kann: „Wer so kämpfen kann, der muß sich auch entspannen, ausruhen“. Kurt leuchtet das ein. Mir erscheint es sinnvoll, Kurt und seinen Eltern – nach und nach – im Anschluß an lärmende, laute und hektische Szenen das möglichst gemeinsame angenehme Gefühl von Entspannung zu geben. Ich lade die Eltern grundsätzlich dazu ein. Viele bioenergetische Erfahrungen legen nahe: Wenn sich körperlich etwas lockert, dann lockert sich in aller Regel auch etwas im Inneren. Und Spielen und Trancearbeit

fördern vermutlich ganz entscheidend innere Gelöstheit. Hier öffnet sich ein weites Interventionsfeld, das ich aus Platzgründen nicht darlegen kann.

Im Kontext Spielen will ich abschließend festhalten: Spielen, das ist die eine Seite. Die therapeutische Nutzung von Spielen, das ist die andere Seite. Dazu ließe sich noch vieles sagen. Dies ist ein faszinierendes Thema, reich an Erfahrung und arm an Forschung. Aus der Sicht des Spieltherapeuten ist ein hohes virtuoses Spielen möglich und auch notwendig.

10.2.4 „Was sollen wir tun?" – Anmerkungen zur Elternarbeit

Die Mitarbeit der Eltern in der kindlichen Aggressionsbehandlung ist mir wichtig.

Im familienspieltherapeutischen Ansatz bringe ich die Eltern in besonderer Weise ‚ins Spiel': Ich nehme sie mitten in die Therapie und in das Spielen ihrer Kinder hinein und lasse sie nicht als Gesprächsanhängsel draußen vor. Das provoziert bei den Eltern in aller Regel eine dreifache Empörung: „Was hat denn Spielen bloß mit Aggression zu tun?"; „Was habe ich mit der Aggression meines Kindes zu schaffen?"; „Ich spiele doch mit meinem Kind – was wollen Sie?".

Ich bin gefordert, Erläuterungen sind fällig.

Und so versorge ich die Eltern von Anfang an mit einer kognitiven Struktur, was auf sie – als weiterhin erziehungszuständige Personen – verfahrensmäßig zukommt, was ich ihnen abverlange, was Spielen mit Heilen und mit Aggressionen zu tun hat.

Diese Gespräche sind entweder am Tisch angesiedelt oder im Spielen eingebettet. Bei Kurt's Eltern war es notwendig und günstig, für eine Zeitstrecke das Gespräch auch mit ihnen allein zu führen.

Diese Elterngespräche sind mir wichtig, und das aus vielschichtigen Gründen. Um nur einige zu benennen:

Mit diesen Elterngesprächen bedeute ich den Eltern und auch den Kindern, daß ich die elterliche Beziehung, Elternrolle und die Verantwortung der Eltern nicht vernachlässige. Wenn die Eltern etwas ansprechen möchten, so können sie dies an Ort und Stelle tun, ohne daß wir umständlich auf Terminsuche gehen müssen. Was sie bewegt oder an aktuellen Fragen haben, kommt somit ohne größeren zeitlichen Verzug zur Sprache. Ich achte darauf, daß sich die Kinder bei diesen Gesprächen nicht ausgeschlossen fühlen. Themen, die im Spielen auftauchen, kann ich im Elterngespräch weiterführen und von hier auch wieder ins Spiel zurückleiten, z.B.: „Der Papa spielt mit dir jetzt Fußball, wie er das früher in deinem Alter gern gemacht hätte", sage ich zu Kurt's Vater. Was ich im Spielen von der inneren Welt der Kinder und auch der Eltern erkenne, bekräftige ich im Elterngespräch ein weiteres Mal. Und ich lasse uns Zeit für die Frage, was die Aggressionen von Kurt möglicherweise symbolisieren. Ich ermutige und leite die Eltern an, in ihren Gefühlen klarer zu werden, sich selbst zu erforschen, als reale Person auf der Grundlage bedingungsloser Wertschätzung, Empathie und Echtheit wirksam zu werden und nicht über Schläge und Schimpfe. Ich ermutige sie auch, den Einfluß aus ihrer eigenen Lebensgeschichte zu beachten. Ich gebe und bespreche mit ihnen schriftlich fixierte Entwicklungsprofile der Altersstufen ihrer Kinder. Das ermöglicht ihnen u. a. einen Altersvergleich. Bei Spielverschreibungen oder auch gewünschten Ratschlägen hole ich mir im nachfolgenden Elterngespräch Rückmeldung. Ich will so dokumentieren, daß es mir ernst ist mit dem, was wir vereinbaren.

Elterngespräche, umgeben von Spielen, offerieren zudem auch Schutz. Sie können zu jeder Zeit begonnen, vom Spielen abgelöst und beendet werden. Wenn ich mit den Eltern rede, passe ich auf, daß meine Aufmerksamkeit die spielenden Kinder erreicht. Das gelingt nicht immer, aber mein Bemühen darum dürfte den Kindern deutlich werden. Und das genügt oft schon.

10.3 Abschließende Bemerkungen

Personzentrierte Familienspieltherapie biete ich an, nachdem deutliche Hinweise dafür erbracht sind, daß ein hirnorganischer Begründungszusammenhang ausgeschlossen werden kann und der Aggression wahrscheinlich eine psycho-soziale Bedeutung im Familienkontext zukommt.

Personzentrierte Familienspieltherapie begreift die Integration von systemischen und individuellen Realitäten nicht als Widerspruch. Gerade Spielen und Verstehensarbeit im Familienkontext bilden einen ausgezeichneten Weg, um innerpsychische und interpersonale Vorgänge im Verbund zu erreichen. Sie öffnen eine doppelte Tür: Zur realen Person des einzelnen und was in ihr von den anderen Familienmitgliedern und von der Familie als ganzem (Familienkonzept) repräsentiert ist etc. Die Spieltherapie verfügt über ein reiches Instrumentarium, um diese Strukturen und Prozesse sichtbar und erlebbar zu machen.

Wesentliches Anliegen des personzentrierten Ansatzes ist es, vom Spiel zu ‚inneren Realitäten‘ zu führen.

Der familienspieltherapeutische Ansatz ist noch jung. Es erscheint verlohnend, diesen ‚neuen Kontinent‘ (Ariel 1986, S. 154) zu erkunden und weiteren Bewährungsproben zuzuführen.

Literatur

Anthony EJ (1980) The family and the psychoanalytic process in children. The Psychoanalytic Study of the Child, (35) 3–34

Ariel S (1986) Family play therapy. In: R. van der Kooij, J. Hellendoorn (eds.): Play, play therapy, play research. Lisse, Swets u. Zeitlinger 153–160

Bartels KJ (1987) Effects of socio-dramatic play therapy on pragmatic language skills in children with Down syndrome. Dissertation Abstracts International, Vol. 47 (7-B), 2866

Bell V (1990) The technique of developmental play therapy applied to small groups in the community. Maladjustment and Therapeutic Education, (8) 43–50

Frédéric, H, Malinsky M (1984) Martin. Eine Kindertherapie. Klett-Cotta, Stuttgart

Golden LB (1985) A critical case study of play therapy. Journal of Child and Adolescent Psychotherapy, (2) 286–290

Griff MD (1983) Family play therapy. In: C. E. Schaefer u. K. J. O'Connor (eds.): Handbook of play therapy. While, New York 65–75

Guerney BG (1964) Filial therapy: Description and rationale. Journal of Consulting Psychology, (28) 304–310

Guggenbühl A (1991) Imagination, Spiele, Mythodramen: Kinder-Gruppenpsychotherapien. Pädagogisches Forum, (4) 3–7

Hellendoorn J et al. (1989) Beeldcommunicatie en client-centered kindertherapie vergeleken. Comparison of imagery interaction play therapy and client-centered child therapy. Tijdschrift voor Psychotherapie, (15) 134–147

Jernberg AM (1987) Theraplay: Eine direktive Spieltherapie. G. Fischer, Stuttgart

Keith DV, Whitaker CA (1981) Play therapy: A paradigm for work with families. Journal of Marital and Family Therapy, (7) 243–254

Kemper F (1988) Personzentrierte Psychotherapie bei aggressiven Kindern. In: U. Franke (Hrsg.): Aggressive und hyperaktive Kinder in der Therapie. Springer, Berlin 125–148

Lewis KG (1986) Systemic play therapy: A tool for social work consultation to innercity community mental health centers. Journal of Independent Social Work, (1) 33–43

Marcus IM (1976) Costume play therapy. In: C. E. Schaefer (ed.): The therapeutic use of child's play. Aronson, New York: 373–382

Massing A (1987) Das Kind in der analytischen Familientherapie. In: H. Petzold, G. Ramin (Hrsg.): Schulen der Kinderpsychotherapie. Jungferman, Paderborn 295–321

Moreno JJ (1985) Music play therapy: An integral approach. Arts in Psychotherapy, (12) 17–23

Morris M (1978) Family play therapy: An extended treatment model. Ontario Psychologist, (10) 25–29

Peoples C (1979) Fair play therapy: A new perspective. Journal of Psychology (102) 113–117

Reams RA (1988) The efficacy of time-limited play therapy with maltreated preschoolers. Dissertation Abstracts International Vol. 48 (10-B), 3119

Safer DJ (1965) Conjoint play therapy for young child and his parents. Archives of General Psychiatry, (13) 320–326

Scharff JS (1989) Play with young children in family therapy: An extension of the therapist's holding capacity. Journal of Psychotherapy and the Family, (5) 159–172

Scherf E (1973) Aus dem Stegreif. Soziodramatische Spiele mit Arbeiterkindern. Kursbuch 34, 103–156

Schneewind UJ, Kuchenbecker A (1984) „Familienspieltherapie". Zum Einsatz von Methoden aus der Integrativen Therapie in der analytisch-systemischen Familientherapie. In: H. Remschmidt (Hrsg.): Psychotherapie mit Kindern, Jugendlichen und Familie. Bd. 1. Enke, Stuttgart 149–153

Shapiro MK (1988) Second childhood. Hypno-play therapy with age-regressed adults. Norton u. Co., New York

11 Hyperaktivität als Herausforderung an die Musiktherapie

Wolfgang Meyberg

Dr. phil., M.A. in Ausdruckstherapie (Expressive Therapy), Lesley College, Cambridge/USA. Als Musiktherapeut seit 1981 tätig an der Kinder- und Jugendpsychiatrischen Abteilung der Städt. Kinderklinik sowie am Sozialpädiatrischen Zentrum, Oldenburg.

11.1 Einführung

Hyperaktivität ist Herausforderung: nicht nur für das Kind und seine mitbetroffene Umwelt, sondern auch für die Vielzahl derer, die ihnen Therapie anbieten. Um dabei nicht selbst hyperaktiv zu reagieren, ist es ratsam, die jeweilige therapeutische Ausrichtung auf ihren Hintergrund, auf ihre Zielvorstellungen und Anwendungsmöglichkeiten zu überprüfen und zu hinterfragen.

Dies gilt auch für die Musiktherapie. Gemessen an anderen Richtungen ist sie eine relativ junge Methode der Psychotherapie. Anders als zum Beispiel die Psychoanalyse, hat Musiktherapie weder einen Begründer, noch läßt sie sich einer bestimmten „Schule" zuordnen. Die Bestrebungen, musiktherapeutische Methoden zum Beispiel mit psychoanalytischen, gestalttherapeutischen oder verhaltenstherapeutischen Konzepten zu unterlegen, sind fast ebenso vielfältig wie diese Konzepte selbst. Musikalische Ausrichtungen innerhalb der Musiktherapie variieren stark. Hier spielen persönliche Neigungen und Fähigkeiten eine nicht unerhebliche Rolle.

Musik als Medium zwischenmenschlicher Beziehung entzieht sich einer vorschnellen Einordnung und Systematisierung. Die Notwendigkeit bleibt bestehen, übergreifende Konzepte zu sichten, in denen auch die Therapie durch und mit Musik sich einordnen läßt.

11.1.1 Basiskonzepte kunsttherapeutischen Handelns

Richtungsweisende Ansätze hierzu lassen sich im Umfeld der Kunsttherapie und der kunsttherapeutischen Forschung finden. Unter Kunsttherapie sind nach Tüpker (1990) alle die Therapieformen zu verstehen, die eine der Künste (Musik, bildende Kunst, Tanz, Theater, Poesie) für sich zum Ausgangspunkt ihres therapeutischen Handelns machen und sie – in entsprechend verwandelter Form – praktisch in die Behandlung psychischer Erkrankungen einbeziehen.

Auffällig ist, daß trotz unterschiedlicher Ausprägungen die einzelnen kunsttherapeutischen Richtungen sich in mehrfacher Hinsicht einander nähern: Zum einen geht es um die Sichtweise von Krankheit und um das sich daraus entwickelnde Grundverständnis von Heilung. Krankheit kann als Chance für eine neue Möglichkeit des Lebens wahrgenommen werden (Petersen 1990, 122). Für P. Knill (1990, 98) sind Störungen jeder Handlung und Seinsweise immanent. Im kunsttherapeutischen Handeln bilden sie eine Herausforderung. Diese liegt im Finden einer Lebensweise, die eine fruchtbare, kreative Auseinandersetzung mit Störungen und Konflikten zuläßt. Durch schöpferische Aktivität sollen auch im therapeutischen Prozeß und in der therapeutischen Begegnung Heilungskräfte freigesetzt werden, die zu einer Integration der Störung führen und dem kranken Menschen die Gelegenheit geben, „er oder sie selbst" zu werden.

Das aktive Bemühen des Patienten und die Weckung seiner sensitiven, expressiven und kommunikativen Fähigkeiten werden durchgängig in allen kunsttherapeutischen Richtungen betont (vgl. auch Wellendorf 1980, 33; Matthiessen 1984, 36; Heftner 1977, 32; Frohne-Hagemann 1990, 308; Strobel 1990, 331). Dem Therapeuten fällt die Aufgabe zu (im Sinne der Bedeutung des griechischen Verbums therapeuo, aus dem das deutsche Wort Therapeut abgeleitet ist) den kranken Menschen auf dem Weg der Heilung zu begleiten, ihm Diener und Gefährte zu sein (Petersen 1984, 271). Der Therapeut kann die Heilung nicht „machen". Sie stellt sich von selbst ein – sie ist das „Dritte in der Begegnung zwischen Ich und Du" (248).

Ein weiterer zentraler Punkt in der Kunsttherapie ist die Bedeutung, die dem künstlerischen Medium in der Gestaltung der Begegnung und des therapeutischen Prozesses zugesprochen wird. Im Umgang mit ästhetischen Objekten und im gemeinsamen Sichbeziehen auf künstlerische Tätigkeiten entwickeln sich die spezifischen Eigenheiten künstlerischen Handelns. Es sind die Anteile an „Freiem" und „Zwecklosem", an Spiel und Lust, die für therapeutische Prozesse besonders wirksam werden. Auch die Aneignung von Außen- und Innenrealität, von Selbst- und Fremdwahrnehmung durch künstlerisches Handeln kommen der therapeutischen Arbeit zugute.

11.1.2 Übung und integrale Wahrnehmung

Um die Methoden und Ziele des kunsttherapeutischen Handelns noch weiter zu begründen, bietet sich der Begriff der „Übung" an, den P. Gottwald in dem „Entwurf einer Freien Psychologie" (1989) entwickelt hat. Ausgehend von dem Stellenwert, den die Übung in der Zen-Meditation erhält, sieht Gottwald in ihr einen Weg, um gemeinsam an der Intensivierung des Bewußtseins und der Integration der Erfahrungen zu arbeiten. Nicht nur Gottwald, sondern auch die bereits zitierten Autoren Knill und Petersen beziehen sich in der Grundlegung ihres Ansatzes mehr oder minder explizit auf den Kulturphilosophen Jean Gebser.

Gebser entwirft in seinem Werk „Ursprung und Gegenwart" (1978) ein Modell, in dem die Bewußtseinsentwicklung des Menschen bis heute in fünf Stufen beschrieben wird. Nach der archaischen, magischen, mythischen und mentalen Stufe befindet sich die Menschheit nun in einem Bewußtseinswandel in Richtung auf eine integrale Struktur. Diese fünfte Stufe kann nur durch eine Integrierung der vorhergegangenen Stufen erreicht werden. Dadurch, daß wir sie ihrem eigenen Wesen gemäß konkretisieren, werden ihre jeweiligen Bewußtseinsgrade gegenwärtig und können so von uns wahrgenommen werden. Diese Wahrnehmung ist ein ganzheitliches Geschehen, ein ganzheitlicher Zustand des Sich-Wahrnehmens, durch den die Welt als Ganzheit gegenwärtig wird (II, 366).

Der Konkretisierung dieser Stufen des Bewußtseins werden charakteristische Handlungsmodi zugeordnet: Hören und erleben (magische Bewußtseinsstruktur), blicken und ahnen (mythische Bewußtseinsstruktur), sehen und denken (mentale Bewußtseinstuktur).

Ein wichtiger Bezugspunkt der genannten kunsttherapeutischen Ansätze ist, daß sie die „integrative Wahrnehmung" im Sinne Gebsers als Ziel und Mittel der Therapie definieren. Das Selbst des Menschen bedarf immer wieder der Verwirklichung. Dort, wo dieser Prozeß gestört ist, entsteht ein Ungleichgewicht. Bezogen auf die Möglichkeit, das Gleichgewicht wiederherzustellen, wäre demnach eine Sentenz der Kunsttherapie: Integrale Wahrnehmung ist eine Haltung, die in besonderer Weise im kunsttherapeutischen Prozeß geübt werden kann. Wenn die kunsttherapeutische Theorie nun danach fragt, ob und inwieweit künstlerisches Handeln die integrale Wahrnehmung in besonderer Weise fördert, so bekommen die genannten „Handlungsmodi" durch ihre Affinität zu künstlerischen Wahrnehmungs- und Ausdrucksweisen eine besondere Bedeutung. Hierauf wird – unter besonderer Berücksichtigung der Musik – im folgenden Kapitel näher eingegangen.

11.2 Musiktherapie bei Kindern mit hyperaktiven Verhaltensweisen

Seit mehr als 15 Jahren ist Musiktherapie fester Bestandteil des Behandlungskonzepts der Kinder- und Jugendpsychiatrischen Abteilung der Städtischen Kinderklinik in Oldenburg. Viele der hier behandelten Patienten sind Kinder mit hyperaktiven Verhaltensweisen. Es wird davon ausgegangen, daß die Ursachen für dieses Störungsbild vielfältig sind. Durch ein differenziertes Behandlungskonzept wird dem Rechnung getragen: Im stationären Bereich ermöglicht es, pädagogisches, beratendes und therapeutisches Vorgehen in der Einzel- und Gruppenarbeit bei den Kindern und Eltern vor dem Hintergrund einer umfassenden Diagnose und günstige Ansatzpunkte für Veränderungen zu finden. Im ambulanten Bereich wird das Behandlungskonzept ergänzt durch regelmäßig stattfindende Elterngespräche sowie durch testdiagnostische Maßnahmen.

Der musiktherapeutische Ansatz ergibt sich u. a. aus den Möglichkeiten, durch Musik auf spielerische Art und Weise Gefühle auszudrücken und wahrzunehmen. Hinzu kommt, daß in der musikalischen Improvisation Beziehungen entstehen und sich entfalten können.

In Anlehnung an das Konzept der „integralen Wahrnehmung" ist es besonders die magische Bewußtseinsstruktur, an deren Konkretisierung durch das Hören und Erleben von Klang und Rhythmus gearbeitet werden kann. Gebser beschreibt in seinem Modell das magische Denken als prärational, präkausal, analogisch, assoziativ. Das magische Organ ist das Ohr; auf dieser Bewußtseinsstufe haben alle akustischen Phänomene eine hervorragende Bedeutung. In dieser Zuordnung erkennt der Musiktherapeut T. Timmermann eine der wichtigsten Begründungen für Musiktherapie (1987, 91). Als „magische Instrumente" benennt er – neben der Stimme – insbesondere die Trommel. Auch wir haben die Erfahrung gemacht, daß in der Musiktherapie mit Kindern speziell der Einsatz unterschiedlicher Trommeln zu einer Intensivierung der therapeutischen Arbeit führt. Die vom Klang und Rhythmus ausgehende zentrierende Kraft bewirkt beim Kind einen hohen Grad an Aufmerksamkeit und Offenheit (Meyberg 1989, 99).

In den folgenden drei Abschnitten sollen – nun im Hinblick auf die Therapie mit hyperaktiven Kindern – die musiktherapeutischen Schwerpunkte beschrieben werden.

11.2.1 Akzeptieren von Störungen

Musiktherapie gibt Zeit und Raum, sich frei auszudrücken. Das hyperaktive Kind kann sich mit seinen auffälligen und störenden Anteilen (z. B. motorische Impulsivität) einbringen (Abb. 11.1). Klang und Rhythmus geben ihm „Schutz": auch extreme Situationen werden „durchgespielt", ohne daß sie sogleich als Störung empfunden werden, zum Konflikt führen und Sanktionen notwendig machen. So kann es sein, daß gerade der Beitrag eines unruhigen Kindes (z. B. eine laute, chaotisch-komplizierte Folge von Tönen) den Mitspielern einen schöpferischen Impuls gibt und somit von ihm und den anderen als positiv empfunden wird.

Der Teufelskreis, in dem sich das hyperaktive Kind befindet, wird durchbrochen; es fühlt sich mit seiner Unruhe angenommen und verstanden. Diese und andere Erfahrungen sind wichtig, um das Selbstvertrauen des Kindes zu stärken. Nur auf dieser Basis ist eine weiterführende, fruchtbare therapeutische Arbeit möglich.

11.2.2 Zentrierung

Der entscheidende Impuls für die Motivation eines hyperaktiven Kindes, sich bei aller Unruhe, Blockierungen und Widerständen auf etwas zu konzentrieren, muß von innen kommen. Der Wunsch nach Veränderung kann weder

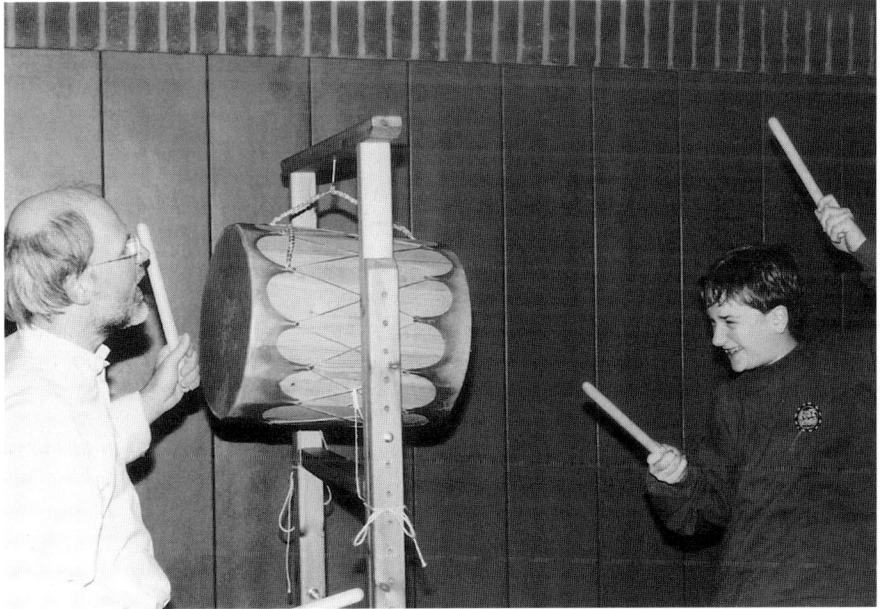

Abb 11.1 Beim Spiel auf der großen Doppelfelltrommel kann das Kind mit den Grenzen seiner Kraft in Kontakt kommen.

programmäßig geplant noch erzwungen werden. Voraussetzung hierfür ist, daß – auf welche Weise auch immer – ein Bewußtsein des eigenen Selbst entsteht. Aus diesem Zentrum heraus wird das Kind lernen, wieder konzentriert zu handeln.

Der Umgang mit Musik kann das hyperaktive Kind auf unaufdringliche Weise in diesem Prozeß stützen und begleiten. Das Musikinstrument dient ihm dabei als ein Mittler zwischen der Innen- und Außenwelt und als Stellvertreter der eigenen Person (Frohne 1981, 109). Mit ihm begibt sich das Kind auf die Suche nach dem eigenen Ton, dem eigenen Klang, dem eigenen Rhythmus (Abb. 11.2).

Es werden Schichten aktiviert, die bis dahin z. T. aufgrund traumatischer Ereignisse abgespalten wurden. Das Bewußtsein des Kindes erfährt eine Intensivierung und Tiefung. Es erlebt sich als Ganzes und ist wieder fähig, aus seinem Zentrum heraus eigenständig und mit größerer Gelassenheit zu handeln.

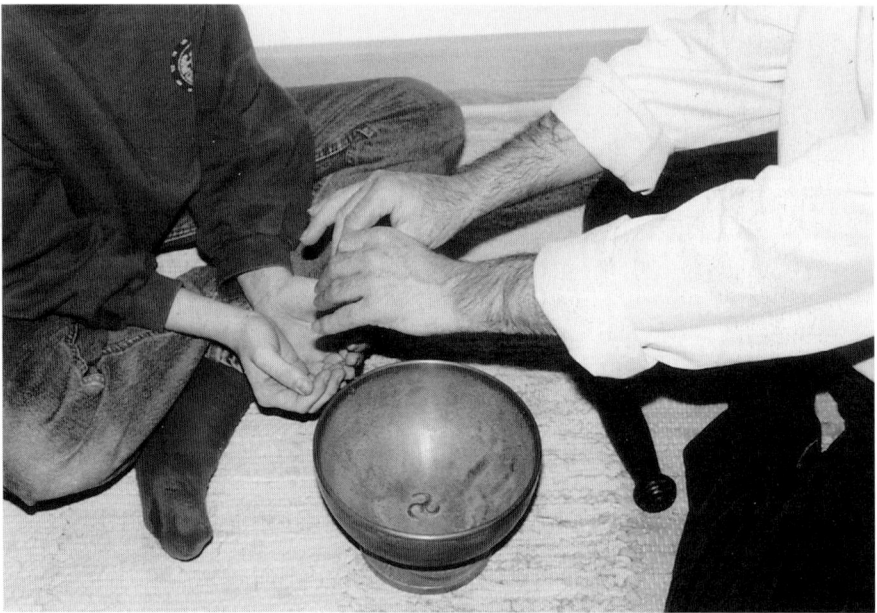

Abb 11.2 Der faszinierende Klang der tibetanischen Klangschale führt zur Ruhe und Konzentration. Qualitäten und Intensitäten einer Begegnung werden hier in ritualisierter Form bewußter wahrgenommen und gestaltet (Meyberg 1996).

11.2.3 Regeneration

Hyperaktive Kinder sind Menschen auf der ständigen Suche nach sich selbst. Ihre Unruhe ist Folge und Ausdruck dieser Suche. Unsicherheit, Aggressionen und Angst sind Gefühle, die sie begleiten. Und das bewirkt Streß.

Therapie mit hyperaktiven Kindern muß daher auch heißen: ihnen Zeit und Raum anbieten, um sich zu erholen. Es ist ein Auffüllen und Ordnen des eigenen Energiehaushaltes. Rückzug, Ruhe und Besinnung kennzeichnen diesen Weg, und hierbei erweist sich Musik als ein hervorragendes Medium. Gemeint sind Situationen, in denen für das unruhige Kind vom Therapeuten Musik gespielt wird. Als Instrumente bieten sich z. B. das Monochord an (ein mit mehreren gleichgestimmten Saiten bespannter Resonanzkasten), eine Flöte, die tibetanische Klangschale, die Sanza (Daumenklavier) (Abb. 11.3). In der Improvisation auf einem dieser Instrumente sollen sich Klang und Rhythmus in Ruhe entfalten, so daß beim Kind eine Ahnung davon entsteht, was heißt „Ich habe Zeit" und „Ich habe Raum, ich habe Platz in dieser Welt".

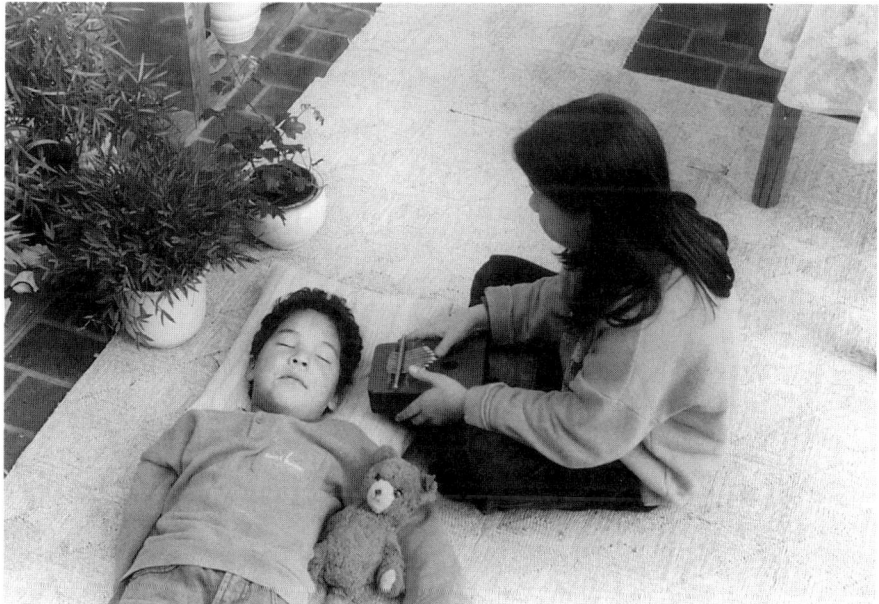

Abb 11.3 Auch Kinder untereinander können sich „etwas Gutes" tun, indem z. B. ein Kind dem anderen leise und behutsam etwas vorspielt.

Ist das unruhige Kind bereit, sich auf diesen Prozeß einzulassen, wird es lernen, solche und ähnliche Situationen zu genießen. Es kann sich fallen lassen, es erfährt Vertrauen und schöpft daraus neue Kraft.

11.3   Fallbeispiel

Zum Zeitpunkt des Therapiebeginns war Suse vier Jahre alt. Sie hatte bereits eine außergewöhnlich schwierige Lebensphase hinter sich. Mit knapp einem Jahr kam Suse in die erste Pflegefamilie. Ihre leiblichen Eltern waren beide Alkoholiker, es gab häufig Streit mit tätlichen Auseinandersetzungen. Man wußte, daß Suse mitbekommen hatte, wie ihr Vater versuchte, die Mutter umzubringen. Als der Vater in das Gefängnis kam, wurde Suse aus der Familie herausgenommen.

Aber auch in der ersten Pflegefamilie blieb Suse nicht lange. Nach einem knappen Jahr wurde sie in eine neue (die jetzige) Familie aufgenommen, da ihre vorherigen Pflegeeltern sich trennten. Die damals fünfjährige Lisa wurde Suse's neue „Schwester".

Als Suse etwa dreieinhalb Jahre alt war, traten bei ihr bestimmte Verhaltensweisen verstärkt auf. Sie wurde immer distanzloser Kindern und Erwachsenen gegenüber und konnte keine richtigen Bindungen eingehen. Suse wollte Aufmerksamkeit erzeugen um jeden Preis. Die Beziehung zu ihrer Schwester Lisa verschlechterte sich rapide. Obwohl die Pflegefamilie einen liebevollen und pädagogisch gut durchdachten Rahmen für Suse bot, war es nicht möglich, eine Eskalation der neu entstandenen Probleme aufzuhalten.

Vor diesem Hintergrund entwickelte sich die Überlegung, für Suse eine ambulante Musiktherapie anzubieten. Wir erhofften uns, daß sich das gemeinsame Spielen mit Musik und Bewegung für Suse ausgleichend auswirkte, und ihr half, emotionale Stabilität zu entwickeln. Darüberhinaus sollten die kommunikativen Möglichkeiten, die eine Musiktherapie schaffen kann, genutzt werden, um die Beziehung zwischen Suse und Lisa zu verbessern. Mit den Eltern wurde verabredet, daß Lisa an jeder Therapiestunde teilnehmen sollte; dazu kam als drittes Familienmitglied entweder die Pflegemutter oder der Pflegevater.

Die Therapie erstreckte sich über einen Zeitraum von sechs Monaten und umfaßte achtzehn Sitzungen.

Die erste Therapiestunde begann damit, daß Suse und Lisa gleich nach Betreten des Raumes wild im Kreis herumliefen. Sie waren mit Worten nicht mehr zu erreichen. Die Pflegemutter (im folgenden: Mutter) und ich beobachteten die Kinder eine Weile, setzten uns dann an die Trommeln (Congas) und begannen zu spielen. Hierbei orientierten wir uns – soweit es möglich war – an der Bewegungsdynamik der beiden Mädchen.

Nach etwa zehn Minuten brachen wir das Trommelspiel ab, was dazu führte, daß auch die Kinder für einen Moment in ihrer Bewegung innehielten. Ohne Absprache entwickelte sich nun folgendes Spiel: sobald die Trommeln wieder geschlagen wurden, begann der „Tanz" von neuem. Der letzte Trommelschlag war das Ende. Diese Spielstruktur wurde auch in den folgenden Therapiestunden durchgehalten.

In den Bewegungsabläufen bei Suse gab es deutliche Hinweise auf ihre Verhaltensproblematik. Suse lief mit einem tranceartigen Gesichtsausdruck im Kreis durch den Raum. Sobald sie in die Nähe Lisa's kam, versuchte sie, sie zu ziehen und zu stoßen. Suse zeigte insgesamt eine starke motorische Unruhe. Sie konnte den Beginn eines Tanzes kaum abwarten. Erst in der dritten und vierten Stunde wurde ihre Aufmerksamkeit offener für die Anfangs- und Schlußzeichen der Trommeln. In der fünften Stunde schließlich verlief das Tanzen der Kinder ohne Zwischenfälle. Wir einigten uns darauf, daß ab nun der Impuls für den Anfang und das Ende eines Tanzes von den Kindern ausgehen sollte.

In den nächsten zwei Therapiestunden wurde dieses Spiel durch Vorschläge der Kinder noch erweitert. Das gemeinsame Tanzen und Trommeln bot eine Struktur an, in der sich alle am Spiel Beteiligten zurechtfanden. Suse konnte ihre chaotischen und destruktiven Impulse ausagieren und sie dann schrittweise in geordnetere Bahnen lenken. Lisa machte die Erfahrung, daß ein Spiel mit Suse, welches von einer solch starken Dynamik geprägt war, nicht länger mehr zu einem Konflikt führen mußte. Die Teilung der Gruppe in Tanzende und Trommler ermöglichte es der Mutter und mir, eine distanziertere, beobachtende Haltung einzunehmen und gleichzeitig an dem Geschehen teilzuhaben.

Klang und Rhythmus der Trommeln bedeuteten für Suse Öffnung und Beziehungsangebot. Der frühe Verlust an Geborgenheit und das Erleben von Gewalt waren für sie traumatische Erfahrungen. Um überleben zu können, mußte sie bereits als Kleinkind lernen, die Trauer und Wut darüber abzuspalten und zu kompensieren. Es ist zu vermuten, daß durch den Klang der Trommeln eine Verbindung zu diesen Gefühlen wiederhergestellt wurde. Dadurch, daß sich nun jedoch die alten, traumatischen Erfahrungen nicht wiederholten, begann Suse sich im Hören und Erleben zu öffnen. Im Spiel auf den Trommeln konnten wir diesen Prozeß begleiten. Suse war bereit, die von uns getrommelten Rhythmen als Beziehungsangebot anzunehmen.

Im weiteren Verlauf der Therapie wurde die Rivalität zwischen Suse und Lisa zum Thema. Lisa's Aggressionen Suse gegenüber kamen deutlicher zutage, was letztlich zur Normalisierung ihrer Beziehung beitrug. Dadurch, daß der Fokus zeitweilig mehr auf Lisa gerichtet war, wurde Suse in ihrer Rolle als Störenfried und Sündenbock entlastet. Ihr kreatives Potential konnte sich – nun auch im Spiel auf verschiedenen Instrumenten – frei entfalten und sie gewann mehr Vertrauen zu sich selbst. In den letzten Therapiestunden verlief das Spiel beider Kinder in Ruhe und Konzentration.

11.4 Zusammenfassung

Musik kann als therapeutisches Medium in mehrfacher Hinsicht das hyperaktive Kind auf seinem Weg begleiten und ihm Orientierung geben:

Im improvisatorisch-experimentellen Musizieren findet das hyperaktive Kind sich mit seiner Unruhe in der Musik wieder. Es erfährt, daß sein sonst störendes Verhalten hier als eine schöpferische Herausforderung angenommen wird. Dieser Umwandlungsprozeß aktiviert und starkt das für seine zukünftigen Schritte notwendige Selbstvertrauen.

Die durch Musik wirksam werdenden Kräfte der Zentrierung beeinflussen die Wahrnehmung des hyperaktiven Kindes. Klang und Rhythmus regen es an, hinzuhören, sich auf etwas einzulassen, sich zu konzentrieren. Intra- und interpersonale Prozesse werden bewußter wahrgenommen und schaffen Orientierungsstrukturen.

Hyperaktivität ist ein Zeichen von Streß – und gleichzeitig verschärft sie diesen: ein Teufelskreis. Die Erfahrung der regenerativen Wirkung von Musik durchbricht ihn und soll deshalb auch für die Arbeit mit unruhigen Kindern nutzbar gemacht werden.

Literatur

Frohne I (1981) Das Rhythmische Prinzip. Eres, Lilienthal/Bremen

Frohne-Hagemann I (1990) Integrative Musiktherapie und ihr psychotherapeutisches Selbstverständnis. In: Musikther. Umschau (11) 296–312

Gebser J (1978) Gesamtausgabe. Novalis, Schaffhausen

Gottwald P (1989) In der Vorschule einer Freien Psychologie. Holzberg, Oldenburg

Heftner E (1977) Malen mit Musik. In: Musik + Medizin (6) 27–32

Knill PJ (1990) Das unvermittelbare Heilmittel oder das Dritte in der Kunsttherapie. In: Petersen P. (Hrsg.): Ansätze kunsttherapeutischer Forschung. Springer, Berlin

Matthiesen PF (1984) Erfahrungen in Wissenschaft und Kunst. In: Herdecke (3/4)

Meyberg W (1989) Trommelnderweise. Großer Bär, Hemmoor

Meyberg W (1996) Ich schenk dir einen Ton. Ein Klangschalen-Ritual. Großer Bär, Hemmoor

Petersen P (1984) Der Therapeut als Künstler. In: Musikther. Umschau (5) 271–287

Petersen P (1990) Integrale Wahrnehmungsweisen für Kunsttherapie. In: Petersen, P. (Hrsg.): Ansätze kunsttherapeutischer Forschung. Springer, Berlin

Strobel W (1990) Von der Musiktherapie zur Musikpsychotherapie. In: Musikther. Umschau (11) 313–338

Timmermann T (1987) Musik als Weg. Pan, Zürich

Tüpker R (1990) Wissenschaftlichkeit in kunsttherapeutischer Forschung. In: Musikther. Umschau (11) 7–20

Wellendorf E (1980) Gestaltungstherapie in der Psychiatrie. In: Psychiat. Prax. (26–33)

Sachverzeichnis

Namensverzeichnis